Bianca Stücker

Gothic Electro

Die Funktionalisierung von Technik innerhalb
des subkulturellen Kontexts

AF131952

Stücker, Bianca

Gothic Electro
Die Funktionalisierung von Technik innerhalb des subkulturellen Kontexts

ISBN: 978-3-86741-863-8
Auflage: 1
Erscheinungsjahr: 2013
Erscheinungsort: Bremen, Deutschland

© Europäischer Hochschulverlag GmbH & Co KG, Fahrenheitstr. 1, 28359 Bremen
www.eh-verlag.de

Zugleich: Essen, Folkwang Universität der Künste, Diss. 2012

Bianca Stücker

Gothic Electro

Inhalt

Vorwort

Wer sich fragt, was seine Kids, Lebensgefährten oder Onkel umtreibt, wenn sie im schwarzen Treiben treiben, wird in Bianca Stückers Doktorarbeit eine Antwort finden: Es ist weniger der verlorene Glaube ans Gute und Schöne und auch nicht eine ersatzreligiöse Tummelei, sondern der Wunsch, sich still und friedlich abzugrenzen vom bunten Geflirre da draußen, das auch mir öfters zuviel wird.

Still und friedlich? Nicht ganz. Insbesondere das Elektro-Genre in den schwarzen Szenen hat – mit aktuellem Schwung im Aggrotech und Hellectro – zuletzt die Wurst vom schon leicht vertrockneten Gothic-Brötchen gezogen und knallt mit Verzerrern, Blut und Getöse mitten in die sonst so samtig schleichende Grufti-Gemeinde.

Trotz der kleinen Stichprobe zeigt sich in Stückers Untersuchung, dass keineswegs vorwiegend soziale ArbeiterInnen – so ein gängiges Klischee – die schwarzelektronischen Musikszenen zum Rappeln bringen, sondern auch Geoinformatiker und Opernsänger. Davon leben kann kaum einer der Projekt-Köpfe, und die meisten wollen es auch gar nicht. Das ist praktisch, denn so kann gesteuerter Kommerz in der Szene keinen Fuß fassen, und er tut es auch wirklich bis heute nicht. Anders gesagt: „Die Technik-Affinität findet ihren Ausdruck in der Wahl der Mittel zur Musikproduktion; die Szenezugehörigkeit bildet den inhaltlichen und stilistischen Rahmen."

Dass in Stückers Arbeit ein deutlich geisteswissenschaftlicher Hauch weht (es wird „fungiert", „oktroyiert" und „verortet" und natürlich gibt es „Spannungsfelder"), schadet der Sache nicht. Denn eine fließendere, aktuellere und tänzelndere Arbeit über die gruftelektrisch schwarzen Szenen nebst einem Blick auf die Wurzeln der Bewegung und einige Entstehungsgeschichten sowie nützlichen Begriffserklärungen habe ich in letzter Zeit nicht gesehen. Eine feine Sache also, die Licht und Beats in Hallen und Köpfe wirft, in die sich andere – wie man hier sieht: ganz zu Unrecht – ums Verrecken nicht trauen.

Viel Spaß beim Lesen und Staunen – und *See you in hell* (Suicide Commando).

Mark Benecke

Kriminalbiologe

Literatur:

Mark Benecke (2011): *Festspiel der Geister.* In: *Black Celebration. 20 Jahre Wave-Gotik-Treffen.* Plöttner Verlag, Leipzig

Einleitung

1. Der Gegenstand der Studie

Im Zentrum der vorliegenden Studie „Gothic Electro. Die Funktionalisierung von Technik innerhalb des subkulturellen Kontexts" steht die Frage, inwiefern sich musikalische Charakteristika, ideelle Aspekte und die Wahl bzw. die Anwendung der notwendigen Geräte in der elektronischen Musikproduktion innerhalb der Gothic-Szene niederschlagen und wechselseitig beeinflussen bzw. bedingen.

Berücksichtigt werden alle elektronisch basierten Sparten, d.h. auch die maßgeblich mit elektronischen Mitteln produzierten Substile, die von mittelalterlicher Musik oder Klassik inspiriert sind und nicht zwingend technoide Assoziationen wecken.

Ziel der Arbeit ist es, die unterschiedlichen, synthetisch erzeugten Musikstile herauszuarbeiten und kritisch zu beleuchten, Hintergründe, Inhalte und Motivationen auszuloten, vergangene und – in Ansätzen – zu erwartende Entwicklungen zu dokumentieren, sowie die künstlerische und soziokulturelle Bedeutung der Musik in Relation zu verwandten elektronischen Stilen in ihren Gesamtkontext einzuordnen.

Behandelt werden sollen vor allem folgende Fragen:

In welchem Kontext bzw. welcher Tradition produzieren Musiker der Gothic-Szene elektronische Musik? Inwiefern beeinflussen technische Aspekte die stilistischen Ausprägungen? Welche musikalischen und technischen Merkmale sind charakteristisch? Inwieweit wird eine Ideologie vermittelt? In welcher Verbindung zueinander stehen Technik, Ästhetik und ideelle Aspekte?

Um möglichst aussagekräftige Ergebnisse zu erzielen und um der Vielschichtigkeit der szenebezogenen musikalischen Erscheinungsformen gerecht zu werden, beschränkt sich die Untersuchung auf die Musikproduktion im deutschsprachigen Raum.

Für ein besseres Verständnis der subkulturellen Umgebung, sollen vorab einige für die Studie konstitutive Grundbegriffe erläutert werden.

Was ist Gothic?

„Gothic" umschreibt im weitesten Sinne einen durch Musik und Mode generierten Stil sowie die sich um diesen Stil gruppierende Szene.[1] Dazu ist jedoch anzumerken, dass die Verwendung des Terminus „Gothic" durchaus nicht unproblematisch und unumstritten ist: Als ausgesprochen differenzierte und heterogene Gemeinschaft bietet die Szene nicht nur Platz für unterschiedliche Neigungen und Vorlieben, sondern auch für verschiedene Definitionen der einschlägigen Begrifflichkeiten.[2] So waren die deutschen „Gothics" im allgemeinen Sprachgebrauch zunächst „Grufties", während sie sich selbst noch heute überwiegend als „Schwarze" bezeichnen; gleichzeitig existiert „Gothic" als gitarrenlastiges Subgenre. Die Gothic-Szene als „Schwarze Szene" zu beschreiben, kommt dem Selbstverständnis ihrer Anhänger am nächsten[3] – das dominierende Schwarz ist nicht nur der kleinste gemeinsame Nenner, sondern bietet zudem den größtmöglichen individuellen Interpretationsspielraum.

„Gothic" wird also aus unterschiedlichen Perspektiven als konfliktreicher und nicht idealer Terminus empfunden – verschiedene Vertreter des Genres distanzierten sich bereits Ende der Siebzigerjahre von diesem Begriff –, dennoch erfüllt er seinen Zweck als die eindeutigste und am weitesten verbreitete Stilbezeichnung. Die Darstellung von vermeintlich gothic-typischen Inhalten durch die Massenmedien mag nur selten mit der subkulturellen Realität übereinstimmen, doch wird unmissverständlich klar, welcher Gegenstand diskutiert wird.

Auch szeneintern wird „Gothic" mittlerweile stärker akzeptiert als noch Ende der Achtziger-/Anfang der Neunzigerjahre, als er im deutschsprachigen Raum in der Wahrnehmung der Szenegänger vergleichsweise künstlich klang. Üblicher waren damals die Bezeichnungen Wave und Dark Wave, die allerdings ebenfalls mit einzelnen Subgenres assoziiert werden.

In dieser Studie – wie auch in zahlreichen anderen Veröffentlichungen, für viele Szenegänger sowie für Außenstehende – fungiert „Gothic" als übergeordneter Begriff, der die gesamte Subkultur mit all ihren charakteristischen, vielfältigen und oft sogar auf den ersten Blick konträr erscheinenden Interessen umfasst.

---

[1] Vgl.: Axel Schmidt und Klaus Neumann-Braun, *Die Welt der Gothics. Spielräume düster konnotierter Transzendenz*, Wiesbaden 2004, S. 19 (im Folgenden abgekürzt als: Schmidt/Neumann-Braun).

[2] Peter Matzke und Tobias Seeliger (Hg.), *Gothic. Die Szene in Deutschland aus der Sicht ihrer Macher*, Berlin 2000, S. 7 (im Folgenden abgekürzt als: Matzke 2000).

[3] Vgl.: Alexander Nym (Hg.), *Schillerndes Dunkel. Geschichte, Entwicklung und Themen der Gothic-Szene*, Leipzig 2010, S. 13.

Die Auseinandersetzung mit dem spezifischen musikalischen Ausdruck einer Subkultur bedingt eine Beschäftigung mit der Gruppierung selbst, ihrer Lebenswelt, ihren Kommunikationsformen und ideologischen Grundlagen, denn: Eine realistische kontextuelle Einordnung der Musik ist die Voraussetzung für ihre Deutung.

Zunächst impliziert „Gothic" ein charakteristisches Erscheinungsbild, das sich aus dunkler Kleidung und einem häufig auffälligen und ggf. provokanten Styling ergibt. So entsteht der Eindruck, es handle sich um eine in ihrer Gesamtheit kategorisierbare Gruppierung. Wesentlich ist jedoch, dass sich die Gothic-Szene insbesondere in musikalischer Hinsicht keineswegs als homogene Einheit erfassen lässt; vielmehr setzt sie sich aus zahlreichen Subgenres zusammen, die nicht nur auf ein unterschiedliches Instrumentarium zurückgreifen, sondern auch verschiedene inhaltliche Schwerpunkte transportieren. Fast alle populären Musikrichtungen finden sich – in modifizierter, meist in düster, melancholisch, mitunter auch aggressiv gefärbter Form – in der Gothic-Szene wieder, so koexistieren etwa Rock, Metal, Folk oder der stetig wachsende Anteil mittelalterlich inspirierter Musik neben den teils poppig-tanzbaren, teils experimentellen Varianten der auf elektronischer Klangerzeugung basierenden Sparten.

Abb. 1: Besucher des Amphi-Festivals 2011, Foto: Ralf Pauen

Ähnlich vielfältig stellt sich auch der Gehalt der Musik dar: Während düster-romantische Titel vorwiegend persönliche und emotionale Belange themati-sieren, befassen sich die mittelalterlich geprägten Produktionen häufig mit historischen Vorlagen oder verwenden eine historisierende Sprache. Im Rahmen dieser Arbeit wird vor allem eine möglichst differenzierte Doku-mentation der unterschiedlichen, unmittelbar mit den stilistisch-ästhe-tischen Spezifika der jeweiligen Subsparten korrelierenden ideellen Hinter-gründe der elektronisch basierten Genres angestrebt.

Trotz der vorherrschenden stilistischen Pluralität lassen sich subszenenü-bergreifende Tendenzen nachweisen. So hat die aktuelle soziologische For-schung etwa festgestellt, dass die Gothic-Szene über keine repräsentative politische oder spirituelle Ausrichtung bzw. Ideologie verfügt; auffällig ist jedoch ein grundsätzliches Interesse an philosophisch-mystischen und reli-giösen Themen. Entsprechend werden eher Fragen aufgeworfen als An-schauungen vermittelt; es sind jedoch – in der Minderheit – explizit christli-che Musiker und sich mit okkulten bzw. paganistischen Inhalten befassende Gruppen in der Szene aktiv. Satanistisch ausgerichtete Musikprojekte sind ausgesprochen selten, obschon die Koketterie mit den zugehörigen Symbo-len ebenso verbreitet ist wie die Verwendung heidnischer Zeichen.

Die Wertigkeit der Symbole und die visuell kommunizierten, der Musik zu-grundeliegenden Geisteshaltungen sollen im Folgenden einer näheren Be-trachtung unterzogen werden, da dies speziell im Hinblick auf die Produktio-nen der elektronischen Subgenres bislang noch nicht geschehen ist. Zu untersuchen sein wird zudem, inwieweit „Electro" als Medium fungiert – nicht nur in der Produktion, sondern auch hinsichtlich der Verbreitung und der Rezeption der Musik.

Warum „Gothic Electro"?

Für die elektronische Musik der Gothic-Szene gibt es keinen übergreifenden Terminus. Aus diesem Grund soll die unspezifischste und somit am wenigs-ten verfälschende Bezeichnung „Electro" als Oberbegriff für die synthetische Musikproduktion in erster Linie der Beschreibung des sich in seinen Ausprä-gungen sehr divergent darstellenden Gegenstands dienen.

Zu den elektronischen Subgenres werden im Rahmen der Studie alle aus-schließlich oder vorwiegend durch elektronische Produktionsmittel erzeug-ten gothic-affinen Musikstile gerechnet.[4] Kennzeichnend ist – anders als et-

---

[4] Populär ist die Kombination von Elektronik und E-Gitarren oder, besonders live, Schlagzeug bzw. E-Drums. Der synthesizerlastige Charakter der Musik wird jedoch beibehalten.

wa im Techno-, Trance- oder Ambient-Bereich – die nahezu obligate Einbindung menschlicher Stimmen: Fast immer werden den elektronischen Playbacks Gesang oder Sprachsamples hinzugefügt, die sowohl in natürlich klingender als auch in stark verfremdeter Form Verwendung finden. Reine Instrumentalstücke sind vergleichsweise selten.

Als „Electro" lassen sich z.B. sowohl melodischer Synthie- oder Futurepop als auch auf monotonen Rhythmen und Geräuschkollagen basierender Industrial klassifizieren, denn die elektronische Herstellungsweise ist allen Substilen gemein. Zusätzlich sollen Nischengenres wie die Neo-Klassik berücksichtigt werden, die sich nicht unmittelbar mit dem Begriff „Electro" assoziieren lassen, durch ihre Szeneexklusivität und die Nutzung überwiegend elektronischer Produktionsmittel gleichwohl zu den elektronisch dominierten Sparten zählen.

Die Termini „Künstler" und „(Szene-)Produzent" werden synonym gebraucht, da auf diesem Gebiet keine klare Aufgabenteilung vorliegt: Der bzw. die Urheber der Musik sind in den meisten Fällen sowohl die Interpreten ihrer Stücke als auch die technischen Produzenten; gelegentlich werden sogar Label- bzw. Vertriebstätigkeiten von den Künstlern selbst übernommen. Diese Verknüpfung unterschiedlicher Aufgabenfelder resultiert in erster Linie aus der ökonomischen Zugänglichkeit virtueller Produktionsmittel (vgl. Abschnitt 4, 5) und der Struktur der Szene, die ihre Musiker, DJs, Fotografen, Grafiker, Autoren, Journalisten, Labelbetreiber, Bekleidungshersteller usw. beinahe ausschließlich aus den eigenen Reihen rekrutiert, sodass die Akteure häufig in verschiedenen Bereichen tätig werden. Kreativität und der persönliche, individuelle, selbstbestimmte Ausdruck zählen darüber hinaus zu den Idealen der gesamten Gothic-Kultur.

In ähnlich freier Weise wird der Begriff „Projekt" verwendet. Ein (Musik-)Projekt umschreibt innerhalb der Szene einen musikalischen Rahmen, der von der „klassischen" Band mit verschiedenen Mitgliedern, die jeweils ein Instrument übernehmen, abweicht. Dies kann ein Soloprojekt sein, ein Duo, Trio oder eine andere Formation, ggf. mit sich überschneidenden Betätigungsfeldern. Typisch wäre etwa ein aus Komponist bzw. Produzent und Sänger bestehendes Duo; eine solch strikte Aufgabenteilung ist aber durchaus nicht der Regelfall. Als (Neben-)Projekt wird zudem häufig eine musikalische Tätigkeit bezeichnet, die sich stilistisch von der ursprünglichen Ausrichtung des Urhebers bzw. der Urheber entfernt.

„Electro Projekt" ist szeneintern ein gängiger Sammelbegriff für eine elektronisch basierte, unter einem spezifischen Namen agierende, meist nur eines oder wenige Mitglieder umfassende Initiative. Im Techno-Kontext werden solche Projekte häufig von DJs betrieben; die Gothic-Kultur trennt strikt zwischen der innerhalb der Szene rein reproduktiven Tätigkeit der musikalischen Gestaltung einer Party oder Clubnacht und dem kreativen Prozess der Musikproduktion.

„Gothic Electro" ist ein variantenreiches und veränderliches Repertoire, das auf verschiedenste Einflüsse zurückgreift; die Neue Deutsche Welle, Kraftwerk und Punk zählen ebenso dazu wie Techno, Ambient, die elektronische Popmusik der Achtzigerjahre, mittelalterliche, barocke oder romantische Anleihen. Entsprechend sind im Laufe der Jahre durch Transformation und Innovation eigene Traditionen entstanden, die wissenschaftlich bislang kaum Beachtung erfahren haben: Die – zum größten Teil aus dem sozialwissenschaftlichen Umfeld stammenden und musikalische Aspekte somit nur am Rande streifenden – Untersuchungen, die sich mit der Gothic-Kultur auseinandersetzen, fokussieren bevorzugt die „klassischen" Gothic-Stile wie den Gothic-Rock, der durch prominente Vertreter wie Marilyn Manson, The Sisters of Mercy oder The Mission auch über die Genre-Grenzen hinaus bekannt geworden ist, während die elektronischen Sparten häufig keinen vergleichbaren Popularitätsgrad erlangen und somit weniger „typisch" für die Gothic-Szene erscheinen – insbesondere letzteres könnte erklären, weshalb „Gothic Electro" bislang von der Forschung vernachlässigt worden ist.

2. Ansätze und Methoden

Die Auseinandersetzung mit der elektronischen Musik der Gothic-Szene fällt in den Bereich der Musiksoziologie, die wiederum als Teilgebiet der systematischen Musikwissenschaft zugehörig ist. Die Musiksoziologie befasst sich nicht nur mit der Wechselbeziehung von Musik und Gesellschaft, sondern auch, etwa indem Konzerte, Veranstaltungen und die funktionalen Abläufe der Industrie einbezogen werden, mit Musik und Öffentlichkeit. Ein ergänzender, auf eine andere Perspektive konzentrierter Aspekt ist zudem die Rezeption von Musik.

Um auf eine möglichst umfassende Informationsbasis zurückgreifen zu können, werden soziologische Publikationen zur Jugend-, Subkultur- und Szeneforschung ebenso herangezogen wie Literatur aus dem erziehungs-, politik-, kultur- und kommunikationswissenschaftlichen Bereich, die sich mit musikzentrierten Gesellungsformen und Vermarktungsmechanismen auseinandersetzt; zur Annäherung an die technischen Aspekte dienen vorrangig musikwissenschaftliche Veröffentlichungen zur Produktion elektronischer Musik. Das Zusammenspiel von Technik und bestehenden Traditionen soll Aufschluss darüber geben, in welcher Weise, vor welchem Hintergrund und mit welcher Motivation sich stilistische Eigenheiten ausbilden.

Um eine maximale Dokumentationsgenauigkeit und -authentizität zu gewährleisten und die theoretischen Grundlagen mit der aktuellen Praxis ab-
zugleichen, ist eine schriftliche, explorative Befragung szeneinterner Künstler bzw. Produzenten durchgeführt worden (vgl. Abschnitt 3.1, 3.2, 4.2 – 5.5).
Ergänzend wird auf aktuelle Quellen aus dem Internet verwiesen.

3. Forschungsstand

Es liegt bislang noch keine Arbeit vor, die sich explizit mit der elektronischen
Musik der Gothic-Szene auseinandersetzt. Um fundierte Ergebnisse hinsichtlich der technischen und künstlerischen Charakteristik und Qualität der
Musik sowie des szenegebundenen Umfelds zu aufzeigen zu können, ist es
notwendig, Untersuchungen aus dem außermusikalischen Bereich sowie in-
terdisziplinär angelegte Arbeiten heranzuziehen.

Während der Achtzigerjahre des vergangenen Jahrhunderts fand eine ver-
stärkte mediale Berichterstattung zum Thema Jugend und Okkultismus und
Satanismus statt, die einen entsprechenden akademischen Diskurs nach sich
zog. Eine gesonderte Auseinandersetzung mit der Gothic-Szene – damals
noch überwiegend als „Gruftie Szene" bezeichnet – gab es nicht; die noch
junge Gruppierung fand ausschließlich im Zusammenhang mit den genannten okkulten Phänomenen Erwähnung, sodass das öffentliche Bild einer auffallend gekleideten, satanistisch orientierten Bewegung entstand.[5]

Erst 1992 gestand Werner Helsper der Schwarzen Szene in seiner Studie zu
Okkultismus und Jugendkulturen eine von mystischen Überzeugungen und
Praktiken unabhängige Eigenständigkeit zu, behandelte sie allerdings noch
als tendenziell problembelastetes, zu abweichendem Verhalten neigendes,
schwierige biographische, familiäre oder allgemein soziale Umstände ver-
arbeitendes Kollektiv.[6]

Seit Mitte der Neunzigerjahre wird Gothic als musikorientierte, eine charakteristische, aber keineswegs pathologische Stilistik auslebende, (jugend-
)kulturelle Gemeinschaft mit eigenen Treffpunkten und Netzwerken betrachtet; in diesem Kontext fokussiert die Literatur vor allem konstitutive,
szenetypische Aspekte und zentrale Themen wie Lebensgefühl, Wertvorstel-

---

[5] Vgl.: Schmidt/Neumann-Braun, S. 66.
[6] „(…) Es ist von daher eine Jugendkultur, die sich ‚postmoderner' Stilprinzipien bedient,
um den lebensgeschichtlichen Widerspruch zwischen kulturell-familialer Enge und
einer umfassenden Modernisierung der umgebenden Kultur zu bearbeiten. (…) Die
schwarze Szene ist somit auch als Zusammenschluss ‚einsamer Kinder' zu begreifen,
als Gemeinschaft der Einsamen." Werner Helsper, *Okkultismus – die neue Jugendreligion? Die Symbolik des Todes und des Bösen in der Jugendkultur*, Opladen 1992, S. 239.

lungen oder Ästhetik.[7] Mittlerweile beschränkt sich das Teilhaben am Gothic-Kontext längst nicht mehr auf jugendliche Fans und Akteure – die Szene
blickt auf eine mehr als drei Jahrzehnte umfassende Geschichte zurück und
vereint Anhänger jeder Altersgruppe. Dennoch wird die Gothic-Thematik
noch immer vor allem im Rahmen der Jugendforschung behandelt.

Die ursprüngliche Nähe zum Punk beläuft sich seit der Etikettierung der
Gothic-Gemeinschaft als eigenständige Szene auf eine beiden Subkulturen
gemeinsame „Protesthaltung": Anhänger der Schwarzen Szene zeigen zwar
ein vergleichsweise defensives Verhalten und leben ihre Haltungen eher in
Stille und Abgeschiedenheit aus, verkörpern jedoch bewusst einen Lebensstil, der „als Affront gegen jedwede Form der bürgerlichen Existenz und Tradition eingesetzt"[8] wird. Konfrontationen mit Außenstehenden finden fast
ausschließlich auf verbaler Ebene statt.

Die sozialwissenschaftliche Jugendforschung konstatiert seit den Neunzigerjahren einen auf gesellschaftlicher Veränderung und Mediatisierung basierenden Strukturwandel jugendlicher Sozialformen, den insbesondere die
Publikationen des „Arbeitskreises Bielefelder Jugendforschung" thematisie-
ren;[9] empirische Studien werden vor allem von der Trierer Forschungsgruppe
„Medienkultur und Lebensformen" veröffentlicht,[10] hier stehen „medienge-
nerierte Spezialkulturen und Szenen" im Vordergrund. Literatur aus erzie-
hungswissenschaftlicher Perspektive ergänzt die soziologischen Publikationen,[11] Veröffentlichungen auf der Basis umfangreicher Befragungen Jugendlicher gab das Unternehmen Shell heraus.[12]

Informativ sind zudem die Arbeiten, die sich mit dem Phänomen Techno –
als ebenfalls musikzentrierter und technikaffiner Szene – auseinandersetzen;[13] in diesem Zusammenhang werden auch musiksoziologische Ansätze

---

[7]   Vgl.: Schmidt/Neumann-Braun, S. 66 f.
[8]   Waldemar Vogelsang, "Jugendmedien und Jugendszenen", in: Rundfunk und Fernse-
      hen, Nr. 3 1996, S. 346-364, S. 356.
[9]   Vgl. z.B.: Dieter Baacke, *Jugend und Jugendkulturen – Darstellung und Deutung*, Mün-
      chen 1993; Wilfried Ferchhoff, *Jugendkulturen im 20. Jahrhundert. Von den sozialmi-
      lieuspezifischen Jugendsubkulturen zu den individualitätsbezogenen Jugendkulturen*,
      Frankfurt am Main 1990.
[10] Vgl. z.B.: Waldemar Vogelsang, „Stilvolles Medienhandeln in Jugendszenen", in: An-
      dreas Hepp und Rainer Winter (Hg.), *Kultur – Medien – Macht. Cultural Studies und Me-
      dienanalyse*, Opladen 1997, S. 271-285.
[11] Vgl. z.B.: Antje Schneider und Liv Töpfer, *Jugendkultur Techno. Jeder tanzt für sich al-
      lein?*, Chemnitz 2000.
[12] Deutsche Shell (Hg.), *Jugend 2000*, Opladen 2000.
[13] Vgl. z.B.: Ronald Hitzler und Michaela Pfadenhauer (Hg.), *Techno-Soziologie. Erkun-
      dungen einer Jugendkultur*, Opladen 2001; Thomas Lau, „Raving Society. Anmerkun-

verfolgt.[14] Inhaltlich finden sich zwischen beiden Gruppierungen jedoch nur wenige Berührungspunkte.

Vor dem Hintergrund der Cultural Studies werden in Deutschland Widerstandspotentiale populärkultureller Erscheinungen diskutiert;[15] eine aufschlussreiche und umfassend angelegte Analyse unter dem Titel „Mapping Techno" im Rahmen einer Arbeit zur politischen Sozialisation Jugendlicher legte Christian Kemper 2002 vor.[16]

Kultur- und sozialwissenschaftliche Veröffentlichungen zum Thema Gothic beleuchten die Szene aus unterschiedlichen Perspektiven. Der größere Teil konzentriert sich auf die Fan- bzw. Rezipientenseite,[17] andere widmen sich auch dem Blickwinkel der Produzenten und Herausgeber.[18] Außerdem werden musikunabhängige Lifestyle-Komponenten wie Wohnungseinrichtungen und Tanzstile untersucht.[19]

Auf die technischen, physikalischen und konzeptionellen Grundlagen zur Herstellung elektronischer Musik verweisen musikwissenschaftliche Publikationen;[20] eine spartenübergreifende Darstellung elektronischer Kunst- und Popularmusik versucht die Aufsatzsammlung „Soundcultures. Über elektronische und digitale Musik";[21] einen ähnlichen Ansatz verfolgte auch Heiko Wandler 2005, legte den Schwerpunkt allerdings auf Produktion und Repro-

---

gen zur Technoszene", in: *Forschungsjournal Neue Soziale Bewegungen*, 8. Jahrgang, Nr. 2/1995, S. 67-75.

[14] Vgl. z.B.: Dieter Baacke (Hg.), *Handbuch Jugend und Musik*, Opladen 1998.

[15] Vgl. z.B.: Ralf Hinz, *Cultural Studies und Pop. Zur Kritik als Urteilskraft wissenschaftlicher und journalistischer Rede über populäre Kultur*, Opladen 1998; Andreas Hepp, *Cultural Studies und Medienanalyse. Eine Einführung*, Opladen 1999.

[16] Christian Kemper, *Mapping Techno. Jugendliche Mentalitäten der 90er*, Diss. phil., Münster 2002.

[17] Vgl. z.B.: Ingo Weidenkaff (Hg.), *Jugendkulturen in Thüringen*, Bad Tölz 1999; Roman Rutkowski, *Das Charisma des Grabes. Stereotype und Vorurteile in Bezug auf jugendliche Subkulturen am Beispiel der Schwarzen Szene*, Norderstedt 2004; Susanne El-Nawab, *Skinheads, Gothics, Rockabillies: Gewalt, Tod und Rock'n'Roll. Eine ethnographische Studie zur Ästhetik von jugendlichen Subkulturen*, Diss. phil., Hannover 2005; Birgit Richard, „Schwarzes Glück und dunkle Welle. Gotische Kultursedimente im jugendkulturellen Stil und magisches Symbolrecycling im Netz", in: Christoph Jacke u.a. (Hg.), *Kulturschutt. Über das Recycling von Theorien und Kulturen*, Bielefeld 2006, S. 235-256.

[18] Vgl. z.B.: Klaus Farin, *Die Gothics*, Teil 1, Berlin 2001.

[19] Vgl. z.B.: Doris Schmidt und Heinz Janalik, *Grufties. Jugendkultur in Schwarz*, Baltmannsweiler 2000; Doris Schmidt und Heinz Janalik, *Schwarze Mode der Grufties*, Baltmannsweiler 2001; Kirsten Wallraff, *Die Gothics*, Teil II, Berlin 2001.

[20] Vgl. z.B.: Martin Supper, *Elektroakustische Musik und Computermusik*, Darmstadt 1997.

[21] Marcus Kleiner und Achim Szepanski (Hg.), *Soundcultures. Über elektronische und digitale Musik*, Frankfurt am Main 2003.

duktion sowie die Entwicklung von Instrumenten sowie Aufnahme- und Wiedergabetechniken.[22]

Zu den aktuellsten und engagiertesten Veröffentlichungen zu Musik und Kultur der Gothic-Szene zählt der umfangreiche Bildband „Schillerndes Dunkel", der 2010 von Alexander Nym herausgegeben wurde.[23] Die elektronischen Substile zählen allerdings auch hier zu den weniger ausführlich behandelten Aspekten.

Ziel der vorliegenden Arbeit ist es, auf der Basis der bereits zur Verfügung stehenden Literatur und unter Berücksichtigung szeneinterner Medien sowie der unmittelbaren Künstlerbefragung den Bereich der elektronischen Musik der Gothic-Szene (musik-)wissenschaftlich zu erschließen. Zwar befassen sich die bisherigen Veröffentlichungen mit den sozialwissenschaftlich relevanten Charakteristika der Gruppierung, der musikalische Ansatz kommt dabei jedoch zu kurz – insbesondere im Hinblick darauf, dass die szeneeigene Musik noch immer ein prägendes, identitätsstiftendes und für die Generierung und Entwicklung des Kollektivs wesentliches Element ist. Ähnliches gilt für den technisch-ästhetischen Aspekt der musikalischen Produktion: Ohne Berücksichtigung der szenespezifischen elektronischen Subgenres bleibt die Auseinandersetzung mit synthetisch erzeugter Popularmusik unvollständig.

4. Anlage der Studie

Die schematische Struktur, die der Studie zugrunde liegt, gliedert sich in vier Abschnitte. Der erste Abschnitt beleuchtet das Phänomen der Jugend-, Sub- und Gegenkulturen, der zweite widmet sich den allgemeinen Spezifika der Gothic-Szene, der dritte erläutert die Methodik der empirischen Untersuchung, der vierte gibt einen knappen Überblick über die technischen Produktionsmittel. Das fünfte und umfangreichste Kapitel ist der substantiellen und inhaltlichen Annäherung an die elektronische Musik der Gothic-Kultur vorbehalten, der letzte Punkt behandelt markt- und öffentlichkeitsspezifische Aspekte. Die Arbeit schließt mit einem kurzen Ausblick.

Ausgehend von der soziologischen Jugend- und Szeneforschung wird zunächst das Wesen subkultureller und speziell musikzentrierter Gruppierungen skizziert. Dieser Abschnitt versteht sich als einleitende Auseinandersetzung mit der Funktion und den szeneübergreifenden Merkmalen von Sub-,

---

[22] Heiko Wandler, *Elektronische Klangerzeugung und Musikreprodution. Einflüsse auf die Musik des 20. Jahrhunderts,* Frankfurt am Main 2005.

[23] Alexander Nym (Hg.), *Schillerndes Dunkel. Geschichte, Entwicklung und Themen der Gothic-Szene,* Leipzig 2010.

Pop- und Jugendkulturen und ihrer Positionierung in Bezug auf den Mainstream.

Die Begriffe Jugend- oder Subkultur und Szene werden häufig synonym und somit unpräzise verwendet, entsprechend soll zu Beginn des Kapitels die Gültigkeit der gebräuchlichsten Definitionen des Lebensabschnitts „Jugend" überprüft werden. Da sich spätestens seit den Neunzigerjahren aufgrund veränderter sozialer Bedingungen weder der biographische Zeitraum klar eingrenzen lässt, noch die Anhänger der Gothic-Szene durchweg jugendlich sind, müssen Relevanz und Genauigkeit der angewandten Termini „Jugendkultur" und „Szene" hinterfragt werden. Ebenso wichtig ist die Klärung des sub- bzw. gegenkulturellen Gehalts der Szene, die sich zwar nur punktuell explizit politisch äußert, aber durch ihre eigenen, über die Jahre hinweg unverändert gebliebenen und durch die szeneinternen Medien propagierten Werte wie Toleranz und Selbstreflexion gegen eine als kalt, unpersönlich und konsumorientiert empfundene Gesellschaft opponiert. Für die Gothic-Szene ist in diesem Zusammenhang insbesondere das sichtbare Zelebrieren des Andersseins zu berücksichtigen, da die hauptsächlich über äußerliche Zeichen transportierte Abgrenzung eine Sonderform des Protests darstellt, deren ideelle Tragfähigkeit einer differenzierten Betrachtung bedarf.

Abschließend stellt sich die Frage, inwieweit Musik über einen längeren Zeitraum hinweg als sinnstiftendes Kriterium fungieren kann, welche Bedeutung die spezifischen Stile innerhalb einer musikzentrierten Szene haben und welche darüberhinausgehenden Anknüpfungspunkte die Gemeinschaft bietet.

Im Anschluss werden die für die Gothic-Szene konstitutiven Aspekte zusammengetragen und reflektiert. Beginnend mit einer kurzen Retrospektive, die die Entwicklung der Gruppierung umreißt, werden ideelle Inhalte und charakteristische Interessen der Szenegänger fokussiert. Um den Umgang mit den sehr heterogenen musikalischen Stilrichtungen möglichst übersichtlich zu gestalten, folgt eine Übersicht über die unterschiedlichen Subgenres.

In einer an die Ästhetik und die Vorlieben der Szene angepassten Form existieren zahlreiche Sparten der populären Musik nebeneinander: Gothic-Rock und Gothic-Metal prägen ebenso die musikalische Topographie wie dunkel gefärbter Pop oder Techno; beliebt sind zudem auch klassisch bzw. romantisch inspirierte Stile (z.B. Neo-Klassik), von Akustikgitarren, Folk- und Percussion-Instrumenten dominierte Ausprägungen (z.B. Neo-Folk) oder der im weitesten Sinne auf die Musik der Spielleute rekurrierende Mittelalter-Rock. Hinzu kommen die stärker spezialisierten elektronischen Subgenres, die von EBM (Electronic Body Music) und elektronischem Industrial über Synthie- und Future-Pop bis hin zu szeneübergreifenden Stilen wie Electro-Clash oder

Electro-Punk reichen. Mit den verschiedenen musikalischen Schwerpunkten geht jeweils eine spezielle ästhetische und stilistische Charakteristik einher, die sich im Erscheinungsbild und – was genauer zu untersuchen sein wird – ggf. auch in der ideellen Ausrichtung niederschlägt.

Die Skizzierung der unterschiedlichen Richtungen soll einen fundierten Überblick über das reiche musikalische Repertoire ermöglichen, der im darauffolgenden Punkt um die Untersuchung der häufig mit der Musik verknüpften inhaltlichen Ausrichtungen erweitert wird. Keine Botschaft, keine auf Konfrontation ausgerichtete politische Einstellung steht für den Großteil der Szene-Anhänger im Vordergrund, sondern ein als individuell empfundenes, aus kulturellen und musikalischen Interessen und Aktivitäten resultierendes Lebensgefühl. Eine grundsätzliche Vorliebe für düstere Literatur, Phantastik, Filme und Philosophie korreliert mit der tendenziellen Offenheit für Mystik und Spirituelles. Naturreligionen, Christentum und okkulte Zeichen bilden den geistigen Fundus, aus dem die Szene nicht nur ihre Symbole schöpft, sondern mit dem sie sich auch in unterschiedlicher Weise mitunter sehr differenziert auseinandersetzt. Subgruppierungen, die explizite religiöse Anschauungen vertreten, sind allerdings in der Minderheit; gleiches gilt für Bands und Musikprojekte.

Eine homogene, politische Ausrichtung ist ebenfalls nicht feststellbar; linksgerichtete Einstellungen scheinen jedoch zu überwiegen – hier wirken die ursprüngliche Nähe zum Punk und die von Anfang an bestehende Ablehnung rechtsradikalen Gedankenguts nach, das vor allem dem szenetypischen Streben nach Toleranz widerspricht. Auch dies sind jedoch nur Tendenzen: Insbesondere im Neo-Folk- und Industrial-Bereich tauchen immer wieder Bands auf, die mit nationalsozialistischer Symbolik kokettieren.

Wesentlich für das längerfristige Bestehen Szene ist zudem die interne Kommunikation. Regelmäßige und unregelmäßige Veranstaltungen, große, jährlich stattfindende Festivals (vor allem das „Wave-Gotik-Treffen" – kurz: „WGT" – in Leipzig und das „M'era-Luna-Festival" in Hildesheim), Magazine (insbesondere Zillo, Sonic Seducer und Orkus) und Fanzines bieten Information und Austauschmöglichkeiten innerhalb der Szene. Die Musik steht hier im Mittelpunkt; die Magazine publizieren allerdings auch Artikel zu den Themen Geschichte, Literatur, Photographie, Film, Mode und Lifestyle und geben gelegentlich Sonderhefte und Beilagen zu anderen szenerelevanten Themen heraus. Ähnlich wie in der Musik selektieren die „Schwarzen" auch im außermusikalischen Bereich aus einem bereits bestehenden Repertoire, nehmen Einflüsse auf, modifizieren sie und schaffen vor dem Hintergrund der Gothic-Ästhetik eigene Kunst-, Kitsch-[24] und Unterhaltungsformen.

Abb. 2: Der „Schwarzmarkt" in der Agrahalle, Wave Gotik Treffen in Leipzig 2006, Foto: Bianca Stücker

Herausgearbeitet werden soll Wechselbeziehung zwischen Individualität und kommerziell intendierter Beeinflussung – so wird etwa durch die Bereitstellung eines umfangreichen Angebots an Kleidung, Accessoires, Tonträgern, Büchern und Fanartikeln auf Festivals oder durch die Abhängigkeit der Magazine von Werbekunden deutlich, dass nicht nur idealistische, sondern auch wirtschaftliche Interessen die Szene prägen. Auf der anderen Seite steht über das Internet – neben den kommerziellen Angeboten – ein nahezu unbegrenzter Raum für unabhängigen Austausch, persönlichen Ausdruck und Selbstdarstellung zur Verfügung, in den die Vorgaben und Angebote der Industrie durch die Fans zwangsläufig – wenn auch in gefilterter Form – hineingetragen, wiederum verarbeitet und ggf. diskutiert werden.

Die Beleuchtung der Gruppierung in ihrer Gesamtheit schließt mit dem Versuch, auf der Basis des bisherigen Erkenntnisstandes die Relation zwischen

---

[24] „Kitsch" ist kein zwingend negativ konnotierter Begriff; wie auch in anderen Mode-, Wohn- und Lifestyle-Zusammenhängen wird Kitschiges ggf. ironisch gebrochen und bewusst forciert.

szenegebundenem Selbstverständnis, Stil und Ideologie unter besonderer Berücksichtigung der einzelnen Subgruppierungen herauszustellen.

Nach dieser Bestandsaufnahme werden die empirischen Mittel zur Befragung ausgewählter Szene-Produzenten dargestellt. In diesem Abschnitt werden die Konzeption eines interdisziplinären Fragebogens, Rahmenbedingungen und Hypothesen sowie die Auswertung der Antworten erörtert. Die Ergebnisse der Befragung gewähren im folgenden Kapitel Einblick in die Produktion und Präsentation elektronischer Musik aus dem Gothic-Kontext und informieren über ideelle Hintergründe.

Die Betrachtung der Musik selbst beginnt mit einer kurzen Skizze der Geschichte der synthetischen Klangerzeugung. Darauf aufbauend stellt sich die Frage, welche musikalischen Konsequenzen die Anwendung digitaler Produktionssysteme mit sich bringt. So können durch die Entwicklung so genannter virtueller oder VST-Instrumente [25] (z.B. Software-Synthesizer, -Sampler, -Effektgeräte, -Equalizer oder -Verstärkersimulatoren) nicht nur in kostensparender und benutzerfreundlicher Weise beliebige musikalische Situationen konstruiert, simuliert, imitiert und modifiziert werden, sondern es entstehen neben kaum begrenzten Möglichkeiten zur Stil- und Klangschöpfung und -collage auch Retro-Trends: Entsprechend erleben die prägnanten Sounds früher Synthesizer ein Revival als Software-Instrument.

Auf die Behandlung des technischen Aspekts folgt die Betrachtung der elektronischen Musik der Gothic-Szene unter Berücksichtigung musikalischer, inhaltlicher und ästhetischer Faktoren. Die Antworten der Bands und Soloprojekte aus unterschiedlichen Perspektiven sollen eine breit gefächerte und so weit als möglich objektiv auswertbare Informationsbasis schaffen: Die Erfahrungen aus der musikalischen Praxis ergänzen hier die Ergebnisse aus der Literatur bzw. liefern neue Erkenntnisse.

Um die einzelnen Subgenres in den Gesamtkontext der populären Musik einordnen zu können, werden zunächst Ursprünge und bestehende Traditionen hinterfragt. Diese Zusammenhänge sind umso wichtiger, als dass viele Einflüsse, die die Musik während der Entstehungszeit der Szene geprägt haben, in jüngeren Produktionen noch immer hör- und nachvollziehbar sind. Auffällig ist die Treue, mit der Titel und Interpreten der Anfangszeit gewürdigt werden. Hierbei handelt es sich nicht um eine Rückwärtsgewandtheit der Szene-Anhänger: Vielmehr haben alte und neue Club-Hits ihren festen Platz in der musikalischen Landschaft, die Pluralität der Szene-Stile zeigt sich hier ebenso wie anhand der zahlreichen, heterogenen Subgenres.

---

[25] VST = Virtual Studio Technology.

Der Respekt, den die Szene-Anhänger der älteren und als stilbildend empfundenen Musik entgegenbringen, drückt sich auch in der Verarbeitung der
entsprechenden Merkmale und ihrer Verknüpfung mit neuen Entwicklungen
aus. Geschätzte Vorbilder stammen etwa aus dem Punk, der Neuen Deutschen Welle (z.B. DAF) oder der internationalen elektronischen Popmusik
der Siebziger- und Achtzigerjahre (z.B. Kraftwerk, Depeche Mode); hinzu
kommt der Einfluss der Bands und Projekte, die sich als erste Gothic-
Vertreter etablieren konnten.

Die weitreichende Bandbreite zwischen Tradition und Wandelbarkeit zeigt
sich anschaulich in der Vielfalt der synthetisch geprägten Sparten: Während
sich Projekte wie Sara Noxx oder [:SITD:] auf Einflüsse aus den Achtzigern
(wie z.B. Depeche Mode oder Kraftwerk) berufen und SOKO Friedhof „klassische" EBM-Projekte wie Front 242 nennen, gehen Bands wie QEK Junior
andere Wege und verbinden minimalistische Klangkombinationen und Re-
troästhetik mit kritisch-ironischen deutschen Texten; eingängig poppig präsentieren sich etwa Melotron; auf Inspiration aus dem Klassikbereich verweisen Das Ich und Bacio di Tosca. Experimentell und düster gibt sich z.B. Yendri, zugleich tanzbar und historisch-gefühlvoll präsentieren sich Qntal. Die
Relation von Stilistik und Inhalt, Konzeption und technischer Umsetzung soll
in diesem Abschnitt eingehend untersucht werden.

Zu berücksichtigen sind zudem die Frage nach der Bereitschaft, musikalische
Zugeständnisse an die Rezipienten zu machen, sowie der Anteil bzw. die Rolle weiblicher Produzenten elektronischer Musik innerhalb der Szene.

Auf die Behandlung der internen Sparten bezieht sich auch die Einordnung
des Verhältnisses zu anderen synthetisch orientierten Subkulturen. Abgrenzung und Schnittmengen sollen herausgefiltert werden, da speziell auf dem
elektronischen Sektor eine wechselseitige und szenenübergreifende Beeinflussung zu beobachten ist. So finden sich auf Gothic-Compilations immer
wieder Titel von Künstlern aus anderen Bereichen, wie z.B. Ascii.Disko oder
Schwefelgelb. Neben der rein subjektiven Wahrnehmung ästhetischer Kriterien sind für die Akzeptanz szenefremder Musik in erster Linie Glaubwürdigkeit und Integrität von Bedeutung.

Neben der Herstellung spielt auch die Aufführung elektronischer Musik eine
wesentliche Rolle im populärmusikalischen Bereich. An dieser Stelle sollen
unterschiedliche Ansätze vorgestellt werden, die im (Heim-)Studio entstandene Musik zu präsentieren. So ist es etwa gängige Praxis, live nur schwer zu
rekonstruierende Parts durch Playbacks wiederzugeben oder einen Teil der
synthetischen Strukturen durch reale Instrumente zu ersetzen und so dem
Konzert bewusst einen eigenen Charakter zu verleihen. Die Umsetzung
kann, abhängig vom gewünschten Ergebnis, sehr unterschiedlich ausfallen.

Den Schnittstellen zwischen Präsentation, Gehalt und künstlerischem Anspruch soll in diesem Punkt nachgespürt werden.

Vor diesem Hintergrund stellt sich zudem die Frage, inwieweit die elektronische Musik der Gothic-Szene als eigenständiger Stil bzw. Stilkategorie wahrgenommen werden kann. Die Heterogenität des Repertoires ist dabei ebenso zu berücksichtigen wie die unterschiedlichen Einflüsse und ihre selbstständigen Weiterentwicklungen.

Das sechste und letzte Kapitel ordnet die elektronische Musik der Gothic-Szene in den musikindustriellen Kontext ein. Hier werden insbesondere der ökonomische Erfolg in Bezug auf Tonträger- bzw. Downloadverkauf, Konzerte und Festivals sowie die Medienpräsenz außerhalb der Szene betrachtet. Auch die individuelle – wirtschaftliche und künstlerische – Lebensgestaltung der Produzenten gibt Aufschluss über die Arbeit innerhalb des Spannungsfelds zwischen Unabhängigkeit und Kommerz.

In diesem Kontext wird auch das grundsätzliche Verhältnis zwischen Mainstream und Underground thematisiert – das subkulturelle Umfeld liefert die Impulse zur Progression, die von der (Pop-)Kulturindustrie aufgegriffen und flächendeckend verbreitet werden. Durch die zunehmende mediale Vernetzung geschieht die industrielle Aneignung häufig schneller, als sich der subkulturelle Trend etablieren kann; daraus resultiert ein beschleunigter Merkmals- und Zeichenwandel innerhalb des jeweiligen Kollektivs, Protesthaltungen werden zur Modeerscheinung umgedeutet. Die Gothic-Szene bleibt davon nicht unberührt, hat aber eine Strategie entwickelt, der kommerziellen Vereinnahmung zu entgehen: Sie bewahrt sich neben der Entwicklung und Transformation neuer, szeneinterner Strömungen ihre überkommenen Zeichen, Stile und Symbole und begegnet gelegentlich aufkeimenden „Gothic-Trends" mit Gelassenheit. Konservativ geprägtes Traditionsbewusstsein und ein gewisses Eliteempfinden kommen ihr dabei zugute.

Um die Bedeutung und die Anwendbarkeit subkultureller Ideale innerhalb einer mediatisierten Gesellschaft bewertbar zu machen, ist es zudem notwendig, Einfluss und Stellenwert der szeneeigenen Magazine und Labels, aber auch der Booking- und Promotionagenturen zu verorten. Denn auch so genannte Independent-Firmen sind, um ihr Produkt dauerhaft erfolgreich oder zumindest kostendeckend am Markt platzieren zu können, auf die Nutzung werbefokussierter Mechanismen angewiesen. So ist etwa das Szene-Magazin Zillo Anfang der Neunzigerjahre als optisch einfach gehaltenes Fanzine gegründet worden, das Informationen zur Musik aus dem Independent-, Punk-, Dark-Wave- und Electro-Bereich anbot und über einen umfangreichen Kontakt- und Kleinanzeigenteil verfügte. Mittlerweile gehört Zillo neben Sonic Seducer und Orkus zu den Marktführern der Szene und zeichnet sich durch auffälliges, blickfangorientiertes Layout und großformatige Werbeanzeigen aus. Mit der Buchung einer Anzeige geht für gewöhnlich ein Artikel über die entsprechende Band einher, dessen Umfang sich üblicherweise am Umfang der Werbung orientiert. Magazine, die komplett auf Werbung verzichten, sind seltene Ausnahmen, erscheinen zumeist unregelmäßig und setzen auf andere verkaufsfördernde Inhalte wie etwa erotische Fotografie in Gothic-Ästhetik.

Auch die in Deutschland stattfindenden besucherstarken Festivals lassen Unabhängigkeit vermissen: Ihr Programm wird mittlerweile weitgehend von den Acts der großen Agenturen bestimmt.

Auf dieser Basis sollen die Auswirkungen des kommerzialisierten Independent-Betriebs auf die musikalische Produktion untersucht werden – so werden etwa musikalische und präsentationsspezifische Reaktionen auf die veränderten Bedingungen ebenso reflektiert wie alternative, zu unterschiedlichen Anteilen selbstbestimmte Vertriebs- und Vermarktungsstrategien.

Die Studie schließt mit einem Ausblick: Subkultur scheint sich szeneintern in unabhängiger Form mehr und mehr im Internet zu vollziehen – an die Stelle der Kontaktangebote der Magazine sind Foren getreten, die auch weniger populäre Interessensgebiete abdecken, und jeder Künstler hat die Möglichkeit, seine Musik selbst anzubieten und, z.B. über Portale wie Facebook oder MySpace, einem Publikum zugänglich zu machen. Auch hier lassen sich jedoch mehr potenzielle Fans erreichen, wenn zusätzliche Werbebanner gebucht werden.

Die größte Veränderung stellt jedoch nicht allein die Verlagerung des medialen Fokus, sondern das – damit einhergehende – stetig wachsende Angebot an Produktionen und Stilen dar. Auf diese Weise entstehen neue Subszenen mit jeweils eigenen Club- und Internet-Radio-Programmen und ggf. sogar Magazinen. Die Konkurrenz unter den Newcomern ist größer, die Präferenzen der Rezipienten vielfältiger geworden.

Bislang hat diese Entwicklung zwar zu einer starken stilistischen Ausdifferenzierung, nicht aber zu einer unüberbrückbaren Zersplitterung geführt. Es ist also denkbar, dass die Gothic-Szene auch in Zukunft als flexibler, übergeordneter Rahmen Bestand haben wird.

1. Subkulturen, Jugendkulturen, Szenen: Eine begriffliche Annäherung

Ende des 19. Jahrhunderts, im Zuge der Industrialisierung und der Entwicklung der bürgerlichen Gesellschaft, entstand der Forschungsgegenstand „Jugend". Sie wurde als Lebensabschnitt verstanden, der auf die Verantwortlichkeiten des Erwachsenenalters – Erwerbstätigkeit, die Gründung einer eigenen Familie – vorbereiten sollte. Jugendliche, die sich nicht einfügten, galten als „aufsässig", als „Sicherheitsrisiko", und sollten somit in das bürgerliche Schema reintegriert werden.[26]

Anfang des 20. Jahrhunderts entwickelten sich die ersten ehrenamtlichen Initiativen in der wohlhabenden Mittelschicht, die sich mit Bildung und Sozialarbeit zur Förderung der Jugendlichen, inklusive der vormals als „natürlich verroht" empfundenen Heranwachsenden der Arbeiterklasse, beschäftigten. Das Jugendalter als richtungsweisender und ggf. problematischer Lebensabschnitt rückte zusehends stärker in den Fokus der gesellschaftlichen Realität und der Wissenschaft.[27]

Mit dem Interesse an „der Jugend" entwickelten sich frühe „Jugendkulturen", die eigene Werte und Anschauungen vertraten. Die erste greifbare Bewegung dieser Art waren die „Wandervögel". Die um die Jahrhundertwende gegründeten bürgerlichen Jugendverbände äußerten Protest und Abgrenzung gegen die „Alten", indem sie eine Freizeit- und „Freiluft-Kultur" etablierten, die Freiheit und Unabhängigkeit suggerierte.[28]

Musik- und stilzentrierte Jugendkulturen entwickelten sich in Deutschland während der Fünfzigerjahre. „Halbstarke" begehrten gegen die Konventionen der älteren Generation auf, orientierten sich an den durch Stars aus der Film- und Musikbranche vermittelten Trends und Moden. Zur gleichen Zeit avancierte der Teenager zur Konsumentengruppe: Teenagermagazine, -filme und -musik kamen auf.[29]

Die Verortung unterschiedlicher Teilgruppen innerhalb einer Gesellschaftsform wurde zunehmend differenzierter. So prägte Milton Gordon den Sub-

---

[26] Vgl.: Klaus Farin, *generation kick.de. Jugendsubkulturen heute*, München 2001, S. 27 (im Folgenden abgekürzt als: Farin 2001).

[27] Vgl.: Farin 2001, S. 32.

[28] Zur Jugendbewegung und den frühen Jugendkulturen vgl. z.B.: Werner Helwig, *Die Blaue Blume des Wandervogels. Vom Aufstieg, Glanz und Sinn einer Jugendbewegung*, Baunach 1998; Winfried Mogge, *„Ihr Wandervögel in der Luft..." Fundstücke zur Wanderung eines romantischen Bildes und zur Selbstinszenierung einer Jugendbewegung*, Würzburg 2009; Joachim H. Knoll, *Jugendbewegung. Phänomene, Eindrücke, Prägungen. Ein Essay*, Opladen 1988; *Die Jugend. Vorträge für Jugendvereine*, München/Gladbach 1909-1917; Farin 2001, S. 33 ff.

[29] Vgl.: Farin 2001, S. 54 f.

kultur-Begriff, der sich zunächst auf ethnische Minderheiten in den USA und somit insbesondere auf die unteren sozialen Schichten bezog.[30] Wenige Jahre später änderte sich die Begriffsrezeption; das von den Normen der Mittelschicht abweichende Verhalten wurde zur „Delinquenz", die jedoch nicht mehr zwingend als herkunftsabhängig verstanden wurde.[31]

In Deutschland trieb Rolf Schwendtner maßgeblich die Subkulturforschung voran. Seine 1970 erschienene „Theorie der Subkultur" unterscheidet zwei Formen von Subkulturen: Die integrativ wirkenden Teil- und die opponierenden Gegenkulturen. Die Gegenkulturen teilt Schwendtner wiederum in progressive – auf aktive gesellschaftliche Umgestaltung hin arbeitende – und regressive – zur Erhaltung oder Wiederherstellung traditioneller Gesellschaftsmodelle tendierende – Formen. Die progressiven Subkulturen lassen sich wiederum in rationalistische – rational-analytisch agierende, politische – und emotionelle – auf die individuell-subjektivistische und persönliche Entwicklung ausgerichtete – Gruppierungen gliedern.[32]

Einen wesentlichen Beitrag zur Subkulturforschung[33] leistete seit seiner Gründung im Jahr 1964 das Birminghamer Centre for Contemporary Cultural Studies. Anders als Schwendtner konzentrierten sich die CCCS-Autoren vorrangig auf Jugendliche und ihre Herkunftmilieus, Alltags- und Freizeitkulturen. Das CCCS unterschied vor allem die proletarischen Subkulturen von den der Mittelschicht entstammenden Gegenkulturen.[34] Die Arbeiten des CCCS bewegten sich dicht am Zeitgeist, neue Gruppierungen fanden regen Zuspruch und die sich verändernden Lebensumstände Jugendlicher zogen ein verändertes soziales Verhalten nach sich. Die unterschiedlichen Reaktionen der Heranwachsenden und ihre Strategien zum Umgang mit den Ambivalenzen und Widersprüchlichkeiten der zweiten Hälfte des 20. Jahrhunderts waren Gegenstand der Untersuchungen. 2002 wurde das Institut geschlossen.

Etwa seit den Achtzigerjahren ist die Zahl der Jugend(sub-)kulturen auf ein unüberschaubares Maß angewachsen und unterliegt einem stetigen Differenzierungsprozess, der durch die globale Vernetzung, die Kommunikation über das Internet und die daraus resultierende Verbreitung von Inhalten in

---

[30] Vgl.: Milton M. Gordon, „Subsocieties, Subcultures, and Ethnicity", in: Milton M. Gordon, *Human Nature, Class, and Ethnicity*, New York 1978, S. 97-141.

[31] Vgl.: Farin 2001, S. 58.

[32] Vgl.: Rolf Schwendtner, *Theorie der Subkultur*, Köln 1971, vgl. auch: Farin 2001, S. 59 ff.

[33] Zur Sub- und Popkulturforschung vgl. z.B.: Dick Hebdige, *Subculture. The Meaning of Style*, London 1997 (im Folgenden abgekürzt als: Hebdige); John Fiske, *Reading the Popular*, London 1991; John Storey, *Cultural Theory and Popular Culture. An Introduction*, Harlow 1997.

[34] Vgl.: Farin 2001, S. 63.

Echtzeit zusätzlich beschleunigt wird. „Die Jugend" existiert in vielfältigen Nuancen und bildet somit den pluralistischen Zeitgeist ab.

Die folgenden Kapitel vermitteln einen groben Überblick über die wissenschaftlichen Diskurse um die Termini Jugendkultur, Subkultur und Szene und ihre jeweilige Relevanz in Bezug auf die Gothic-Kultur.

1.1 Die Jugend als soziologisches Konstrukt

Der Begriff der Jugend entzieht sich zunehmend einer verlässlichen Definierbarkeit. Globalisierung, Pluralisierung, Individualisierung, „neue Medien" und sich verändernde gesellschaftliche und ökonomische Kontexte ziehen eine Flexibilisierung eines ehemals klar umrissenen biographischen Zeitraums nach sich; Altersgrenzen verschwimmen, Klassen-, Schicht- und Gesellungsstrukturen weichen auf, neue Inhalte und Anforderungen verdrängen überkommene Konventionen. Beständigkeiten verschwinden, die Konzentration auf eine Branche, eine Stadt, einen Lebensentwurf wird zum Hindernis; immer häufiger müssen im Zuge des Zerfalls traditioneller Sozialisationsinstanzen eigenmächtige existentielle Entscheidungen getroffen werden.[35] Innerhalb dieser in stetigem Wandel begriffenen Umstände entwickelt sich „die Jugend" zu einem „Kulturphänomen".[36]

Aus sozialwissenschaftlicher Sicht bezeichnet die Jugendphase üblicherweise das biographische Stadium zwischen Kindheit und Erwachsenenalter. Ein zentraler Aspekt ist neben der Identitätsfindung die Vorbereitung auf die ökonomische Unabhängigkeit und die Integration in die Arbeitsgesellschaft. Soziale und intellektuelle Kompetenzen werden in diesem Zeitraum erlernt, Verantwortlichkeit und Handlungsfähigkeit sind das Ziel.

Kinder werden zu Jugendlichen etwa mit Beginn der Pubertät, als Indikatoren für den Eintritt in das Erwachsenenalter gelten z.B. Erwerbstätigkeit oder Familiengründung. Die klare Verortbarkeit „der" Jugend ist in den vergangenen drei Jahrzehnten schwieriger, die Annäherung an die Lebenswirklichkeiten Heranwachsender komplexer geworden: Da der Lebensunterhalt Jugendlicher gemeinhin durch die Eltern oder andere Erziehungsberechtigte finanziert wird, ergeben sich temporäre Freiräume, die Freizeitaktivitäten in den Mittelpunkt der Existenz rücken. Aufgrund stark voneinander abweichender Ausbildungszeiten und veränderter Bedingungen des Arbeitsmark-

---

[35] Vgl.: Klaus Farin und Volker Meyer-Guckel, Einleitung, in: Klaus Farin und Hendrik Neubauer (Hg.), *Artificial Tribes. Jugendliche Stammeskulturen in Deutschland*, Berlin 2001, S. 7 (im Folgenden abgekürzt als: Farin/Meyer-Guckel).

[36] Vgl.: Ronald Hitzler, Thomas Bucher und Arne Niederbacher, *Leben in Szenen. Formen jugendlicher Vergemeinschaftung heute*, Opladen 2001, S. 9, 13 (im Folgenden abgekürzt als: Hitzler, Bucher, Niederbacher).

tes kann sich die finanzielle Unselbständigkeit bis weit in das junge Erwachsenenalter hinein fortsetzen, entsprechend wird das dritte Lebensjahrzehnt bzw. der Zeitraum zwischen Schulabschluss und wirtschaftlicher Unabhängigkeit seit Beginn der Achtzigerjahre in der sozialwissenschaftlichen Literatur ergänzend als Post-Adoleszenz definiert.

Während sich die Jugendphase nach hinten verschiebt, werden gleichzeitig einzelne Charakteristika des Teenageralters in die Kindheit vorverlagert, sodass eine allgemeingültige Abgrenzung der ineinandergreifenden Lebensabschnitte kaum mehr möglich ist. Alternative Modelle wie etwa die Patchwork-Familie tragen zusätzlich dazu bei, dass die „peer-group", die außerfamiliären Bezugspersonen[37] des Jugendlichen, und das ihr immanente Sozialisationspotenzial an Bedeutung gewinnt, das durch Eltern oder Ausbildungsinstanzen nicht vermittelt werden kann. In der peer-group können Unsicherheiten und Schwächen kompensiert[38] und zwischenmenschliche Erfahrungen gesammelt werden, die die Ausprägung der Persönlichkeit – positiv oder negativ – beeinflussen.

Die peer-group stützt sich auf gemeinsame Interessen und Aktivitäten sowie eine intensive Gruppendynamik und bietet einen auf die Freizeit konzentrierten Schutzraum, in dessen Rahmen die Ablösung von der Familie vorbereitet und neue Rollenmuster ausprobiert werden können. Ein verbindlicher Abschluss der Jugendphase lässt sich, ebenso wie ein verbindlicher Beginn, seit dem Ende des 20. Jahrhunderts nicht mehr festlegen, sie dehnt sich tendenziell immer weiter aus und umfasst verschiedene Abschnitte, die die Jugendlichen in unterschiedlicher Intensität und Länge erleben.

Ein zentraler Aspekt des Erwachsenwerdens – unabhängig von der Dauer dieses Prozesses – ist das Finden der eigenen Identität. Doch auch hier zeigt sich die Aufweichung klarer gesellschaftlicher Vorgaben: Ohne eindeutige und stabile soziale Verortung wird der Begriff der Identität wandelbar, den eigenen Wünschen und Neigungen anpassbar, gleichzeitig aber auch weniger verlässlich. So genannte Patchwork-Identitäten entstehen.[39] Dieser Begriff scheint Freiheit und Eigenverantwortung nahezulegen – das „Erstellen" einer eigenen, aus unterschiedlichen „Teilselbsten" zusammengesetzten Persönlichkeit ist jedoch keineswegs frei, sondern unterliegt (spät-)moder-

---

[37] In der Literatur wird häufig angeführt, es handele sich um Freundschaftsbeziehungen zwischen Gleichaltrigen (vgl. z.B.: Daniel Kähler, *Die Mediatisierung der Jugend. Der kreative Umgang Jugendlicher mit Medien*, Diss. phil., Münster 2001, S. 21 (im Folgenden abgekürzt als: Kähler)); da sich Jugendliche speziell im außerschulischen Bereich allerdings auch älteren oder jüngeren Gleichgesinnten anschließen, bevorzuge ich den Begriff „Bezugspersonen".

[38] Vgl.: Kemper, S. 17.

[39] Vgl.: Kähler, S. 21.

nen Bedingungen, die die Machtverhältnisse zwischen den Geschlechtern, zwischen Mehrheits- und Minderheitskulturen wiederspiegeln. Identitätsentwürfe sind somit nicht beliebig und jederzeit revidierbar, sondern beinhalten Wertungen und (Vor-)Urteile, die auf den „Träger" übergehen.[40] Jugend- und Subkulturen versuchen solche Schemata aufzubrechen: So reagiert etwa die Gothic-Szene mit deutlicher Androgynität (insbesondere unter männlichen Szenegängern) auf die normierte Zweigeschlechtlichkeit.

Als Orientierungshilfe zum Verständnis des Jugendbegriffs und seiner Funktion dient auch die Erschließung der charakteristischen Merkmale einer Generation. Entscheidend ist in diesem Zusammenhang, dass ein gemeinsames, wert- und verhaltensprägende Erfahrungen einschließendes Generationsbewusstsein innerhalb einer als identitätsverfestigend betrachteten Lebensphase – etwa zwischen dem 16. und 25. Lebensjahr – entsteht.

Eine Generation ist somit keine tatsächlich existierende Gemeinschaft, sondern umfasst eine Altersgruppe, die durch das gleichzeitige Erleben historischer und sozialer Konstellationen ein ähnlicher, Anknüpfungspunkte bietender Erfahrungsschatz verbindet. Dieses Erleben muss keineswegs „gleich" sein; Kontroversen und Konflikte, die sich vor dem Hintergrund der jeweiligen historischen Situation abspielen, werden später zu individuell durchlebten Eckpfeilern in der kollektiven Erinnerung. Diskrepanzen zwischen zwei Generationen entstehen, wenn die Wissensbestände und Erfahrungswerte der älteren Generation der nachfolgenden Generation nicht mehr entsprechen, d.h. wenn sie im Hinblick auf die veränderte Lebenswirklichkeit der Heranwachsenden keine funktionalen Orientierungs- und Identifikationsmodelle mehr bieten. Subkulturelle Gesellungsformen bieten in diesem Fall für viele Jugendliche die Möglichkeit, neue Strukturen des Zusammenlebens zu erproben und modifizierte, den aktuellen Umständen als angemessen empfundene Regeln und Werte zu etablieren. Die „68er Generation" avancierte in dieser Hinsicht zum Synonym für Gegenkultur.[41]

Zusammenfassend bleibt festzustellen, dass „Jugend" heute ein „sozialstrukturell und soziokulturell kontingentes Konstrukt" ist, „das anhand früherer Schemata nicht mehr eingeordnet werden kann, vielmehr angesichts der Fragmentierung und Pluralität der Lebensverhältnisse nur noch als normalisierter Übergang zwischen Kindheit und Erwachsenenalter konzeptioniert werden muss."[42]

---

[40] Vgl.: Barbara Stauber, *Junge Frauen und Männer in Jugendkulturen. Selbstinszenierungen und Handlungspotentiale*, Opladen 2004, S. 180 (im Folgenden abgekürzt als: Stauber).
[41] Vgl.: Kemper, S. 18.
[42] Kemper, S. 27.

Die Gothic-Kultur mit ihrer spezifischen, von der Musik ausgehenden und sich ggf. auf alle Lebensbereiche ausdehnenden Stilistik ist nicht nur eines von vielen Erlebnis-, Lebensgestaltungs- und Identifizierungsangeboten der postmodernen Gesellschaft, sondern verfügt gleichzeitig über eindeutige sub- bzw. gegenkulturelle Charakteristika und wird zudem in der sozialwissenschaftlichen Forschung vorwiegend als Jugendkultur verstanden.

Eine Annäherung an die z.T. untrennbar miteinander verschränkten Termini Jugend-, Sub-, Teil-, Gegenkultur und Szene ist Gegenstand der folgenden Abschnitte.

1.1.1 Jugendkulturen

„Jugendkulturen" bezeichnen die oft abgrenzend und integrativ zugleich wirkenden Zusammenschlüsse Heranwachsender. Sie bieten Orientierungshilfe in einer Umgebung, deren überkommene Ordnung allmählich unter den Symptomen des gesellschaftlichen Umbruchs verschwindet.[43] In den vergangenen Jahrzehnten hat sich eine ganze Reihe ursprünglicher Jugendkulturen zu altersübergreifenden Kollektiven entwickelt, deren spezifische stilistische und soziale Merkmale offenbar über genügend inhaltliche Substanz verfügen, dass ihre Anhänger ihnen für nicht auf eine bestimmte Lebensphase eingrenzbare Zeit treu bleiben. Entsprechend sind die Übergänge zwischen Jugend-, Sub- und Gegenkulturen fließend. Die folgende Einordnung kann also nicht mehr als ein Überblick sein, der auf die Entstehung der unterschiedlichen Begriffe verweist, sowie in knapper Form Forschungsansätze, Theorien und Diskussionen vorstellt.

Das soziologische Konzept einer „Jugendkultur" entstand aus einer US-amerikanischen Debatte, die sich während der Dreißigerjahre mit den verlängerten Ausbildungszeiten der Jugendlichen auseinandersetzte, aus denen eine längere Abhängigkeit von Bildungsinstitutionen und familiären Ressourcen resultierte. Der Begriff Jugendkultur – „youth culture" – wurde Mitte des vergangenen Jahrhunderts von Talcott Parsons geprägt und sollte vor allem die Abgrenzung von der „adult culture" deutlich machen. In diesem Kontext entwickelte Parsons das soziologische Theorem des Generationenkonflikts.[44]

---

[43] Vgl.: Farin/Meyer-Guckel, S. 7.

[44] Vgl.: Talcott Parsons, „Age and sex in the social structure of the United States", in: *American Sociological Review*, Nr. 7, 1942, S. 604-616; vgl. auch: Eckart Müller-Bachmann, *Jugendkulturen Revisited. Musik- und stilbezogene Vergemeinschaftsformen (Post-)Adoleszenter im Modernisierungskontext*, Münster 2002, S. 48 (im Folgenden abgekürzt als: Müller-Bachmann).

Die Herausbildung eigenständiger Jugendkulturen und -szenen findet in der Freizeit der Jugendlichen statt, die als selbstbestimmter Zeitraum erlebt wird, abseits von schulischen und beruflichen Verpflichtungen. Hier werden eigene soziokulturelle Kontexte gefestigt, Abgrenzung und Zugehörigkeit geübt sowie Neigungen, Interessen und Stile als persönlicher, identitätsbildender Ausdruck präsentiert. Innerhalb einer Jugendkultur können „(...) spezifische Inhalte und Formen der materiellen, vor allem aber der geistigen Kultur ausgebildet werden: als Ausdruck von Eigenständigkeit, eines eigenen Lebensgefühls und eigener Werthaltungen."[45] Nichtsdestotrotz kann sich dieses Empfinden in andere Lebensbereiche hinein fortsetzen, etwa durch das Tragen charakteristischer Kleidung oder Accessoires im Alltag.[46] So stützt das Kollektiv die Träger seiner Symbole und fungiert als Schutzraum, auf den sich der Jugendliche auch in Abwesenheit berufen kann.

Die Forschungsansätze, -schwerpunkte und -ergebnisse zu den modernen Jugendkulturen sind regional unterschiedlich: Gruppierungen, deren wesentliches Merkmal die Abgrenzung von der älteren Generation darstellt, wurden Mitte des 20. Jahrhunderts in der anglo-amerikanischen Forschung als Teilkultur der Gesellschaft mit integrativem Charakter aufgefasst. Im deutschen Sprachraum umfasste die Beschäftigung mit Jugendkulturen vor allem den Umgang der Jugendlichen mit Freizeit, Vergnügungen, Musik, Sport, Mode, Moral, Literatur und Sprache; speziell die in den Fünfziger- und Sechzigerjahren noch neuen jugendspezifischen Konsum- und Kulturmärkte standen im Fokus des Interesses.

Während im amerikanischen Raum zunächst der auf das Erwachsenenalter vorbereitende Charakter jugendlicher Gruppierungen herausgestellt worden war, erweiterten die Arbeiten des CCCS diese Perspektive während der Siebzigerjahre um das Moment des Subversiven, des Sub- bzw. Gegenkulturellen. Das CCCS war das erste Institut, das unterschiedliche jugendliche Subkulturen umfassend untersuchte und gesellschafts- und kulturtheoretisch interpretierte. Insbesondere die „zweite Generation" der CCCS-Forscher – u.a. Dick Hebdige und John Clarke – widmete sich intensiv dem Phänomen der Pop- und Jugendkulturen.[47] Zu den einflussreichsten Bezugspunkten und Impulsen für die entstandenen Studien gehörten Michel Foucaults Machtanalysen sowie die Arbeiten des französischen Linguisten Roland Barthes, der die Analyse von Zeichen und Symbolen auch außerhalb der Sprachwissenschaft anwandte und somit wichtige Ansätze zur Untersuchung verbor-

---

[45] Bernhard Schäfers zitiert nach Kemper, S. 29.
[46] Vgl.: Kähler, S. 27.
[47] Vgl.: John Clarke, „Stil", in: John Clarke u.a. (Hg.), *Jugendkultur und Widerstand. Milieus, Rituale, Provokationen*, Frankfurt am Main 1979, S. 133-157; Hebdige, S. 46-62.

gener Regeln, Codices und Konventionen zwischenmenschlichen Agierens lieferte.[48]

Die Cultural Studies stellten nicht die vermittelnde, sondern die gesellschaftsverändernde Tendenz von Jugendkulturen in den Vordergrund: Soziale Innovation und abweichendes Verhalten – in positiver wie in negativer Hinsicht – finden demnach in konzentrierter Form Ausdruck in jugendkulturellen Gemeinschaften. Ausgehend von dieser Annahme begann die Forschung in den Neunzigerjahren, die Bindung des Subkulturellen an eine mehr oder weniger konkret eingrenzbare Lebensphase in Frage zu stellen und sprach sich eher für die Beschreibung eines altersunabhängigen Lebensgefühls aus, das sich durch Schnelligkeit und Intensität auszeichnet.[49]

Die Cultural Studies gestanden den Jugendlichen zudem mehr Gestaltungsmöglichkeiten im Rahmen ihrer vorwiegend auf den Konsum beschränkten Rolle zu: Zwar übten auch die Autoren des CCCS Kritik an Mediatisierung und Konsumorientierung, sie verwiesen jedoch in ihren Arbeiten zu Populärkultur und Massenkommunikationsforschung auf die eigenständigen Handlungs- und Modifizierungsfähigkeiten des Rezipienten, die eine (mögliche) aktive Teilnahme an der Massenkultur impliziert.

Stuart Hall untersuchte etwa die Dekodierung medialer „Texte" durch den Konsumenten und ihrer erst durch die Interpretation entstehende Bedeutung, die, abhängig vom sozialen Gefüge, dem der Rezipient entstammt, deutlich variieren kann. Anders als Max Horkheimer und Theodor Adorno schreibt Hall dem Konsumenten eine gewisse Freiheit bezüglich der Auswahl und der Bestimmung von Sinn- und Symbolgehalt eines Produktes zu.[50]

John Fiske verfolgte diesen Ansatz weiter. Fiske relativierte während der Achtzigerjahre die Auffassung des CCCS, Jugendkulturen seien Ausdruck eines „Klassenkampfes", und sprach stattdessen von „Machtblöcken" („power-bloc"), d.h. einem hegemonialen Machtsystem und dem durch dieses System disziplinierte „Volk" („the people"). Diese Machtblöcke verstand Fiske nicht als feste gesellschaftliche Kategorien, sondern als Kräfte, die einander wechselseitig etwas entgegenzusetzen vermögen. Innerhalb des Spannungsverhältnisses zwischen Produzenten und Konsumenten haben die Konsumenten die Möglichkeit, vorgegebene Produkte mit subjektiven Bedeutungen zu versehen und auf der anderen Seite dominanten Determinierungen zu widerstehen. Fiske betont zudem die Abhängigkeit der Produzen-

---

[48] Vgl.: Müller-Bachmann, S. 27 ff.
[49] Vgl.: Kemper, S. 19 f.
[50] Vgl.: Stuart Hall, „Encoding/Decoding", in: Stuart Hall, Dorothy Hobson, Andrew Lowe und Paul Willis, *Culture, Media, Language. Working Papers in Cultural Studies, 1972-79*, London 1980, S. 128-139.

tenseite von den Rezipienten: Nicht jedes Produkt der Kulturindustrie wird erfolgreich; um die Wahrscheinlichkeit auf Erfolg zu erhöhen, muss es sich erfolgsversprechenden Kriterien anpassen.[51]

Während in Deutschland die Frankfurter Schule das „Vergnügen" (den Anreiz für den Konsum) als „affirmative Aktion an die dominante Ideologie"[52] interpretiert, versteht Fiske das aktive Konsumieren – durch bewusste Auswahl und individuelle Ausdeutung des „Textes" – als „gegen die Hegemonie gerichtete Widerstandsoperation".[53]

Dieser Ansatz – die Relativierung der Passivität auf der Rezipientenseite – hat, trotz kritischer Einwände,[54] dazu geführt, die Rolle von Produzenten und Konsumenten (in Bezug auf musikzentrierte Zusammenschlüsse auch: die Fans) neu zu bewerten und die Rezipientenseite stärker zu beleuchten. In einem vergleichsweise kleinen gesellschaftlichen Gefüge wie der Gothic-Szene sind Hersteller und Journalisten, Musiker und Szenegänger unmittelbar aufeinander angewiesen, da sich die Rollen häufig überschneiden.

Wesentlich beeinflusst wird die Ausbildung und Entwicklung von Jugendkulturen durch den jeweils vorherrschenden Zeitgeist, einschließlich der Ansprüche und Erwartungen an Ziele und Lebensentwürfe, die an die Jugendlichen über Bezugspersonen und in zunehmendem Maße über unterschiedliche Medien herangetragen werden.

Seit den Achtzigerjahren begannen sich die gesellschaftlichen Lebensbedingungen Heranwachsender zu verändern; Jugendarbeitslosigkeit und Zukunftsbelastungen wirkten bedrohlich, einschüchternd und verunsichernd. Auf das „No-Future"-Lebensgefühl antwortete der Punk: Die stilisierte „Ästhetik des Hässlichen, der Armut und der Schäbigkeit"[55] trug die tendenzielle Perspektivlosigkeit nach außen.

Parallel dazu entwickelte sich ein gegenläufiger Trend: Ein Teil der Jugendlichen verkörperte in Form der „Yuppie"- oder „Schickimicki-Generation"[56] einen persönlichen, erfolgsorientierten, gegenwartsbezogenen, sich selbst

---

[51] Vgl.: John Fiske, *Understanding Popular Culture*, London 1989, S. 23 ff.; John Fiske, "Populäre Urteilskraft", in: Udo Göttlich und Rainer Winter (Hg.), *Politik des Vergnügens. Zur Diskussion der Populärkultur in den Cultural Studies*, Köln 2000, S. 53-74.

[52] Kemper, S. 33.

[53] Kemper, S. 33.

[54] „Primärer Kritikpunkt an den vorgetragenen Arbeiten ist der Vorwurf eines kulturellen Populismus in den Populärkulturstudien der Cultural Studies." Kemper, S. 24.

[55] Wilfried Ferchhoff, *Jugend und Jugendkulturen im 21. Jahrhundert. Lebensformen und Lebensstile*, Wiesbaden 2007, S. 145 (im Folgenden abgekürzt als: Ferchhoff).

[56] Ferchhoff, S. 147.

feiernden Zukunftsoptimismus, der möglicherweise den Grundstein zur aktuellen Maxime eigenverantwortlicher Leistungsorientierung und -optimierung legte. Design und Stil begannen an Bedeutung zu gewinnen, die äußere Form – als Ausdruck nonverbaler Kommunikation – wurde zunehmend wichtiger.

Die aus dem Punk hervorgegangene Gothic-Szene besetzte zwischen diesen Extremen eine eigene Nische: Sie verband die ablehnende und sich vom Mainstream abgrenzende Haltung des Undergrounds mit einer ausgeprägten, differenzierten, szenekompatiblen Ästhetisierung des Alltags.

Kennzeichnend für das ausgehende 20. und das beginnende 21. Jahrhundert ist das Freiheiten suggerierende, gleichzeitig aber schwer überschaubare hohe Potential an Gestaltungsmöglichkeiten des eigenen Lebens. Die Fülle der Angebote generiert Chancen; diese Chancen allerdings nicht wahrzunehmen oder falsche Entscheidungen zu treffen, birgt die Gefahr des Scheiterns, für die der Einzelne die Verantwortung trägt. Der Wunsch nach Individualität und Unverwechselbarkeit wird zum Symptom der unerschöpflich erscheinenden Wahloptionen, das Verschmelzen mit einer gesichtslosen Masse wird als Nachlässigkeit bewertet und erlebt. Auf diese Weise wird die Chance auf Selbstverwirklichung zum Zwang, zur Selbstinszenierung, die sich auf alle Lebensbereiche erstreckt.[57]

Die Anstrengung, sich selbst immer wieder als Individuum unter Beweis zu stellen, schlägt sich auch in den Jugendkulturen nieder. Lokal verankerte Jugend(sub)kulturen werden zunehmend von „individualitätsbezogenen globalen Jugendkulturen"[58] verdrängt; insbesondere über das Internet lassen sich leicht überregionale Bekanntschaften schließen, Zugehörigkeiten bestimmen und auf den eigenen Persönlichkeitsentwurf zugeschnittene Räume finden. Chancen und Risiken liegen auch hier dicht beieinander: Während es nur wenig Aufwand erfordert, einen ersten Zugang zu einer Gruppierung zu finden, bleibt zunächst die Unverbindlichkeit des potentiell Vorübergehenden und Austauschbaren bestehen.

Während Durchsetzungsfähigkeit, Erfolgsorientiertheit und Stil als Tugenden vermittelt und verstanden werden, existiert gleichzeitig eine Sehnsucht nach Gemeinschaft „im posttraditionalen Verständnis",[59] die Jugendkulturen und alternative Gemeinschaften attraktiv macht. Konfrontiert mit einer zunehmend komplexer werdenden Realität suchen nicht nur, aber insbesondere junge Menschen nach Verbindlichkeiten und kollektiven Konsensen.[60]

---

[57] Vgl.: Ferchhoff, S. 13.
[58] Ferchhoff, S. 14.
[59] Ferchhoff, S. 75.
[60] Vgl.: Hitzler, Bucher, Niederbacher, S. 17.

In diesem Dilemma rückt die eigene Identität als Stabilisationsfaktor in das Zentrum der unterschiedlichen Ansprüche, die an das Individuum herangetragen werden: Wichtig wird das Empfinden von Kohärenz. Das Streben nach einem „Sinn", der sich rückblickend ergibt, nach einem Zusammenhang zwischen verschiedenen biographischen Stationen bzw. verschiedenen Lebensrealitäten (Freizeit, schulischer und beruflicher Alltag, Familie, Freundeskreis) wird u.a. motiviert durch den Wunsch nach Zuversicht und dem Vertrauen in die „Manageability" der Zukunft.[61] Dieser Wunsch wird deutlich über die Konventionen der Gothic-Szene transportiert: Hier stehen Sinnsuche und die Sehnsucht nach (zwischenmenschlicher und kultureller) Verbindlichkeit im Zentrum der ideellen Ausrichtung.

Neue Impulse im Hinblick auf die Festigung und Ausdifferenzierung von jugendkulturell gebundener Identität setzen jeweils die aktiven Mitglieder einer Gruppierung, die diesen Raum als Bühne für ihre expressive Selbstdarstellung nutzen: Als „Macher" stellen sie ein Ausdrucksrepertoire zur Verfügung, das von anderen adaptiert werden kann. Insofern stellen sie Strukturen her; solche „Strukturen für die einen basieren auf dem Handeln der anderen"[62].

In diesem Kontext fungieren Jugendkulturen als „Parallelwelten", die feste Regeln, stilistisch-kommunikative Merkmale und somit Orientierung bieten.[63]

Die Gothic-Szene präsentiert sich zwischen Selbstdarstellung, Ich-Bezogenheit und dem häufig betont wehmütig über das Erscheinungsbild sowie über kreative Äußerungen transportierten Sehnen nach Zuverlässigkeit und tiefgreifendem persönlichen Verständnis bereits seit ihrer Entstehungszeit als sozialer Zufluchtsort, in dem widersprüchliche Emotionen aufgegriffen werden und willkommen sind.

1.1.2 Szenen

Der Begriff Szene beschreibt im jugend- bzw. subkulturellen Zusammenhang eine Form loser Vergemeinschaftung, ein soziales und kulturelles Netzwerk aus durch gemeinsame Anschauungen und Interessen miteinander verknüpften Gruppen. Eine Szene ist dabei jedoch alles andere eine „Geheimgesellschaft", sondern bietet vielmehr einen groben Rahmen, der Raum für (lebens-)stilistische Veränderungen lässt. Der Szenebegriff trägt also, an-

---

[61] Vgl.: Stauber, S. 179.

[62] Stauber, S. 184.

[63] Vgl.: Doris Schmidt und Heinz Janalik, *Grufties. Jugendkultur in Schwarz*, Baltmannsweiler 2000 (im Folgenden abgekürzt als: Schmidt und Janalik 2000), S. 17.

ders als der Subkulturbegriff, den „strukturellen gesellschaftlichen Wand-
lungsprozessen und den veränderten pluralisierten Lebenslagen, -formen
und -stilen Rechnung."[64]

Szenen definieren sich eher über Angebote als über fordernde Verbindlichkeiten; sie basieren auf der „Vorfindlichkeit eines mehr oder weniger präzise
bestimmten thematischen Rahmens, auf den sich Gemeinsamkeiten von
Einstellungen, Präferenzen und Handlungsweisen der Szenemitglieder beziehen."[65]

„Das Publikum als Fabrik sozialer Konstruktion von Wirklichkeit" dient als
Matrix für die Konstituierung von Szenen: Publika bestehen aus Personen-
gruppen, die gleichzeitig ein bestimmtes Erlebnisangebot wahrnehmen.[66]
Vor diesem Hintergrund bildet eine „Szene" die übergreifende Sinnstruktur,
ein Netzwerk aus verschiedenen Publika. Das „Stammpublikum" einer Szene
tritt in Erscheinung durch die Kombination eines charakteristischen Identi-
tätsbewusstseins, spezieller Lokalitäten bzw. Treffpunkte und szenespezifi-
scher Inhalte bzw. Interessen und Neigungen.[67]

Immer wieder kommt es zu Überschneidung und Vermengung von Subkultur
und Szene. Auflehnung, Integration und Alltagsbewältigung sind Themen,
die insbesondere für Jugendliche eine zentrale Rolle spielen, und die in Szenen, Jugend- und Subkulturen in unterschiedlicher Gewichtung zur praktischen Anwendung kommen. Die Gothic-Kultur etwa vereint sowohl szenetypische, als auch jugend- und subkulturelle Charakteristika und bietet somit
flexible, individuell regulierbare Zugangs- und Wahrnehmungsmöglichkei-
ten.

Wer über szenerelevantes Wissen verfügt und den Gebrauch typischer Symbole und Zeichen beherrscht, erlangt Kompetenzen, die zur Interaktion mit
anderen Szenegängern befähigen und ggf. Experten ausweisen. Insofern ist
jedes Mitglied selbst dafür verantwortlich, wie „tief" es in die jeweilige „Ge-
sinnungsgemeinschaft" einstiegt – insbesondere musikzentrierte Szenen
funktionieren nach dem Prinzip der „freiwilligen Selbstbindung", die Zugehörigkeit ist grundsätzlich jederzeit kündbar.[68]

Je länger ein Kollektiv jedoch existiert, je früher und je intensiver ein Interes-
sent am Szenegeschehen teilnimmt, desto wahrscheinlicher wird die Ausbildung einer anhaltenden Verbundenheit, die besonders die gestalterisch bzw.

---

[64] Ferchhoff, S. 184.
[65] Hitzler, Bucher, Niederbacher, S. 21.
[66] Vgl.: Gerhard Schulze, *Die Erlebnis-Gesellschaft. Kultursoziologie der Gegenwart*,
Frankfurt am Main 2000, S. 460 (im Folgenden abgekürzt als: Schulze).
[67] Vgl.: Schulze, S. 463.
[68] Vgl.: Hitzler, Bucher, Niederbacher, S. 23.

organisatorisch tätigen Mitglieder betrifft. So sind etwa Musiker, Redakteure und Veranstalter der ersten Gothic-Generation z.T. noch immer in ihrer Szene aktiv und werden auch vom jüngeren Publikum geschätzt. Im Zuge dieser Entwicklung lassen sich jugendkulturell-sinnstiftende und -prägende Aspekte kaum noch vom verpflichtungsarmen Angebot des Szenelebens und vom alternativ motivierten subkulturellen Underground trennen.

Der Jugendforscher Paul Willis prägte 1991 bezugnehmend auf den häufig synonymen Gebrauch der Termini Jugend- und Subkultur den Begriff der „Proto-Gemeinschaft". Eine Proto-Gemeinschaft ist – infolge der gesellschaftlichen Modernisierungsprozesse, insbesondere der Medien – nicht an einen Ort oder ein Milieu gebunden, sondern definiert sich über gemeinsame Stile, Moden, Interessen, Positionen und Gefühle. Eine solche, auf den ersten Blick unverbindliche Gruppierung verfügt jedoch nicht nur über „serielle", sondern zusätzlich über „organische" Strukturen, da auch auf virtuellem Weg direkte Kommunikation möglich ist.[69] Sowohl auf dieser Basis als auch in Anlehnung an die Konzepte der Cultural Studies definierten die Soziologen Ronald Hitzler, Thomas Bucher und Arne Niederbacher 2001 Szenen als kollektive Sinnsysteme und Formen posttraditionaler Gemeinschaft.[70]

Hier werden Szenen spezifische Charakteristika zugewiesen, wie etwa ihr Verfügen über thematisch fokussierte Netzwerke, ihre Funktion als „interaktive Teilzeit-Gesellungsform[en]" oder als Träger einer eigenen Kultur. Wesentlich sind zudem ihre „Dynamik" und „Labilität", die aus fehlenden Kontrollinstanzen, die etwa Ein- oder Austritte reglementieren, resultieren.[71] Dem ist hinzuzufügen, dass das Verbindlichkeitsempfinden jedes – dauerhaften oder vorübergehenden – Szenegängers sehr unterschiedlich ausfallen kann und eine Szene u.U. im Laufe ihres Bestehens durchaus feste Konventionen zu generieren imstande ist, die erst nach Erlangen der nötigen Insiderkompetenzen eine „echte" Mitgliedschaft ermöglicht. Die Konventionen der Gothic-Szene werden im Verlauf der Arbeit immer wieder thematisiert werden.

Seit den Achtzigerjahren ist die Zahl der Szenen und Jugendkulturen sowie ihre stetig voranschreitende Differenzierung stark angewachsen. Die frühen Jugendkulturen etwa der Rockabillys der Fünfziger-, der Hippies der Sechziger- oder der Glamrocker der Siebzigerjahre bestehen dabei weiter, während sich zusätzlich neuere Gruppierungen (wie z.B. Hip Hop oder Techno, Fantasy-Rollenspieler oder Anime-Fan-Kollektive) entwickelt haben. Abgrenzungen zwischen verwandten Szenen sind diffus, sodass sich (veränderliche)

---

[69] Vgl.: Schmidt/Neumann-Braun, S. 36 f.
[70] Vgl.: Schmidt/Neumann-Braun, S. 37.
[71] Vgl.: Schmidt/Neumann-Braun, S. 37 ff.

Überschneidungen und Schnittmengen ergeben. Im Mittelpunkt einer Szene steht eine Themen-, Treffpunkt-, Erlebnis- und Eventorientiertheit, die den Teilnehmern inhaltliche und soziale Anknüpfungspunkte bietet.[72]

Das Szenen-Angebot ist so umfangreich und so raschen Veränderungen unterworfen, dass zur Kontextualisierung der Gothic-Szene an dieser Stelle nur ein knapper Überblick über einige zu Anfang des 21. Jahrhunderts bereits „renommierte" musikzentrierte Jugendkulturen, die die Gothic-Szene beeinflussen und von ihr beeinflusst werden, genügen soll.[73]

Die Metal-Szene wirkt seit etwa Mitte der Neunzigerjahre auf die sich wandelnde, neue Impulse aufnehmende Gothic-Szene ein, sodass spartenübergreifende Subgenres wie der Gothic-Metal[74] entstanden sind (repräsentiert z.B. durch die Erfolge der finnischen Band Nightwish). Weitere Phänomene sind Viking- und Pagan-Metal: Hier werden Inhalte aus der Wikingermythologie mit Metal- und Folkeinflüssen verbunden. Der Einsatz von mittelalterlich inspirierten Instrumenten – vor allem Sackpfeifen und Drehleiern – stellt den Bezug zum in der Schwarzen Szene beliebten Mittelalterrock her. Optisch schlägt sich dieser Einfluss auch in Bandlogos und -fotos nieder: Die stilisierte Ästhetik der Schwarzen Szene vermischt sich mit den gröberen, männlich dominierten Darstellungsformen der Metal-Kultur.

Die ursprünglich eng mit der Schwarzen Szene verflochtene Mittelalterszene, eine lose Interessensgemeinschaft aus Fans historisierender Lebensweisen, Mystik und Musik, hat sich mittlerweile zu einer eigenständigen Größe entwickelt, die sich u.a. mit Teilen der Folk- und Weltmusikszene mischt.

---

[72] Vgl.: Ferchhoff, S. 184.
[73] Die musikzentrierten Jugendkulturen und Szenen sind nur eine Teilmenge der existierenden Gruppierungen; die Auseinandersetzung mit z.B. jugendlichen Fußballfans, „Computerkids", jungen Christen, Serienfans oder Skatern (vgl.: Ferchhoff, S. 188-234) würde den kontextuellen Rahmen zu „Gothic Electro" sprengen.
[74] Die an Nightwish angelehnten Gothic-Metal-Spielarten werden aufgrund der häufig orchestralen Anmutung und der Einbindung klassisch ausgebildeter Frauenstimmen auch als „Symphonic Metal" bezeichnet.

Abb. 3: Die Mittelalter-Rock-Band Saltatio Mortis beim Amphi-Festival 2011, Foto: Ralf Pauen

Die Punk- und die Gothic-Szene verbindet insbesondere der Gothic-Teilbereich Batcave. Minimalistische (zumeist nicht oder nur zu einem geringen Teil elektronisch produzierte) Musik, zerrissene Kleidung, Nieten und scheinbar nachlässig toupierte Frisuren kennzeichnen beide Stile. Die Grenzen zwischen verwandten Subgenres sind häufig fließend: Die Sparte Post-Punk verweist etwa auf die im Punk liegenden Ursprünge; die oftmals „dunklen, von Synthesizern dominierten Klanglandschaften"[75] sprechen wiederum für eine gothic-nahe Verortung.

Auch die in den Neunzigerjahren des 20. Jahrhunderts zum Massenphänomen avancierte Techno-Szene – im Übrigen eine der wenigen musikorientierten Jugendkulturen, der zumindest in der Blütezeit tatsächlich fast ausschließlich Jugendliche angehörten[76] – hat Einfluss auf die Gothic-Szene. Eine Verwandtschaft zwischen Gothic- und Techno-Anhängern besteht vorrangig in musikalischer Hinsicht: Zahlreiche Produktionen beider Gruppierungen sind stilistisch ähnlich, wesentliche Unterschiede finden sich vor allem bei der Auswahl und dem jeweils charakteristischen Einsatz von Texten,

[75] Nicholas Padellaro, „Post-Punk – Wut, Optimismus und Apathie", in: Alexander Nym (Hg.), *Schillerndes Dunkel. Geschichte, Entwicklung und Themen der Gothic-Szene*, Leipzig 2010, S. 183 (im Folgenden abgekürzt als: Padellaro).

[76] Vgl.: Ferchhoff, S. 207 ff.

Samples und Gesang. Optische Annäherungen an die Techno-Szene finden sich unter Gothics in Form der Cyberpunk- bzw. Cybergoth-Ästhetik, die u.a. das dekorative Tragen von Schweißerbrillen mit der Verwendung grell farbiger Kunsthaare verbindet.

Abb. 4: Cyberpunk-/Cybergoth-Outfit, Foto: Ralf Pauen

Sowohl inhaltliche als auch stilistische Überschneidungen existieren außerdem zur noch jungen, aus dem Punk-("Emotional-Hardcore-") und Gothic-Kontext hervorgegangenen Emo-Szene, zum japanischen Phänomen Visual Kei, das kommerziell ausgerichtete Rock- und Pop-Musik mit auffälligen Bühnenoutfits verbindet, sowie zu nicht-musikzentrierten Gemeinschaften wie etwa den Fantasy-Live-Rollenspielern ("LARPer"), die mit der Schwarzen Szene die Neigung zu aufwändiger Kostümierung und die eskapistische Freude an phantastischen Inhalten teilen. Zu den jüngsten Trends gehört Steampunk, eine nicht-musikzentrierte Strömung, die sich mit der visuellen und technischen Umsetzung einer auf die Ästhetik des viktorianischen Zeitalters rekurrierenden Science Fiction auseinandersetzt. Unmittelbar an die Gothic-Szene gebunden ist zudem die erst nach der Jahrtausendwende aus den modernen, aus den USA stammenden Formen des Orientalischen Tanzes (vor allem: American Tribal Style Bellydance und Tribal Fusion) entstandene Gothic- oder Dark-Fusion-Bellydance-Bewegung, die vor allem die elektronische Musik der Schwarzen Szene adaptiert. Die amerikanische Tänzerin Ariellah Aflalo verwendete auf ihrer Lehr-DVD „Contemporary Belly

Dance and Yoga Conditioning" z.B. Stücke des deutschen Gothic-Industrial-Projekts :wumpscut:.

Abb. 5: Der „Schwarzmarkt" in der Agrahalle, Wave Gotik Treffen in Leipzig 2006, Foto: Bianca Stücker

Bemerkenswert ist die Treue, mit der viele Gothic-Anhänger die Affinität zu ihrer Szene über Jahre oder sogar Jahrzehnte aufrecht erhalten. Viele Merkmale, die den Jugendkulturen zugerechnet werden – so etwa die Identitätsfindung durch das Annehmen und Abwandeln spezieller Stile, Vorlieben, Haltungen und Moden – lassen sich längst nicht mehr nur auf den ohnehin raumgreifender, diffuser und weniger leicht eingrenzbar werdenden Zeitraum der Jugend beziehen. Die in den als Jugendkulturen beschriebenen Zusammenschlüssen praktizierte „Stilisierung des Lebens" ist längst nicht mehr jugendspezifisch, sondern hat sich zu einem altersklassenübergreifenden, auf das gesamtgesellschaftliche Kollektiv einwirkendes Ideal entwickelt und lässt sich besonders anschaulich am Beispiel der stark visuell geprägten Gothic-Szene beobachten.[77]

Anzumerken ist in diesem Kontext allerdings, dass sich die Unverbindlichkeit des Szenebegriffs nicht vorbehaltslos auf die Gothic-Kultur mit all ihren sub-

---

[77] Vgl.: Alexandra König, *Kleider schaffen Ordnung. Regeln und Mythen jugendlicher Selbst-Präsentation*, Konstanz 2007, S. 21 (im Folgenden abgekürzt als: König).

kulturellen Aspekten anwenden lässt: Wer sich auf die Schwarze Szene ein-
lässt, verbindet damit zumeist mehr als nur Stil und Ästhetik; eine dauerhafte Affinität zum Kollektiv wird in den meisten Fällen mit persönlicher Sinnsuche und der Sehnsucht nach Verständnis und Gleichgesinntsein assoziiert
und begründet (vgl. Abschnitt 2.2 und 2.4).

1.2 Kultur, Subkultur, Stil und die „Verherrlichung der Schwäche"[78]

Widerstand, Protest und Provokation – das waren lange Zeit die Etiketten,
die Jugendkulturen als Gegenkulturen auswiesen, der gesellschaftliche Konsens, der die unterschiedlichen Gruppierungen greifbar machte.[79] Doch im
Zuge der fortschreitenden Pluralisierung der Lebensstile wird es zunehmend
schwerer, klare Positionen zu beziehen – das Abweichen von der Norm wird
nicht nur akzeptiert, sondern mitunter sogar nahegelegt; Rebellion und Un-
angepasstheit werden zur Mode. Die Herausforderung der hegemonialen
Verhältnisse ist kaum mehr möglich, da fassbare Feindbilder fehlen. Nur wenige Gruppierungen wehr(t)en sich wahrnehmbar gegen herrschende Verhältnisse.

Eine zumindest kritische, wenn auch passive Haltung vermittelt die Schwarze Szene: Durch die äußerliche Stilisierung des Dunklen und die Hinwendung
zu philosophischen und kunstinspirierten Themen drücken die Szenegänger
ihre Ablehnung einer konsum- und spaßorientierten, oberflächlich agierenden Umgebung aus. Insofern stellen sie noch immer „gesellschaftliche Wi-
dersprüche zur Schau".[80]

Unter Berücksichtigung des vorangegangenen Kapitels sollen im Folgenden
eine Annäherung an (Hoch-)Kultur und Mainstream, an die Definitionen von
Sub-, Gegen- und Teilkulturen und ihre Überschneidungen zur Jugendkultur
sowie an die kontextuelle Bedeutung von „Stil" stattfinden.

Spätestens die Neunzigerjahre zeigten, dass nicht nur die stilistischen und
musikbezogenen Charakteristika im jugend- und subkulturellen Bereich einander in immer rascherem Wechsel ablösten bzw. einer feiner werdenden
Aufsplitterung in Subszenen unterlagen, sondern dass auch die inhaltliche
Ausrichtung eine Wandlung erfuhr. Anhand des Massenphänomens Techno
– das ursprünglich aus der breit gefächerten Indie-Szene hervorgegangen ist
– ließ sich deutlich ablesen, dass nicht mehr das Subversive, die Protesthal-

---

[78] Dick Hebdige, „Versteckspiel im Rampenlicht", in: Rolf Lindner und Hans-Hermann
Wiebe (Hg.), *Verborgen im Licht. Neues zur Jugendfrage*, Frankfurt am Main 1985, S.
201 (im Folgenden abgekürzt als: Hebdige).
[79] Vgl.: Kemper, S. 13.
[80] Müller-Bachmann, S. 143.

tung und das politisch-sozialkritische Bewusstsein im Zentrum des Interesses standen, sondern – scheinbar – der reine Unterhaltungswert, das Zusammengehörigkeitsempfinden, der „Spaß".

Offenbar hatten sich die Fragen und Ansprüche gewandelt, die die Jugendlichen an eine subkulturelle Gruppierung stellten: In einer Zeit der subjektiv erlebten ökonomischen Sicherheit, der suggerierten Freiheit und vermeintlichen Gleichberechtigung rückten immer häufiger das Problem des individuellen Identitätsentwurfs, sich Sich-Abgrenzens und der Kommunikation in den Vordergrund.

Kultur lässt sich als „Symbol- und Bedeutungssystem"[81] verstehen, das als Matrix für wechselseitige Beziehungsgeflechte zur Verfügung steht. Insofern fungiert der Mensch zwar als Initiator der ihn umgebenden Kultur, indem er das Raster konstituiert, das die Basis für das „kultivierte" Zusammenleben bildet, muss aber letztlich auf das sich aus Einzelleistungen zusammensetzende Gesamtkonstrukt re-agieren und ist somit zugleich Subjekt wie Objekt. Überzeugungen, Wertmaßstäbe und Empfindungsweisen eines Kollektivs orientieren sich an den ungeschriebenen Regeln seiner Kultur; vor diesem Hintergrund finden soziale Zusammenschlüsse statt, werden Ideale generiert, Produkte zur Verfügung gestellt und Standards etabliert.[82]

Der „Mainstream" wurde zunächst als „normalisierende, tendenziell monokulturelle Form der Warenproduktion" definiert[83], die sich auf größtmöglichen Wiedererkennungswert bei gleichzeitig geringster Variation erfolgreicher Muster stützt.[84] Mittlerweile geht die Kulturindustrie differenzierter vor, um auf unterschiedliche Gruppierungen jugend- und subkulturellen Ursprungs zugreifen und sie mit eigens auf sie zugeschnittenen Bedürfnissen und den zugehörigen, Befriedigung versprechenden Konsumgütern ausstatten zu können. Auch Gothic ist in diesem Zusammenhang zu einem kommerziell verwertbaren Schlagwort geworden.

Subkulturen waren in den Siebziger- und Achtzigerjahren des 20. Jahrhunderts ein beliebter Forschungsgegenstand; im Zuge der komplexer werdenden Lebensstil- und technischen wie nonverbalen Kommunikationsausprägungen galt während der Neunzigerjahre das Interesse vorrangig einzelnen, häufig negativ besetzten sub- bzw. jugendkulturellen Phänomenen, wie z.B. neonazistischen oder satanistischen Kollektiven. Nach der Jahrtausendwen-

---

[81] Kemper, S. 13.

[82] Vgl.: Kemper, S. 13 f.

[83] Tom Holert und Mark Terkessidis (Hg.), *Mainstream der Minderheiten. Pop in der Kontrollgesellschaft*, Berlin 1996, S. 9 (im Folgenden abgekürzt als: Holert und Terkessidis).

[84] Vgl.: Holert und Terkessidis.

de rückte schließlich das immer wieder als „unüberschaubar" ausgewiesene Angebot unterschiedlicher szenegebundener Lebenswelten in seiner Gesamtheit in den soziologischen Fokus; es wurden wiederholt Versuche unternommen, den Underground mit seinen jeweils spezifischen Merkmalen möglichst komplett zu erfassen.

Die Subkulturforschung der Anfangszeit[85] beschränkte sich zunächst auf zwei Gruppierungsformen: die „Subkulturen" mit proletarischem Hintergrund und die „Gegenkulturen" der Mittelschicht. Sowohl den Sub- als auch den Gegenkulturen war eines gemeinsam: Ihre Delinquenz, das von den normativen Vorgaben abweichende Verhalten.[86]

1970 erschien Rolf Schwendters „Theorie der Subkultur", die eine Gegenkultur als Typus der Subkultur definiert. Schwendter unterscheidet subkulturelle „Teilkulturen", die integrativ innerhalb der dominanten Kultur wirken, und die „Gegenkulturen", die gegen das System opponieren. Trotz anders gewichteter Forschungsinteressen nahmen die Autoren des CCCS die gleiche Differenzierung vor.[87]

Die Gothic-Szene weist in diesem Kontext sowohl teil- als auch gegenkulturelle Merkmale auf, da sie sich zwar bewusst vom Mainstream abgrenzt, auf der anderen Seite aber insofern integriert ist, als dass Ausbildung, Erwerbstätigkeit, Familiengründung und Szenezugehörigkeit einander nicht ausschließen.

---

[85] Den Begriff Subkultur verwendete bereits Milton Gordon in seinem 1947 erschienenen Aufsatz „The Concept of the Sub-Culture and Application"; „Kriminelle Subkulturen" wurden 1957 von Albert Cohen untersucht; 1968 schrieb Cohen gemeinsam mit James Short über die „Erforschung delinquenter Subkulturen", vgl.: Farin 2001, S. 58.

[86] Vgl.: Farin 2001, S. 19 ff.

[87] Vgl.: Farin 2001, S. 59, 63.

Abb. 6: Festivalbesucher, Foto: Ralf Pauen

Das moderne subkulturelle Zugehörigkeitsbewusstsein wird im Wesentlichen durch einen speziellen Stil nach außen getragen; äußerliche Zeichen artikulieren und kommunizieren die jeweilige Verortbarkeit. Wenn Medien im Zuge der Kommerzialisierung, Standardisierung und Internationalisierung diese Zeichen – modische, musikalische oder andere – aufgreifen, tragen sie nicht nur zu ihrer Verbreitung bei, sondern transformieren sie gleichzeitig. Eine solche Vereinnahmung durch den Mainstream wird für die Angehörigen einer Szene gemeinhin als eine radikale Abwertung der als identitätsstiftend empfundenen Merkmale betrachtet. In diesem Verhalten wird wiederum der subversive Charakter der Subkulturen deutlich, obschon insbesondere die musikzentrierten Gruppierungen in der Mehrheit keine explizit politischen Anschauungen vertreten. Stil ist sowohl auf körperlicher als auch auf geistiger Ebene erfahrbar, da Lebensphilosophie, Aktionen und Reaktionen und die nach außen kommunizierten Zeichen ineinandergreifen.[88]

Jugendkulturen werden in der sozialwissenschaftlichen Forschung als „soziale Ereignisse verstanden, an denen Menschen teilhaben, die sich vor allem über Stile, Moden und Konsum definieren."[89] Das darauf bezogene Verhalten der Jugendlichen konstituiert sich vor allem durch Adaption und Umformung der großflächig etablierten Erscheinungen.

---

[88] Vgl.: Kähler, S. 25.
[89] Kemper, S. 20.

Während Alois Hahn Stil als eine „Formung von Handlungen (oder deren Resultate), die für einen Handelnden, eine Gruppe von Handelnden oder einer ganzen Kultur typisch sind"[90] beschreibt, erkennt Hans-Georg Soeffner „zusätzlich eine ästhetische Komponente – eine ästhetisierende Überhöhung – des Alltäglichen"[91], die sich insbesondere in der Gothic-Szene deutlich sichtbar niederschlägt und, wie später noch zu zeigen sein wird, sich nicht nur auf die Gestaltung des persönlichen Erscheinungsbildes, sondern auch auf das gesamte Lebensgefühl, den sichtbaren Ausdruck in der Wahl der Kleidung, die Wohnungsgestaltung, den Umgang mit Medien und die Freizeitorganisation bezieht (vgl. Abschnitt 2.2, 2.4).[92]

Der Stil, der aus der bereits erwähnten Selektion und „Rekontextualisierung von Objekten"[93] entsteht, wird von den Angehörigen eines Kollektivs als „symbolische Kritik an der herrschenden Ordnung"[94] eingesetzt. Diese Modifikation des Bestehenden hebt das Rezipieren schließlich auf eine Ebene des Aktiven, da die Einordnung in die eigene Lebensrealität nicht nur eine Auseinandersetzung mit dem Gegenstand, sondern auch eine neue Sinngebung fordert. „Dabei streben die Jugendkulturen", so der Politologe Christian Kemper, „nach einer symbolischen Kongruenz zwischen ihren Werten und ihrem Stil, zwischen subjektiven Erfahrungen und Konsumpartikeln. Mit dieser Homologie drücken sie ihre zentralen Anliegen aus und wirken auf eine Verstärkung ihrer Ausdruckskraft hin. Somit herrscht eine extreme Ordentlichkeit vor, weil jeder Teil in einem bewusst definierten Verhältnis zu den übrigen steht. Durch diese Stimmigkeit können die Jugendlichen ihre Welt als sinnvoll erfahren."[95] Diese Homologie ist unter – nicht zwingend jugendlichen – Gothic-Anhängern besonders ausgeprägt.

Abgesehen von einem jugend- bzw. subkulturell gebundenen Selbstverständnis, das vor allem in der Freizeit ausgelebt wird, verortet der Kommunikationswissenschaftler Daniel Kähler auch „Vollzeitidentitäten"[96], so etwa die Punk-Szene. Diese Beschreibung trifft ebenfalls auf die Gothic-Szene zu,

---

[90] Alois Hahn, „Soziologische Relevanzen des Stilbegriffs", in: Hans-Ulrich Gumbrecht und Karl Ludwig Pfeiffer (Hg.), *Stil. Geschichten und Funktionen eines kulturwissenschaftlichen Diskurselements*, Frankfurt am Main 1986, S. 604.

[91] Hans-Georg Soeffner, „Stil und Stilisierung. Punk oder die Überhöhung des Alltags", in: Hans-Ulrich Gumbrecht und Karl Ludwig Pfeiffer (Hg.), *Stil. Geschichten und Funktionen eines kulturwissenschaftlichen Diskurselements*, Frankfurt am Main 1986, S. 319.

[92] Vgl.: Kähler, S. 33.

[93] John Clarke, „Stil", in: John Clarke u.a. (Hg.), *Jugendkultur und Widerstand. Milieus, Rituale, Provokationen*, Frankfurt am Main 1979, S. 136.

[94] Rolf Lindner, „Editorial", in: John Clarke u.a. (Hg.), *Jugendkultur und Widerstand. Milieus, Rituale, Provokationen*, Frankfurt am Main 1979, S. 11.

[95] Kemper, S. 21.

[96] Kähler, S. 29.

da ihre Mitglieder häufig auch im Alltag, also in Schule, Studium und – soweit die Umstände es zulassen – Ausbildung bzw. Beruf durch die charakteristische Stilisierung ihres Erscheinungsbildes auffallen. Hier zerfließen die Grenzen zur Subkultur.

Kähler definiert Jugendkultur als den allgemeineren Terminus, der sowohl Szenen als auch Subkulturen umfasst;[97] Birgit Richard stellt eine untrennbare Verknüpfung von Jugend- und Subkulturen fest und empfindet es nicht als Widerspruch, dass sich „subkulturelle Praxen heute nicht mehr grundsätzlich auf das Jugendalter beschränken lassen".[98] Speziell in der Gothic-Kultur lassen sich nicht nur eine oft langjährige Szenetreue, sondern auch vergleichsweise viele späte Eintritte beobachten.

Der gegenkulturelle Gehalt von Subkulturen besteht in ihrer Fähigkeit, die Gesellschaft mit ihren – häufig unbewussten – Defiziten zu konfrontieren: „Subkulturen besitzen subtile Sensoren für alles, was anderen Generationen Ärger bereiten könnte",[99] resümiert Richard.

Subkulturen können nur entstehen, wenn es einen klaren Bezugspunkt, d.h.: eine deutlich fassbare hegemoniale Kultur gibt. In den vergangenen zwei Jahrzehnten hat in Deutschland die subkulturelle Klassenidentität an Bedeutung verloren, im Zuge wirtschaftlicher und soziokultureller Veränderungen wandeln sich auch die Statusmaßstäbe; bestehende soziale Strukturen weichen auf.[100] Kemper folgert, dass „subkulturelle Anschübe kulturell generalisiert, reguliert, konformiert und entdramatisiert"[101] werden, sodass die ursprünglich subkulturellen Zeichen und Inhalte einer breiten Öffentlichkeit zugänglich sind – ein Prozess der Verallgemeinerung, Vereinnahmung und Modifikation ins Harmlose – etwa durch untergründig inspirierte Modetrends – setzt ein; Kommerzialisierung und Mediatisierung tun ihr übriges.[102]

---

[97] Vgl.: Kähler, S. 30.

[98] Birgit Richard, *Todesbilder. Kunst, Subkultur, Medien*, München 1995, S. 92 (im Folgenden abgekürzt als: Richard 1995). Die Feststellung, dass sich subkulturelles Verhalten über das Jugendalter hinaus fortsetzt, ist speziell in Bezug auf die Gothic-Szene noch immer aktuell.

[99] Richard 1995, S. 98.

[100] Vgl.: Kemper, S. 24.

[101] Kemper, S. 24.

[102] Unter Mediatisierung ist die zunehmende Verbreitung medialer (Freizeit-)Angebote und die daraus resultierenden Entwicklungen zu verstehen: Die Nutzung elektronischer Medien erreicht insbesondere unter Jugendlichen ein hohes Zeitvolumen; die soziale Wirklichkeit wird immer enger an virtuelle Kommunikationsformen gekoppelt, über Medien erlebte Erfahrungen gewinnen an Bedeutung. Inwieweit sich positive und negative Folgen dieser veränderten Alltagswelt auf das psychosoziale Verhalten der Jugendlichen auswirkt, wird kontrovers diskutiert, vgl.: Kemper, S. 25 f.

Obschon solche Tendenzen auch die Schwarze Szene bis zu einem gewissen Grad durchdringen, bleibt sie bislang bis auf wenige Ausnahme von einer flächendeckenden Vermarktung durch Fernsehen und Radio ausgeschlossen, nur einzelne Bands oder Projekte sowie modische Accessoires werden gelegentlich an die Oberfläche gespült. Der Großteil des Szenelebens bleibt davon jedoch unberührt, es spielt sich weiterhin innerhalb seiner eigenen Strukturen ab. Die Gothic-Szene ist folglich trotz kommerzieller Einflussnahme ihrem Wesen nach eine authentische Subkultur.

Dennoch bleiben die Grenzen zwischen den Begrifflichkeiten unklar: „,Dominante Kultur', ‚Teilkultur', ‚Gegenkultur' und ‚Subkultur' sind oftmals nur schwer auseinanderzuhalten",[103] da beinahe jedes Underground-Kollektiv Anteile der unterschiedlichen Kulturformen aufweist. Mit der Verschmelzung der Beschreibungsformen und der Schwierigkeit, einer Jugendkultur eindeutige subkulturelle Momente anzuerkennen, geht die Einführung des unspezifischer gehaltenen Terminus „Szene" einher.

Eine Szene stellt sich als vorwiegend unstrukturierte Gesellungsform dar, deren Angehörige sich über gleiche Interessen, Wertvorstellungen, ästhetische Merkmale, Freizeitaktivitäten oder Rituale verständigen. Der temporäre Charakter ist allen Szenen gemein; wenngleich es treue Szeneanhänger gibt, besteht doch immer die Möglichkeit, je nach Neigung und Gefallen zwischen verschiedenen Szenen zu wechseln oder eine parallele Teilnahme zu praktizieren.[104]

> „Die ‚subkulturelle Antwort' ist weder schlichte Zustimmung noch Ablehnung, weder ‚kommerzielle Ausbeutung' noch ‚authentische Revolte'. (...) Sie ist eine Unabhängigkeitserklärung derjenigen, die anders sein und anders denken wollen, eine Ablehnung von Anonymität und Bevormundung. (...) Und zur gleichen Zeit ist sie eine Bestätigung der Machtlosigkeit, eine Verherrlichung der Schwäche. Subkulturen wollen Aufmerksamkeit erregen und weigern sich zugleich, ist erst einmal diese Aufmerksamkeit erreicht, buchstabengetreu ‚gelesen' zu werden",[105]

fasst Dick Hebdige 1985 zusammen. Trotz der zu berücksichtigenden romantisierenden bzw. idealisierenden Tendenz des Textes trifft vieles vor allem auf die Gothic-Szene zu: Das Zur-Schau-tragen des Andersseins, der Wunsch nach Unabhängigkeit und das Sich-nicht-in-die-widrigen-Verhältnisse-einfügen-wollen korrespondiert unmittelbar mit dem Kokettieren mit der

---

[103] Dieter Baacke und Wilfried Ferchhoff, „Von den Jugendsubkulturen zu den Jugendkulturen. Der Abschied vom traditionellen Jugendsubkulturkonzept", in: Forschungsjournal Neue Soziale Bewegungen, 8. Jahrgang Nr. 2 1995, S. 36.

[104] Vgl.: Kemper, S. 26.

[105] Hebdige, S. 201 f.

Außenseiterrolle und dem häufig zu verzeichnenden Sich-missverstanden-fühlen.

Die Gothic-Kultur entzieht sich der eindeutigen Kategorisierung als Sub-, Teil- bzw. Gegenkultur, denn sie lässt sich zwar innerhalb konventioneller Grenzen ausleben, äußert aber gleichzeitig beharrlich ihre (vorwiegend stille) Kritik:

> „[Die] schwarze Ästhetik [der Gothic-Anhänger] wirkt inmitten der bunten Warenwelt wie ein störender Schmutzfleck; sie widersprechen allein durch ihre Präsenz den gängigen Jugend-, Schönheits- und Körperbildern. Sie wirken alt(ertümlich), konfrontieren uns *passers-by* mit der Vergänglichkeit des Lebens und unterlaufen damit subversiv – nicht aggressiv – die Verdrängungssehnsüchte der Gesellschaft".[106]

Das Anderssein, der ursprüngliche Makel des Außenseiters und Nachteil dem „Normalbürger" gegenüber, wird umgedeutet zu einer Auszeichnung, einer letztendlichen Überlegenheit. Innerhalb der Gothic-Kultur ist das Anderssein nicht nur willkommen, es wird zum erstrebenswerten Ziel.

1.3 Musik als zentraler Aspekt subkultureller Gesellungsformen

Musikzentrierten Subkulturen ist eines gemeinsam: Anstelle einer politischen oder religiösen Haltung bildet eine für die jeweilige Szene charakteristische und in ihrer Merkmalskonstellation einzigartige Musik das verbindende und – in Bezug auf das durch die Zugehörigkeit zur Gruppierung transportierte Lebensgefühl – sinnstiftende Element.

Der bezeichnende Stil vieler subkultureller Lebensformen wird durch die Musik und die mit dieser Musik assoziierten Kleidungsstücke, Tanzbewegungen, Accessoires, Genussmittel, Wohnungseinrichtungen, Gesten, Düfte usw. generiert.[107] Insofern liefert die Musik den „kollektiven Relevanzrahmen"[108] für ein Selbstverständnis, das nach außen Individualität, intern hingegen „Gleichgesinntsein" signalisiert. In diesem Kontext ist nicht nur das subjektive Hörerlebnis, sondern auch ein ggf. sehr umfangreiches szenespezifisches Musikwissen als Ausdruck individueller Kompetenz von Bedeutung.[109]

---

[106] Farin 2001, S. 164 f. Bereits 1990 sprechen auch Manfred Stock und Philipp Mühlberg von der „symbolischen Kampfansage gegen die eingeschliffenen Verdrängungsmechanismen ‚der anderen'", vgl.: Manfred Stock und Philipp Mühlberg, *Die Szene von innen. Skinheads, Grufties, Heavy Metals, Punks*, Berlin 1990, S. 51 (im Folgenden abgekürzt als: Stock/Mühlberg).

[107] Vgl.: Richard 1995, S. 101.

[108] Kähler, S. 170.

[109] Vgl.: Schmidt/Neumann-Braun, S. 83.

Die Musik „bildet [insofern] den Kristallisationspunkt, um den herum sich die jeweiligen Stile ausprägen",[110] und verbindet darüber hinaus die Szenemitglieder weltweit. Insbesondere die Möglichkeit der virtuellen Kommunikation über das Internet – in Echtzeit – gewährleistet eine permanent aktuelle Vernetzung einer Gruppierung und die rasante Verbreitung neuer „Szene-Soundtracks".

Die durch das Tragen mit Bandlogos dekorierter T-Shirts vermittelte Abgrenzung vom Mainstream erhält schon durch die bloße Existenz des zugehörigen Kollektivs Rückhalt und Bestätigung; der durch die Hör- und Sichtbarmachung der eigenen Vorlieben zur Schau getragene Ausbruch aus der Konformität der Masse wurzelt nicht in bedingungslosem Individualismus, sondern in der in einer Gemeinschaft erfahrbaren Suche nach (Rezeptions-, Bekleidungs-, Zerstreuungs-, Lebensführungs-)Alternativen.

Diese durch die Zugehörigkeit zu einer sub- bzw. jugendkulturellen Gemeinschaft erlebte Bestätigung muss nicht zwingend mit realen (und/oder virtuellen) Kontakten zu anderen Szeneanhängern einhergehen, sondern wird bereits durch das Teilen der musikalischen und häufig auch der übrigen szenekonstituierenden Parameter gewährleistet. Das demonstrative Konsumieren szenetypischer Musik oder das Tragen der typischen Kleidung kommuniziert einen gewissen „Insiderstatus".

Für viele Gothic-Fans führt der Einstieg in die Szene über die Musik, die häufig als vertraut und mit dem „normalen" sozialen Leben schwer vereinbar empfundene Stimmungslagen wiederspiegelt. Melancholie und die Auseinandersetzung mit ernsten Themen wirken ansprechend im Kontrast zum reinen Unterhaltungswert des Mainstreams, mit dem sich die „Schwarzen" nicht identifizieren.[111] In diesen Kontext gehört auch die fest etablierte Party-, Festival- und Tanzkultur der Szene, die trotz ihres Entertainmentcharakters zugleich einen Rahmen für Gespräche, Austausch und Information bietet. Die Musik der Schwarzen Szene transportiert in all ihren Ausprägungen immer auch eine – selten konkret formulierte – Lebenshaltung: Diese Lebenshaltung wird als Voraussetzung für das Verständnis der szenespezifischen Musikkultur begriffen; wer selektiv einzelne Gothic-Titel mag, gehört noch nicht „dazu"; erst die Identifikation mit dem von der Musik ausgehenden bzw. durch die Musik repräsentierten Interessens- und Emotionsgefüge gewährt den Zugang zur Gemeinschaft.

Interessenten werden bereitwillig aufgenommen, verpönt hingegen sind „Pseudos" und „Wochenend-Grufties", Szenegänger, die sich in erster Linie

---

[110] Farin/Meyer-Guckel, S. 17.
[111] Vgl.: Hitzler, Bucher, Niederbacher, S. 70.

von modischen Eigenheiten angezogen fühlen und nur vorübergehend an der Szene partizipieren wollen. Obschon das Erscheinungsbild eine wesentliche Rolle spielt, wird das Streben nach Tiefe und Sinn szeneintern höher bewertet.

Wenn Daniel Kähler in Bezug auf Techno-Events ein „multiästhetisch-kommunikative[s] Erlebnis" verortet, das auf der „multimediale[n] Komposition aus technischen, visuellen und audiovisuellen Medien"[112] basiert, so beschreibt dies auch den Charakter von Gothic-Veranstaltungen. Den Ausgangspunkt und stilistischen Rahmen bildet die (live oder durch DJs bereitgestellte) Musik mit all ihren Subgenres, der durch die jeweiligen Tanzbewegungen und Kleidungsweisen eine visuelle Entsprechung zugeordnet wird. Klang- und Lichteffekte sowie Nebelmaschinen erzeugen eine sinnlich erfahrbare Atmosphäre; die genreabhängigen Tanzstile kommunizieren Stimmungen und Subszenenzugehörigkeiten, die die verschiedenen „Dresscodes" unterstreichen (vgl. Abschnitt 2.4).

Diese Dresscodes – deren Bestandteile sich auch in der Wohnungseinrichtung oder in der Gestaltung, Auswahl und Dekoration von Gebrauchsgegenständen wiederfinden lassen – entstehen nach dem Bricolage-Prinzip. Geprägt von dem französischen Anthropologen Claude Lévi Strauss, bezeichnet Bricolage die Rekontextualisierung von Objekten, d.h.: einem bereits in einem festen Zusammenhang gebrauchten Gegenstand wird eine neue Bedeutung zugewiesen. Infolge einer solchen Neukodierung erfährt der jeweilige Gegenstand – das Schmuck- oder Kleidungsstück, das Deko-Objekt usf. – eine Umdeutung im Sinne des Benutzers. Das Wissen um die neuen und alten Bedeutungen eines in dieser Weise chiffrierten Objekts wird szeneintern vorausgesetzt; an solchen und ähnlichen Kenntnissen lassen sich die Authentizität des Trägers und seine Szenekompetenz ablesen.[113]

Die Musik einer Szene, Jugend- oder Subkultur ist also weit mehr als eine Frage von beliebigem Gefallen: Sie wirkt nicht nur umfassend stilbildend auf das sich um sie gruppierende Kollektiv, sondern wird in diesem Kontext auch zum Statussymbol, das etwas über den internen Stellenwert des Hörers aussagt, und das Auskunft gibt über „guten" und „schlechten" Geschmack. In einem musikorientierten sozialen Gefüge sind feine Abstufungen hinsichtlich individueller Vorlieben wahrnehmbar: Während so mancher Produzent als „Pseudo" und nicht vertretbar bewertet wird – etwa durch szeneübergrei-

---

[112] Kähler, S. 170.

[113] Vgl.: Grit Grünewald und Nancy Leyda, "Der real existierende Vampir-Horror. Eine theatrale Inszenierungspraxis innerhalb der Schwarzen Szene", in: Claudio Biedermann und Christian Stiegler (Hg.), *Horror und Ästhetik*, Konstanz 2008, S. 177 f (im Folgenden abgekürzt als: Grünewald).

fenden kommerziellen Erfolg, der zumeist mit einem stilistischen Wandel der Musik einhergeht –, zeichnet es auch den Rezipienten (und: den DJ) aus, wenn er Titel von arrivierten „Kultbands" bevorzugt. Die unterschiedlichen Subgenres und Künstler entsprechen hier den Modelabels und Designern der Boulevardkultur.

1.4 Pop-Theorie

Pop hat sich gewandelt: Während sich in den Fünfziger- bis Achtzigerjahren Pop-, Gegen- und Jugendkulturen vorrangig durch ihre spezifische Dissidenz auszeichneten, scheinen sie zu Beginn des 21. Jahrhunderts – bis auf wenige Ausnahmen – ein systemfunktionaler und integrativer Bestandteil der herrschenden (westlichen) Kultur geworden zu sein. „Pop" ist zu einem Gegenstand der Alltagskultur geworden, zu einer Vielzahl von Waren, Symbolen und sozialen Ereignissen.[114]

Dazu hat wesentlich die durch die unterschiedlichen Medien und kommerziellen Industrien vorangetriebene „Verharmlosung durch Verbreitung" beigetragen.[115] Jede Subkultur ist entsprechend gefordert, auf die Zugriffe des Mainstreams zu reagieren.

Die Gothic-Kultur hat hier – bewusst oder unbewusst – eigene Strategien entwickelt, mit der „Verharmlosung" seitens der Medien umzugehen: Während die Maximen des Punk durch das Herausstellen seiner Protagonisten als umgänglich, familienorientiert u.ä. ad absurdum geführt werden, lassen sich die Gothic-Anhänger bereitwillig in dieser Weise darstellen (etwa im Zusammenhang mit der jährlichen Berichterstattung zum Leipziger Wave Gotik Treffen). Die „Entlarvung" schwarz gekleideter „Normalbürger" gelingt jedoch nicht, da die Gothic-Szene zwar mit extrovertierten und z.T. abschreckenden Stilmitteln kokettiert, selbst aber nie eine umstürzlerische oder unsoziale Haltung vertreten hat. Ihr Anderssein manifestiert sich in einem Eliteempfinden, das die Ablehnung der geistigen Haltung und der Lebensführung der breiten Masse nach sich zieht, aber nicht missionarisch gegen deren Konventionen ankämpft (vgl. Abschnitt 2.1, 2.2). Das „schwarze Leben" macht sich im Alltag vorrangig durch Äußerlichkeiten bemerkbar, Reibungen mit Andersdenkenden finden in der Regel selten statt. Insofern bleibt die Szene trotz der versuchten – und in kommerzieller Hinsicht als „Trend" für den Außenstehenden, Nicht-Szeneangehörigen durchaus geglückten – Vereinnahmung durch den Mainstream kongruent.

---

[114] Vgl.: Müller-Bachmann, S. 271.
[115] Vgl.: Müller-Bachmann, S. 272 f.

Populäre Musik geht häufig einher mit einer spezifizierten, auf die jeweilige musikalische Richtung hinweisende Ästhetisierung und Inszenierung des Körpers. Diese befindlichkeitsstimulierenden, äußerlich durch einen charakteristischen Stil repräsentierte sinnlich-rezeptiven Eigenschaften hat sie in Verruf gebracht: Kulturkritiker und -pessimisten sahen in ihr entweder ein Instrument zur Gefügigmachung der Beherrschten oder als Quelle des Disziplin- und Werteverfalls. Insbesondere das Aufkommen der Pop- und Rockmusik in den Fünfzigerjahren verschärfte den Diskurs. Die populäre Musikszene reagierte darauf mit dem Anspruch, „trotz oder gerade wegen ihrer Warenform" als Kunst verstanden zu werden. Gleichzeitig wurden sozialwissenschaftliche Theorien entwickelt, die „hochkulturelles Abgrenzungsgebaren als Distinktionsverhalten zur Aufrechterhaltung sozialer Hierarchien entlarvten".[116]

Dieser speziellen Genese Rechnung tragend, bewegt sich die populäre Musik im Spannungsfeld zwischen industrieller Produktion und individueller bzw. gruppenbezogener Aneignung.[117] Dies erfordert ein hohes Maß an Flexibilität: Die verbreitete Kurzlebigkeit von Trends und ein Angebotsüberreichtum verschiedener Produkte und möglicher Ausdrucksformen erschwert sowohl für die Produzenten als auch für die Rezipienten (und ihren jeweiligen künstlerischen Anspruch) populärer Musik die Orientierung.

Auf der anderen Seite hat die nahezu unerschöpfliche Palette der Aneignungs-, Umdeutungs- und Interpretationsmöglichkeiten von Kulturwaren dazu geführt, dass sich eine große Zahl populärer Szenen, Jugend- und Subkulturen hat ausbilden können. Durchlässigkeit bzw. Abschottung nach außen sind dabei von Gruppierung zu Gruppierung unterschiedlich. Die Gothic-Szene ist in ihren Strukturen konservativ, insofern fällt es ihr möglicherweise leichter als anderen Kollektiven, zwischen authentischen und konstruierten Produkten zu unterscheiden. Schwieriger wird erst die Beurteilung kommerzieller Strömungen, die über die szeneinternen Medien transportiert werden (vgl. Abschnitt 4.1, 4.2).

„Pop" meint jedoch nicht allein eine Musikrichtung, sondern fungiert gleichzeitig als Überbegriff für verschiedene künstlerische subkulturelle Strömungen. Der Begriff leitet sich sowohl vom englischen Wort „popular" als auch vom Laut „pop" als Synonym für „Knall" ab. Als die Bezeichnung Pop in der Musik auftauchte, stand er für den Gegensatz zum Elitären; Leslie Fiedler führte Ende der Sechzigerjahre den Begriff „Popliteratur" ein und spielte

---

[116] Schmidt/Neumann-Braun, S. 13.
[117] Vgl.: Schmidt/Neumann-Braun, S. 12 f.

damit sowohl auf die amerikanische „Beat-Literatur" als auch auf die „Pop-Art" um Andy Warhol, Roy Lichtenstein und Robert Rauschenberg an.[118]

Parallel dazu entstand die „Pop-Theorie", eine „Selbstbeschreibung der Subkultur".[119] Die ersten wissenschaftlichen Arbeiten zum Thema erschienen während der Siebzigerjahre am CCCS, in Deutschland verbreiteten sich dessen Thesen über Magazine wie Spex, Sounds oder Texte zur Kunst. Jugendkulturen wurden vom CCCS als soziale Widerstandsformen wahrgenommen, das kämpferisch geprägte Machtverhältnis zwischen Pop und hegemonialer Kultur wurde betont, stilistische Charakteristika transportierten gesellschaftlichen Protest.[120]

In Deutschland konstituierten die noch Jahre später kontrovers diskutierten Publikationen Diedrich Diederichsens eine anders akzentuierte Haltung: In seinem Text „Sexbeat" aus dem Jahr 1985 stellt er ein für Pop charakteristisches gruppendynamisches Schema vor, das die Verzahnung von Innovation und Imitation deutlich macht. Sein Modell umfasst vier Jugendliche, zwei davon repräsentieren die „coolen" und „hippen" Vorreiter neuer Ideen in Form von Accessoires oder Verhaltensweisen, und werden dafür von den beiden anderen bewundert und – um ähnliche Bewunderung zu erfahren – vorbehaltlos nachgeahmt. Durch die Identifikation mit den Vorbildern bestätigen die Mitläufer den Sonderstatus der trendsetzenden Jugendlichen.

Diederichsen kommt zu dem Schluss, dass Pop sich durch die Wechselbeziehung von Progressivität und schlichter Nachahmung konstituiert. Ferner umreißt er auch die politische Dimension des Phänomens Pop: Nach dem Zusammenbruch der großen Ideologien definiere sich die bürgerliche Gesellschaft über ihre Lebensweise; das Streben nach Weiterentwicklung werde in diesem Kontext von den „Stars" einer Gruppe vermittelt. Auf diese Weise stelle der Star als diffuse Projektionsfläche größeres Ansehen und eine verlockende Zukunft in Aussicht und erhalte somit eine Dynamik der Veränderung aufrecht.[121]

Auf die Gothic-Kultur trifft diese Theorie nur zum Teil zu: Neue, durch „Stars" eingeführte und repräsentierte Einflüsse können sich nur durchsetzen, wenn sie als authentisch und szenekompatibel aufgefasst werden. Auf der anderen Seite werden auch „artfremde" Entwicklungen zumindest res-

---

[118] Vgl.: Johannes Windrich, *Technotheater. Dramaturgie und Philosophie bei Rainald Goetz und Thomas Bernhard*, München 2007, S. 103 (im Folgenden abgekürzt als: Windrich).

[119] Windrich, S. 103.

[120] Windrich, S. 104.

[121] Vgl.: Windrich, S. 105 f.

pektiert, sofern sie anerkannte Künstler betreffen. Gemeinhin werden daraus aber keine neuen, internen Gothic-Trends.

Die Adaption durch den Mainstream ist sowohl für die stärker politisch ausgerichteten Subkulturen als auch für die musikzentrierten Szenen eine Problematik, die zu Reaktionen zwingt: Das Resultat ist häufig die Distanzierung der zum Allgemeingut avancierten subkulturellen Zeichen, immer rascher wechseln in dieser Folge die Stile. Tom Holert und Mark Terkessidis, die Herausgeber der 1996 erschienenen Aufsatzsammlung *Mainstream der Minderheiten. Pop in der Kontrollgesellschaft*, fassen das entstandene Dilemma zusammen:

> „Auch im Bereich Pop haben sich die Verhältnisse schwerwiegend gewandelt. Denn die Mythen über Pop, die in den achtziger Jahren tatsächlich noch zu einer politischen Praxis taugten, sind heute mehr als fragwürdig geworden. Selbstverständlich lebte auch der Pop-Mainstream schon immer von diesen Mythen, aber am Ende sah seine Authentizität doch nur aus wie eine goldene Schallplatte. Spätestens jedoch seit Nirvanas *Smells like teen spirit* aus dem Jahre 1992 riecht der Mainstream nicht länger abgestanden. Die ganze Nation der USA konnte sich plötzlich mit ‚alternativen‘ Rebellenkulturen identifizieren und dafür im Reservoir der subkulturell produzierten Zeichen des ‚Underground‘ aus dem Vollen schöpfen. ‚Underground‘-Bands gingen zur Industrie, und diese erwartete zum ersten Mal nicht Glättung, sondern kompromisslose Abweichung. Industrie-Bands kamen nun von ganz unten, sprachen von Dissidenz, Purismus und Antikommerzialismus und hatten Angst, vom Mainstream kooptiert zu werden. (…) Hocherfreut präsentierte sich der Mainstream nun selbst als Minderheit".[122]

Mit progressiven Ideen möglichst viele Menschen zu erreichen, wird nahezu unmöglich, denn der „Antrieb zur Rebellion erstarrt zum Markenzeichen, bevor er seine Gegenposition artikuliert hat".[123]

Individualität wird seitens der Industrie als käuflich präsentiert; der ursprünglich als Eigenleistung und eigenverantwortliche Handlung zu bewertende „bewusste Konsum" und der damit einhergehende Stilerwerb haben sich zur konsequent durchgeplanten, immer schwerer zu enttarnenden Verkaufsstrategie entwickelt.[124]

---

[122] Holert und Terkessidis zitiert nach: Windrich, S. 108.

[123] Windrich, S. 109. Nur wenige Autoren setzen Jugendkultur, Subkultur und Pop nicht gleich mit Widerstand und Opposition, einen abweichenden Ansatz formuliert im Jahr 2004 etwa Gabriele Klein: sie stellt den „körperlichen" Aspekt der Popkultur in den Vordergrund, verweist auf die Bedeutung von Erfahrung und Kommunikation, vgl.: Windrich, S. 110.

[124] Vgl.: Holert und Terkessidis, S. 7.

Es ist ein Balanceakt: Zwar trägt die aktive Auswahl und/oder Umsemantierung industrieller Vorgaben zur Entwicklung selbstbestimmter und mündiger Lebens- und Ausdrucksformen bei, doch die Partizipation an kulturellen Vorgängen ist grundsätzlich immer dem Zugriff kommerzieller Interessen ausgesetzt. Den (Sub-)Kulturschaffenden wie auch den Rezipienten wird entsprechend eine enorme Flexibilität hinsichtlich ihrer jeweiligen Reaktion auf diese permanente Herausforderung abverlangt. Holert und Terkessidis drücken es pessimistischer aus:

> „Der ,kreative' Gebrauch der massenkulturellen Produkte, zentraler Bestandteil der positiven Utopie von Popkultur als ,taktischer' Konsumption, tritt zugunsten des ,kreativen' Gebrauchs der Pop-, Jugend-, Subkulturen durch die Massenkultur selbst zurück."[125]

Ein zentraler Aspekt zur Einordnung der Bedeutung von Popmusik und -kultur ist die Veränderung der gesellschaftlichen Konventionen, die den Hintergrund und die Konfrontationsfläche für Rebellion und Dissidenz bilden. Genau diese Konfrontationsfläche hat sich gewandelt, die „‚aussichtslose Abhängigkeit' der Individuen" innerhalb der „Disziplinargesellschaft", ist auf dem Weg zu einer „aussichtslosen Unabhängigkeit'".[126] Überkommene, normative Strukturen werden porös, Arbeit und Freizeit sind nicht mehr strikt voneinander getrennt, Grenzen und Feindbilder verschwimmen, Individualismus im Privatbereich und „corporate identy" im Unternehmen fordern ein hochgradig anpassungsfähiges Selbstverständnis.[127]

Pop verfügt folglich über verschiedene, parallel existierende ideologische Facetten – Pop als Instrument des Mainstream, Pop als Ausdruck dissidenter Entwicklungen, Pop als dekoratives Element. Somit fungiert Pop als Zustandsbeschreibung der Postmoderne: Grenzen und Positionen verschwimmen im pluralistischen Zeitgeist.

Die Gothic-Kultur hat in diesem schwer überschaubarem Umfeld aus sich wandelnden Moden, Auflehnungsbedürfnis, Individualitätsstreben und kommerziellen Interessen ihren eigenen Weg gefunden: Trotz wiederkehrender Versuche seitens der Industrie, die Musik und vor allem die Stilistik der Schwarzen Szene als flüchtigen Trend zu instrumentalisieren, bleibt das Kollektiv selbst davon nahezu unberührt – zu gut funktioniert das komplexe Gefüge aus szenespezifischen Vorgaben, die dem Einzelnen zwar viel Frei- und Interpretationsspielraum lassen, dennoch aber sehr genau regeln, was im Hinblick auf das eigene Selbstverständnis und die Abgrenzung von der

---

[125] Holert und Terkessidis, S. 10.
[126] Holert und Terkessidis, S. 14.
[127] Vgl.: Holert und Terkessidis, S. 15.

hegemonialen Kultur „geht" und was „nicht geht". Insofern hat sich das ursprüngliche subkulturelle und unabhängige Wesen der Szene erhalten.

Dem gegenüber steht die interne Kommerzialisierung, durch die sich die Strukturen des Mainstreams hinsichtlich Werbe-, Presse- und Veranstaltungsorganisation längst im Szene-Alltag verankern konnten. Bislang stammen jedoch die Veranstalter, Redakteure, Graphiker, Fotografen, Label- und Agenturbetreiber zum größten Teil noch immer unmittelbar aus dem Szenepool; lediglich die Veranstaltungslogistik etwa der besucherstarken Festivals wird von großen Konzertagenturen übernommen. Ebenso wie die Zugriffe von „außen" werden aber auch solche Entwicklungen von den Fans kritisch betrachtet und entsprechend kommentiert, sodass die exklusive „Undergroundmentalität" der Gothic-Kultur weiterbestehen kann.

2. Gothic – die Verlockung der Finsternis

Die Schwarze Szene mit ihren ästhetischen und inhaltlichen Spezifika fungiert als kultureller Raum und stilprägender Rahmen für die Entstehung der elektronisch basierten Subgenres. Für eine realitätsnahe Verortung ist daher die Auseinandersetzung mit der Geschichte, den Interessen und den Konventionen der Gruppierung wesentlich. Zudem soll eine kurze Darstellung der unterschiedlichen Stile einen Überblick über die musikalischen Äußerungen der Szene in ihrer Gesamtheit geben.

2.1 Gothic-History: Die Konstituierung einer Szene

Der Begriff „Gothic" bezeichnet ursprünglich die im 19. Jahrhundert populäre Gattung des englischen Schauerromans. Die romantische Neigung zum Düster-Mysteriösen, Okkulten, zum Historismus, zu schwelgerisch-dunkler Lyrik, Vampir- und anderen Gruselmythen, emotionaler Musik, Empfindungen (und Stilisierungen) des Einsam- und von einer Mehrheit Unverstandenseins, Ruinen, Burgen und Schlössern findet sich auch in der Gothic-Szene wieder. Auch die deutsche Bezeichnung „Gruftie", abgeleitet vom (Gothic-Novel-)Motiv der „Gruft", rekurriert auf diesen Sinnzusammenhang.[128]

Außerdem beziehen sich sowohl das englische „Gothic" als auch der deutsche Begriff Gotik (der ebenfalls – wenn auch seltener – in der Szene Verwendung findet) auf die gleichnamige kunsthistorische Epoche, die, im 19. Jahrhundert wiederentdeckt, häufig den stilistischen Rahmen für Schauergeschichten bildet und durch ihre (nicht originale[129]) düstere Anmutung und ihre eindrückliche, mit einer Vorliebe für Filigranes gepaarte Monumentalität eine gothic-kompatible Stimmung vermittelt.[130]

Die Entstehung der „Schwarzen Szene" lässt sich bis auf die Provokationen der Rolling Stones,[131] die düster-subversiven Inhalte aus dem Velvet-Underground-Umfeld oder das androgyne und exzentrische Auftreten David

---

[128] Vgl.: Schmidt/Neumann-Braun, S. 78.

[129] Gotische Kirchen waren während ihrer Entstehungszeit mit hoher Wahrscheinlichkeit überwiegend farbenprächtig gestaltet und transportierten durch die neue und revolutionäre Verwendung großer Glasflächen Transparenz und Helligkeit.

[130] Vgl.: Roman Rutkowski, *Das Charisma des Grabes*, Norderstedt 2004, S. 54 (im Folgenden abgekürzt als: Rutkowski).

[131] Der Rolling-Stones-Titel „Paint it black" wurde u.a. Anfang der Neunzigerjahre von der deutschen Electro-Formation The Eternal Afflict gecovert.

Bowies zurückführen, die den Grundstein für die Ausbildung von Punk und Gothic legten.[132]

Während der späten Siebzigerjahre des 20. Jahrhunderts entstand in Großbritannien schließlich eine eigenständige Gruppierung, die auf der inhaltlichen, musikalischen und ästhetischen Basis des Punk sowie der New-Wave- und New-Romantic-Bewegung eigene, das Düstere, In-sich-Gekehrte und Melancholische fokussierende Charakteristika ausbildete, die als „Gothic Punk" oder „Dark Wave" bezeichnet wurde.

Die Bezeichnung „Gothic" für das neue Genre stammt aus der Umgebung der Künstler selbst: Bereits 1979 verwendete Tony Wilson, der damalige Joy-Division-Manager und Chef des Factory-Labels, in der BBC-Sendung „Something Else" diesen Begriff zur Umschreibung der Musik der Band und um deren Abgrenzung vom Mainstream zum Ausdruck zu bringen;[133] Susan Dallion alias Siouxsie Sioux, Sängerin von Siouxsie & the Banshees,[134] sprach ebenfalls von „Gothic". Musikmagazine wie „Sounds" oder „New Musical Express" übernahmen den Terminus, machten ihn populär und ordneten ihn einer Reihe dunkel, unangepasst und mitunter avantgardistisch agierenden Gruppen wie Bauhaus (Urheber einer der ersten Gothic-„Hymnen", „Bela Lugosi's dead"), The Cure, The Damned, Adam & the Ants, Ultravox, Killing Joke, The Sound, Birthday Party oder The Comsat Angels zu.[135]

Gleichzeitig fühlten sich viele Szene-Protagonisten durch diese Kategorisierung eingeengt und lehnten sie ab – „Gothic" war von Beginn an ein problematischer, kontrovers diskutierter Begriff, der überwiegend von Außenstehenden vorbehaltlos verwendet wurde.

In Deutschland war zunächst die Bezeichnung „Grufties" populär, „Gothic" setzte sich erst während der Neunzigerjahre durch. Das ursprünglich leicht abfällig und spöttisch gebrauchte „Gruftie"[136] wird aber immer wieder von

---

[132] Vgl.: Arvid Dittmann, „„Die im Lichte sieht man, die im Dunkeln nicht...‴", in: Klaus Farin und Hendrik Neubauer (Hg.), *Artificial Tribes. Jugendliche Stammeskulturen in Deutschland*, Berlin 2001, S. 139 (im Folgenden abgekürzt als: Dittmann).

[133] Vgl.: Dave Thompson, *Schattenwelt. Helden und Legenden des Gothic Rock*, Höfen 2004, S. 152 (im Folgenden abgekürzt als: Thompson).

[134] Siouxsie & the Banshees wurden bereits 1976 in London gegründet, vgl.: Klaus Farin, *Die Gothics*, Teil 1, Berlin 2001, S. 7 (im Folgenden abgekürzt als: Farin, Die Gothics).

[135] Vgl.: Judith Platz, „Die ‚schwarze' Musik", in: Axel Schmidt und Klaus Neumann-Braun, *Die Welt der Gothics. Spielräume düster konnotierter Transzendenz*, Wiesbaden 2004, S. 254f (im Folgenden abgekürzt als: Platz); vgl. auch: Peter Webb, „Schlüsselmerkmale des frühen Gothic-Milieus", in: Alexander Nym (Hg.), *Schillerndes Dunkel. Geschichte, Entwicklung und Themen der Gothic-Szene*, Leipzig 2010, S. 50-62.

[136] Vgl.: Richard 1995, S. 112.

der Szene selbst aufgegriffen und in liebevoll-ironischer Weise verwendet, nur ein Beispiel dafür ist die szeneninterne Initiative „Grufties gegen Rechts".

Mittlerweile hat sich Gothic als subszenenübergreifender Terminus international etabliert.

Die Anfänge lassen sich am ehesten an der stilbildenden Selbstinszenierung früher Szeneprotagonisten nachvollziehen, wie etwa Robert Smith, Sänger der über die Szenegrenzen hinaus erfolgreichen, 1978[137] in Sussex gegründeten Band The Cure, der durch seine prägnante Erscheinung – mit schwarzen, toupierten Haaren, grellroten Lippen, weißem Gesicht und dunkler Kleidung – und dem offen transportierten Hang zur Melancholie ein Lebensgefühl zum Ausdruck brachte, mit dem sich viele Jugendliche identifizieren konnten. [138] Einen weniger verspielten, härteren und durch depressiv-hoffnungslose Inhalte gekennzeichneten Ansatz vertritt seit 1979 die amerikanische Formation Christian Death. Insbesondere Frontmann Rozz Williams, der später Selbstmord begehen sollte, prägte die Ausrichtung der Band mit düster-provokanten Texten und schwermütigem Vortrag. In den USA (speziell in Kalifornien) war Gothic Rock als „Death Rock" bekannt.[139]

Außerordentlich experimentierfreudig zeigten sich etwa zur gleichen Zeit die Briten Alien Sex Fiend, die zu den Repräsentanten der 1982 in London eröffneten, legendär gewordenen Batcave-Nächte im Gargoyle Club[140] gehörten: Nik Fiend und Mrs. Fiend, die Köpfe der Band, setzten von Anfang an verstärkt elektronische Mittel ein, arbeiteten mit Samplern und verbanden äußerliche Stilisierung, Totenkopf- und Spinnwebenbühnendekorationen, groteske Zeichnungen sowie skurrile Bild- und Textelemente aus unterschiedlichen Kontexten (vor allem Horror und Science Fiction) mit einem sehr eigenen Sinn für Humor, der sich etwa in Form musikalischer „Zitate" wie Samples aus dem kommerziellen Dancefloor-Bereich äußerte, und unterschieden sich somit stark von der z.T. mit übergroßem Ernst artikulierten Musik anderer Szeneprojekte.

---

[137] 1976 traten die Musiker bereits unter dem Namen „Easy Cure" in Erscheinung.

[138] Vgl.: Schmidt/Neumann-Braun, S. 76.

[139] Vgl.: Matzke 2000, S. 42.

[140] Das Batcave war ursprünglich als Treffpunkt und Kreativzelle für Undergroundkünstler aus unterschiedlichen Bereichen gedacht, wurde aber bald in erster Linie als Gothic-Party wahrgenommen. Es wechselte im Laufe seiner Geschichte immer wieder den Standort, samt Club-Einrichtung ging es mit seinen Stammformationen Specimen und Alien Sex Fiend auf Tournee durch England, vgl.: Peter Matzke und Tobias Seeliger (Hg.), *Gothic II. Die internationale Szene aus der Sicht ihrer Macher*, Berlin 2002, S. 16 (im Folgenden abgekürzt als: Matzke 2002) und Thompson, S. 178.

Als „typisch gothic" gelten bis heute The Sisters of Mercy, die zahlreiche Szene-Hits landeten und mit einzelnen Titeln auch in die Charts einzogen (z.B. 1983 „Temple of love", 1987 „This corrosion").

Ein speziell deutsches und elektronikdominiertes Phänomen, das die Gothic-Kultur während der frühen Achtzigerjahre wesentlich beeinflusst hat, war die Neue Deutsche Welle (kurz: NDW). Bands und Projekte mit deutschsprachigen Texten (häufig in Verbindung mit einfach strukturierter, bewusst minimalistisch und monoton gestalteter Musik) gewannen zunehmend an Einfluss, fügten sich in das bereits bestehende Repertoire aus Gitarren- und Synthie-Sounds ein und erweiterten das von Gothic-Hörern rezipierte Spektrum um ein weiteres Subgenre.

Die Einstürzenden Neubauten kleideten ihre mit poetischem Anspruch versehenen Texte in unkonventionelle Musik, zweckentfremdeten Gebrauchsgegenstände als Geräusch- und Klangerzeuger und wurden als avantgardistisches Industrial-Projekt bekannt; DAF (Deutsch-Amerikanische Freundschaft), Grauzone, Tommi Stumpff oder Malaria schufen populäre Club- und Kult-Hits, die genreübergreifend über Jahre hinweg Produzenten inspirierten und zu den Wegbereitern verschiedener jüngerer elektronischer Substile (wie z.B. Electropunk oder Electroclash) zählen.

Die noch junge Szene trug den empfundenen Weltschmerz nach außen, indem sie sich schwarz kleidete, blass schminkte und okkulte Symbole, Fledermäuse oder andere Fantasy-, Horror-, S/M- und Halloween-Accessoires und Schmuckstücke sowie Tätowierungen und Piercings favorisierte. Zum Punk grenzte sie sich durch eine gepflegte, vornehme, „aristokratische" Haltung ab, die den Lebensstil vieler „Schwarzer" bis heute prägt.[141]

Zunächst gab es in Deutschland nur wenige, isoliert voneinander existierende Szenetreffpunkte, „schwarze" Zentren waren vor allem Westberlin und Bochum mit den rasch Kultstatus erreichenden Diskotheken „Linientreu" und „Zwischenfall".[142]

Etwa Mitte der Achtzigerjahre konnten sich die Grufties als subkulturelle Szene mit eigener Musikrichtung etablieren, wurden allerdings häufig aufgrund ihrer bedrohlich erscheinenden, deutlich auf Provokation ausgelegten Ästhetik als zentrale Multiplikatoren satanistischer Umtriebe und okkulter Praktiken betrachtet. Diese Vorstellung rückte im Laufe der Jahre immer mehr in den Hintergrund, bis an seine Stelle heute vielfach das Bild des

---

[141] Vgl.: Ferchhoff, S. 225 f.
[142] Vgl.: Platz, S. 256 f.

freundlichen, friedliebenden, familienorientierten[143] Gothic-Anhängers getreten ist, den die Medien vor allem im Rahmen der Berichterstattung zum jährlichen Leipziger Wave Gotik Treffen als exotisch, aber durchaus sympathisch darstellen.

Anfang der Neunzigerjahre begannen sich neue Substile herauszubilden. Während in der Literatur häufig die Gitarrenlastigkeit der frühen Produktionen betont wird, war die Anlage zur musikalischen Vielfalt bereits von Anfang an gegeben: Die elektronischen Einflüsse durch Kraftwerk, den Synthiepop der Achtzigerjahre oder die Neue Deutsche Welle wurden bereits in der Anfangszeit von Bands wie etwa Depeche Mode, die sich in der Szene und weit darüber hinaus großes Ansehen erspielen konnten, aufgegriffen oder hielten in Form von Drum-Computern Einzug in die Gothic-Musik (The Sisters of Mercy gaben ihrem Drum-Computer sogar einen Namen: Dr. Avalanche[144]).

Zusätzlich entwickelte sich eine Fülle neuer Nuancen; so zersplitterte der Bereich der elektronischen Musik in verschiedene Subszenen, mittelalterliche und folkorientierte Adaptionen gewannen an Bedeutung und Metal-Einflüsse sowie sakrale und klassische Elemente wurden verarbeitet und rezipiert.[145]

Auf der Herstellerseite überwogen speziell in Deutschland während der Achtzigerjahre elektronische Produktionen, während Gothic-Rock eher ein englisches und US-amerikanisches Phänomen blieb. Gothic-Rock aus Deutschland wurde erst während der späten Achtziger- und frühen Neunzigerjahre vor allem durch Love like blood – benannt nach einem Killing-Joke-Titel –, Catastrophe Ballet – der Bandname geht auf ein Christian-Death-Album zurück – und The House of Usher vertreten.[146]

Auch in der DDR entwickelte sich eine Gothic-Szene, die sich jedoch weniger vom Punk abgrenzte als es im Westen der Fall war. Zu „gruftigen" Hochburgen avancierten vor allem Dresden, Ostberlin und Leipzig (u.a. aufgrund der Veranstaltungen in der Moritzbastei, die noch heute für einen Teil der Konzerte im Rahmen des Wave Gotik Treffens genutzt wird). Die Musik szenerelevanter Bands wie Die Art, Freunde der italienischen Oper oder The Nuisan-

---

[143] Beliebt sind etwa kurze Sequenzen in Boulevard-, Service- und Unterhaltungsmagazinen (sowohl der öffentlich-rechtlichen wie auch der Privatsender), die Gothic-Paare mit ihren Kindern zeigen und die – häufig von den Szenegängern bewusst initiierte – Diskrepanz zwischen äußerlicher Inszenierung und innerer Haltung zeigen.

[144] Vgl.: Platz, S. 262.

[145] Vgl.: Schmidt/Neumann-Braun, S. 77.

[146] Vgl.: Platz, S. 257.

ce verbreitete sich vielfach über kopierte Musikkassetten, so genannte Tapes.[147]

Bis Mitte der Neunzigerjahre existierten auch im Westen „Tapelabels", die Compilations oder komplette Alben noch weitgehend unbekannter Gothic-Bands in Form selbst vervielfältigter Kassetten veröffentlichten. Zu größerem Bekanntheitsgrad gelangte auf diese Weise vorübergehend etwa die elektronisch erzeugte Musik des Dark-Wave-Projekts Ghosting. Zu den Tapes vertreibenden Labels gehörte u.a. der noch immer aktive Rostocker Independent-Mailorder „Amöbenklang".

Zu Sammelobjekten avancierten – nicht nur in der Gothic-Szene – Bootlegs, illegale Konzertmitschnitte oder komplette Alben. Die Bedeutung von Bootlegs in Form von Musikkassetten oder CDs schwand mit der Verbreitung privater Internetanschlüsse.

Ab 1990 profitierte die gesamtdeutsche Schwarze Szene vom Erscheinen des ersten, überregional vertriebenen Gothic- und Independent-Magazins Zillo, das der Gruppierung eine verbindende Informations- und Kommunikationsplattform bot. Im gleichen Jahr gründete Bruno Kramm, Musiker und Produzent des Electroprojekts Das Ich, das Gothic-Label Danse Macabre, das bereits Anfang der Neunzigerjahre in respektablem Umfang für die Veröffentlichung elektronisch dominierter „schwarzer" Musik sorgte.

Mitte der Neunzigerjahre eröffnete in Karlsruhe das Gothic-Kleidung-und-Accessoires-Geschäft XTraX, weitere Diskotheken, Szenetreffpunkte und immer mehr Musikprojekte entstanden (z.B., ebenfalls in Karlsruhe, das Mozart-Café des Umbra-et-Imago-Kopfes „Mozart").[148]

Zu den bekanntesten deutschen Vertretern überwiegend elektronisch hergestellter Musik zählten zu dieser Zeit Project Pitchfork, Das Ich, Deine Lakaien, Lacrimosa, Umbra et Imago und Silke Bischoff (später: 18 Summers). Das 1991 erschienene Deine-Lakaien-Album „Dark Star" erwies sich als wegweisend und fand großen, subgenreübergreifenden Anklang. Die Verbindung der eingängigen, atmosphärischen, an melancholisch-poppige, neoklassische und Dark-Wave-Traditionen angelehnten Titel des ausgebildeten Pianisten, Dirigenten und Komponisten Ernst Horn mit der prägnanten Stimme Alexander Veljanovs sprach einen Großteil der Szeneanhänger an und ist bis heute erfolgreich.[149]

---

[147] Vgl.: Platz, S. 257.
[148] Vgl.: Platz, S. 258.
[149] Vgl.: Platz, S. 259.

Abb. 7: Ernst Horn (Deine Lakaien) live in Hannover 2005, Foto: Steven Riou

Gothic erlebte einen Aufschwung, der auch vom kommerziellen Mainstream aufgegriffen wurde: So verkauften Mode-Ketten wie H&M auffallend viele gothic-kompatible Rüschen-, Samt- und Satin-Artikel und Musiksender wie MTV und VIVA spielten Titel „schwarzer" Bands. Obschon das Interesse der breiten6 Öffentlichkeit an der Szenestilistik zum Ende der Neunzigerjahre hin wieder abebbte, blieben düstere Einflüsse im Mainstream-Bereich weiterhin präsent: Rammstein feierten internationale Erfolge, HIM spielten mit einem (vermutlich seitens der PR-Maschinerie oktroyierten) Gothic-Image und fantasyinspirierter Dark-Metal von Nightwish oder dunkler Alternative-Rock von Evanescence erlangten Chartsplatzierungen.

Das Interesse an weiter zurückliegenden Epochen – insbesondere an Leben, Kultur und Musik des Mittelalters – innerhalb der Gothic-Szene setzte bereits in den frühen Neunzigerjahren und vor allem durch die Veröffentlichungen von Dead Can Dance ein, die mit einem aus dem 14. Jahrhundert stammenden Saltarello[150] die mittlerweile zu einem eigenen Genre ausgewachsene Mittelalterbegeisterung initiierten. Diese Retrospektivität beinhaltet zugleich die Möglichkeit zur vorübergehenden Flucht in historisch-phantastische Welten, die sich etwa in der verbreiteten Vorliebe für phantastische Literatur, Fantasy-inspirierte Musik und individuell gestaltete, an Historien-, Fantasy- und Märchenfilme erinnernde Kleider niederschlägt.

---

[150] Erschienen auf dem 1990 veröffentlichen Album „Aion" (Rough Trade/4AD).

Für innovative Impulse im Bereich Alte Musik/Mittelalter und Elektronik zeichnet in Deutschland vor allem das 1991 von Sigrid Hausen, Ernst Horn und Michael Popp gegründete Projekt Qntal verantwortlich, das mittelalterliche Texte, elektronische Rhythmen und Klangstrukturen mit historischen Instrumenten und klassischem Gesang verbindet.

Eine anders gelagerte optische und musikalische Ausprägung entstand im Zusammenhang mit härteren, vor allem elektronisch dominierten Subgenres: Lack- und Lederkleidung, Handschellen und Halsbänder[151] erinnern an erotisch orientierte S/M- und Fetisch-Szenen, häufig ist die sexuelle Ausrichtung unter den Gothics jedoch von der Aufmachung unabhängig und wird, trotz freizügiger Kleidung, nicht nach außen transportiert. Im Vordergrund steht das Kokettieren mit den herrschenden Normen und Tabus, mit Provokation und der Ambivalenz zwischen vermeintlich eindeutigem Erscheinungsbild und innerer Haltung. Diese Ästhetik wird überwiegend mit elektronischer Musik und sexuellen Inhalten („Fetisch-Electro") in Verbindung gebracht.

Etwa seit der Jahrtausendwende entwickelte sich das Frankfurter Projekt ASP um Alexander „Asp" Frank Spreng und Matthias Ambré zu einem ähnlichen Phänomen, wie es Deine Lakaien in den Neunzigerjahren gewesen waren, und gehören mit durchschnittlich 600 Gästen pro Tourtag zu den beliebtesten Gothic-Formationen in Deutschland. ASP verknüpfen elektronische Elemente mit Gothic-Rock-Gitarren und -songstrukturen. Einen vergleichbaren Ansatz verfolgen auch die Österreicher L'âme immortelle (Produzent Thomas Rainer und Sängerin Sonja Kraushofer mit wechselnden Mitgliedern) seit 1996 und konnten sich rasch etablieren.

Stärker fokussieren die beiden vorwiegend von Chris Pohl gestalteten Projekte Blutengel und Terminal Choice den elektronischen Charakter ihrer Musik. Während Blutengel mit der gefälligen Kombination sanfter Frauenstimmen mit männlichem Gesang vor poppig-technoidem Hintergrund arbeitet,

---

[151] Etwas grob und verallgemeinernd schreibt dazu Ferchhoff: „(...) Statt dessen sind in einigen Gruftie-Szenen im Medium lebensbejahender Stimmungen geile Lack-, Gummi- oder Kunst-Lederklamotten mit Strapsen, Sadomaso-Spielen, „Industrial-Deathmetal" mit harten Rhythmen etwa in den bekannten Bochumer Gruftie-Szene-Lokalen [z.B. das „Zwischenfall" in Bochum-Langendreer oder die „Matrix", eine Bochumer Großraumdisco, in der regelmäßig Gothic-Partys und Konzerte angeboten werden, Anm. d. Verf.] sowie in alten Kirchen, Ruinen, U-Bahn-Schächten und Friedhöfen angesagt." (Ferchhoff, S. 226) Tatsächlich gibt es keinerlei Indizien dafür, dass die Stimmung der Lack und Leder favorisierenden Szenegänger mehr oder weniger lebensbejahend ist als die anderer Subszenen; zudem dürften „Sadomaso-Spiele" beinhaltende Zusammenkünfte in Kirchen oder auf Friedhöfen sehr selten sein, sofern sie überhaupt stattfinden.

ist Terminal Choice härter und aggressiver ausgerichtet. Beide Projekte sind szeneintern sehr gefragt; Chris Pohl zählt zu den erfolgreichsten Szene-Produzenten und betreibt zusätzlich weitere Nebenprojekte.

Zu den konstantesten und weltweit rezipierten deutschen Electroprojekten gehört auch Rudy Ratzingers :wumpscut:, das jedes Jahr ein neues Album und zahlreiche Fanspecials hervorbringt. Bezeichnenderweise verzichtet Ratzinger konsequent auf Live-Auftritte, stattdessen erscheint er zu einem Teil der jährlich stattfindenden Release-Partys persönlich.

Tanzbare, eingängig, aber modern klingende elektronische Produktionen gewannen ab dem Jahr 2000 zunehmend an Bedeutung, zu den aufsteigenden Größen gehörten vor allem VNV Nation (Großbritannien), Apoptygma Berzerk (Norwegen) und Covenant (Schweden). Die neue Subgenrebezeichnung Futurepop wurde manifest, im Szene-Volksmund kam zeitgleich der Begriff „Weiberelectro" auf.

Weniger poppig, aber ebenso tanzflächentauglich präsentierten sich Combichrist (Norwegen). Die Initiatoren Andy LaPlegua und Sebastian Komor hatten sich bereits mit dem Futurepop-Projekt Icon of Coil einen Namen gemacht, beide erreichten in unterschiedlichen Zusammenhängen großes Ansehen im Electrobereich.

Abb. 8: Combichrist beim Blackfield-Festival 2011, Foto: Ralf Pauen

Zum Ende des ersten Jahrzehnts nach der Jahrtausendwende lässt sich beobachten, dass über die Szenegrenzen hinaus sehr gefühlsbetonte, einfach
strukturierte Musik mit einer gewissen Neigung zum Sentimentalen populär
geworden ist.[152] Das erfolgreichste Projekt ist aktuell Unheilig, dessen Urheber Bernd Heinrich „Der Graf" Graf hohe Chartsplatzierungen und zahlreiche
Fernsehauftritte vorweisen kann. Die Gothic-Anhänger betrachten diese
Entwicklung zum großen Teil mit Skepsis; szeneintern verbreitete sich der
Spottbegriff „Gothic-Schlager".

Trotz ihrer prägnanten und auf den ersten Blick verhältnismäßig homogenen
Äußerlichkeiten gehört die Gothic-Szene zu den differenziertesten Gruppierungen, die sich nicht nur den „gängigen Jugend-, Schönheits- und Körper-
idealen"[153] entzieht und durch ganz unterschiedlich ausfallende eigene Konventionen ersetzt; sie widersetzt sich zudem der „Spaßgesellschaft" mit
ihren kurzfristigen Reizen und sucht im Philosophischen, Okkulten oder Religiösen nach Sinn und Bedeutung – wobei die Suche häufiger das verbindende Element zu sein scheint als das vielfältige Antwortangebot auf existentielle Fragen. Viele „Schwarze" kommunizieren in Foren und Kontaktan-
zeigen ihre Sehnsucht nach intensiven zwischenmenschlichen Beziehungen,
Oberflächlichkeit lehnen sie ab.

---

[152] Vgl.: Matzke 2000, S. 38.
[153] Ferchhoff, S. 227.

Abb. 9: Festivalbesucher, Foto: Ralf Pauen

Die „schwarze" Kultur ist ein kohärentes Gesamtkonzept, das, ausgehend von der spezifischen Musik, eigene Stile, Interessen und ethisch-moralische Maßstäbe umfasst (vgl. dazu die folgenden Abschnitte). Grufties schätzen Toleranz und Friedfertigkeit, provozieren zugleich aber gern mit ihrem auf den „Mainstream" abschreckend wirkenden Erscheinungsbild, das im Widerspruch zu ihrer erstrebten Reflektiertheit steht und, ähnlich wie im Falle des Punks und parallel zur gothic-typischen Freude an der individuellen Gestaltung des eigenen Äußeren, „der Gesellschaft" ihre Engstirnigkeit und Starrheit aufzeigen soll.

Obschon die offen gezeigte Neigung zu Finsternis und Theatralik wesentlich zum Selbstverständnis der Gothic-Anhänger beiträgt, spielt auch ein spezieller Sinn für Humor in der Szene eine Rolle: Beliebt sind etwa Monty-Python-Filme und Douglas-Adams-Bücher; zudem äußern viele Szenekünstler in ihren Musikproduktionen, Videos, Zeichnungen und Comics eine Vorliebe für skurrile und/oder morbide Komik und (Selbst-)Ironie. Während Alien Sex Fiend diese Eigenschaften seit Jahrzehnten konsequent nach außen tragen, sind auch die mehr als augenzwinkernden Texte der Scary Bitches, einer weiblichen, britischen Gothic-Rock-Formation, der satirische Roman „Der Herr der Ohrringe" des deutschen Musikers und Autors Myk Jung oder die kritisch-grotesken Inszenierungen von :Welle Erdball: Ausdruck der Vielschichtigkeit des „schwarzen" Selbstverständnisses.

Mittlerweile verfügt die Gothic-Szene über eine gut dreißigjährige Geschichte und hat sich zu einer konstanten Größe in der subkulturellen (Musik-)Landschaft entwickelt, die sich bezüglich ihrer Werbe-, Kommunikations- und Vertriebsstrukturen kaum vom Mainstream unterscheidet. Das für Undergroundkollektive typische Gemeinschafts- und Exklusivitätsgefühl sowie die seit der Anfangszeit tradierten Werte, Ideale und grundsätzlichen Interessen der Szenegänger sind jedoch, trotz wahrnehmbarer Kommerzialisierungstendenz seitens der „schwarzen" Medien, erhalten geblieben, sodass die Gothic-Kultur unabhängig von neuen, verwandten Strömungen weiterhin als geschützter und vor allem verlässlicher (Rückzugs-)Raum bestehen kann.

Für diese Stabilität spricht auch die Treue der Akteure: Viele Bands und Künstler der Anfangszeit sind noch immer präsent, haben sich weiterentwickelt, ausprobiert, fühlen sich nach wie vor heimisch im Gothic-Kontext und werden auch von jüngeren Fans geschätzt. Unter den Fans erweitert sich die Altersstruktur ebenfalls kontinuierlich; die Bezeichnung „Jugendkultur" trifft längst nicht mehr zu, da ein Teil der Produzenten und Rezipienten bereits zur Generation „50+" gehört.

Abb. 10: Die Gothic-Szene vereint unterschiedliche Altersgruppen, Foto: Ralf Pauen

2.2 Reflexion, Selbstverständnis und Phantastik? Kulturelle Interessen, Spiritualität und politische Ausrichtungen in der Gothic-Szene

Das Selbstverständnis der Gothic-Szene setzt sich aus der Verknüpfung individuell unterschiedlich gewichteter Kernideale zusammen: Toleranz und Gewaltlosigkeit treffen auf Post-Punk-Rebellion und das Ausloten verschiedener Tabu-Zonen, wie z.B. die Bereitschaft zur bewussten Auseinandersetzung mit philosophischen Themen einschließlich des (eigenen) Todes[154] oder die große Popularität einer hauptsächlich über Kleidung und Fotografien transportierten S/M-Stilistik.[155] Diese Ideale werden eingerahmt von einer romantischen Neigung zu Schauerästhetik und Historismus.

Diese divergent erscheinenden Konzepte ergänzen einander – die seit Jahrzehnten gut funktionierende Infrastruktur der Szene belegt, dass vermeintliche Gegensätzlichkeiten nicht zwingend im Widerspruch zueinander stehen müssen.

Bereits Werner Helsper dokumentierte in seiner 1992 veröffentlichten Studie die noch heute gültigen Wertvorstellungen der Schwarzen Szene: Friedfertigkeit und die Betonung der szeneinternen stilistischen und musikalischen Vielfalt[156], die den Wunsch nach umfassender Toleranz sowie die Idee eines sozialen Raumes, an dem jeder Interessierte mit seinen individuellen, wie auch immer gearteten „düsteren" Vorstellungen und Neigungen willkommen ist, impliziert.

Verbindend wirken vor allem der Wunsch nach Tiefe und das Fragen nach Sinn und Bedeutung, das einen Großteil der Szenegänger beschäftigt. Reflexion und Expressivität greifen ineinander; so werden sowohl die durch Musik und Texte vermittelten Inhalte als auch der Ausdruck des eigenen Gefühlslebens durch Kleidungs-, Tanz- und Lebensstil als relevant empfunden.[157]

Der thematische Fokus innerhalb des Kollektivs ist generationsübergreifend: Zwar unterscheiden sich die Publika einzelner Bands z.T. hinsichtlich ihres Durchschnittsalters, doch die grundsätzliche Ausrichtung „typischer" Präferenzen und Interessen ist altersunabhängig. Zu bemerken sind in diesem Zusammenhang die gelegentlichen Hinweise in der Literatur, dass auffallend

---

[154] Zum Thema Todesfaszination in subkulturellen, musikzentrierten Kontexten vgl.: Philip Akoto, *„Menschenverachtende Untergrundmusik?" Todesfaszination zwischen Entertainment und Rebellion am Beispiel von Gothic-, Metal- und Industrialmusik*, Münster 2005.

[155] Vgl.: Matzke 2000, S. 18.

[156] Vgl.: Schmidt/Neumann-Braun, S. 70.

[157] Vgl.: Stock/Mühlberg, S. 59; vgl. auch: Megan Balanck, „Schatten im Spiegel – Gothic und die Medien", in: Alexander Nym (Hg.), *Schillerndes Dunkel. Geschichte, Entwicklung und Themen der Gothic-Szene*, Leipzig 2010, S. 359-366.

viele Gothic-Anhänger soziale Berufe ausüben[158] und tendenziell aus – zumindest oberflächlich – geordnet erscheinenden, (bildungs-)bürgerlichen familiären Verhältnissen stammen.[159]

Das trifft jedoch nicht zwingend auf alle schwarzen Subszenen zu (vgl. Abschnitt 5.4).

Der Zusammenhalt der Szeneanhänger ist deutlich; sicher trägt dazu die Wahrnehmung von außen bei, die vornehmlich auf das dominierende und provokante Schwarz reagiert und keine Unterschiede zwischen den einzelnen, für den Außenstehenden nicht unmittelbar erkennbaren Subströmungen macht. Folglich bleibt die Stilisierung des Äußeren trotz der hohen Ansprüche an tradierte Werte ein wesentlicher, verbindender Faktor. So fragt Szenekenner, Journalist und Musiker Ecki Stieg zu Recht: „Würde Lacrimosa auch gehört werden, wenn Tilo Wolff ungeschminkt, mit Jeans und Haarausfall auf die Bühne käme?!"[160]

Vermutlich müsste die adäquate Antwort lauten: Als szeneintern etablierter Act ja, als Newcomer nein.

Die Auseinandersetzung mit Religion(en), Spiritualität und Philosophie ist in der Schwarzen Szene weit verbreitet und fungiert als wesentlicher Bestandteil des kollektiven Selbstverständnisses: Als erstrebenswert werden nicht kurzfristige, oberflächliche Reize, sondern die Durchdringung existentieller Fragen empfunden, vor allem in Hinblick auf die eigene Vergänglichkeit und das Jenseits. Innerhalb der Szene gibt es keine verbindliche gemeinsame Weltanschauung, doch die kritische Auseinandersetzung mit dem (institutionalisierten) Christentum (bei gleichzeitiger Adaption säkularisierter christlicher Werte wie etwa Gewaltlosigkeit), eine tendenzielle Aufgeschlossenheit gegenüber heidnischen Glaubensinhalten und das – durchaus ebenso „normalbürgertypische" voyeuristische – Interesse an düsteren Satanskult-, Sekten-, Exorzismus- oder Ritualmordberichten schaffen ein Klima, das die individuelle Beschäftigung mit spirituellen Themen unterstützt und fördert, und dabei Raum für eigene Auslegungen schafft. Insofern ist die gelegentlich durch die einschlägige Literatur wiedergegebene Feststellung, „viele Gothics kreieren eine Art Privatreligion"[161] treffend.

Subgruppierungen und Musikprojekte, die eine bestimmte spirituelle Ausrichtung pflegen, zählen jedoch zu einer Minderheit. Darunter finden sich

---

[158] Vgl. z.B.: Hitzler, Bucher, Niederbacher, S. 72 und Farin 2001, S. 165 f.
[159] Vgl.: Farin 2001, S. 160.
[160] Ecki Stieg zitiert nach: Matzke 2002, S. 20.
[161] Schmidt/Neumann-Braun, S. 80.

u.a. explizit christliche Initiativen; im Rahmen des Wave Gotik Treffen werden z.B. christliche Gottesdienste angeboten.[162]

Das Übersinnliche, Unerklärliche und Phantastische prägt auch die Rezeptionsgewohnheiten der Schwarzen Szene in Bezug auf Literatur, Kunst und Film. Klassische Schauergeschichten von Edgar Ellen Poe oder H.P. Lovecraft werden ebenso favorisiert wie Horror-, (Dark-)Fantasy-, Vampir- oder historische Romane.[163] Der unabhängige uBooks-Verlag hat sich u.a. auf gothic-kompatible Veröffentlichungen spezialisiert, schaltet regelmäßig Anzeigen in den einschlägigen Magazinen und konnte mit Dirk Bernemanns „Ich hab die Unschuld kotzen sehen"[164] respektable Erfolge verbuchen.

Abb. 11: Der „Schwarzmarkt" in der Agrahalle, Wave Gotik Treffen in Leipzig 2006, Foto: Bianca Stücker

Es besteht ein grundsätzliches Interesse an klassischer und klassisch-philosophischer Literatur und Lyrik.[165] Beliebt sind zudem romantische und expressionistische Künstler, Surreales und Groteskes. Zu den populärsten Filmen zählen z.B. Alex Proyas' düster-emotionale Comicverfilmung „The

---

[162] Vgl.: Rutkowski, S. 89.
[163] Vgl.: Hitzler, Bucher, Niederbacher, S. 73.
[164] Erschienen 2005.
[165] Vgl.: Farin 2001, S. 161.

Crow" aus dem Jahr 1994 oder Tim Burtons gespenstisch-märchenhaftes „Sleepy Hollow".[166]

Auch Kreativität spielt eine wesentliche Rolle hinsichtlich der Selbstwahrnehmung der Szenegänger: Nicht nur emotional und/oder intellektuell anspruchsvolle Gespräche (bei Kerzenlicht, an besonderen Orten, in intimer/romantischer/mystischer Atmosphäre) werden geschätzt, sondern auch der Ausdruck der eigenen Persönlichkeit durch Zeichnen, Malen, Schreiben oder Musizieren.[167]

Abb. 12: Kriminalbiologe Dr. Mark Benecke während seines Vortrags beim Amphi-Festival 2011; im Hintergrund ist ein Bild aus dem Coversong „Where the wild roses grow", das Sara Noxx und Mark Benecke gemeinsam aufgenommen haben, zu sehen, Foto: Ralf Pauen

Die Neigung, szene-externe Elemente an die Gothic-Kultur anzupassen, zeigt sich auch jenseits der „klassischen" schöpferischen Betätigungen: In den letzten Jahren hat sich auf der Basis der noch jungen Tanzformen „American Tribal Style" und „Tribal Fusion", die den Klassisch Orientalischen Tanz mit Einflüssen aus Breakdance, Ballett, Flamenco und Modern Dance sowie mittelalterlich inspirierten und/oder düster-dramatisch wirkenden Kostümen

---

[166] Erschienen 1999.
[167] Vgl.: Hitzler, Bucher, Niederbacher, S. 75.

kombinieren, die Sparte „Gothic Bellydance"[168] entwickelt. Die US-amerikanische Tänzerin Ariellah Aflalo veröffentlichte 2007 etwa die Lehr-DVD „Contemporary Bellydance and Yoga Conditioning", auf der sie gothic-affine Kostüme und Choreographien zu explizit „schwarzer", überwiegend elektronischer Musik (u.a. von :wumpscut:) zeigt.[169]

Diese Lebendigkeit in Bezug auf die Neigungen der Gothic-Anhänger zeugt von dem hohen Stellenwert, den kreative Ausdrucksformen in der Szene haben.

Aufgrund ihres grundsätzlichen Interesses an Kultur und Geschichte sowie der häufig stark empfundenen (Selbst-)Reflektiertheit und Analysefähigkeit betrachtet sich die Schwarze Szene tendenziell als elitäres Kollektiv, das Außenstehenden in Bezug auf kulturelle und ethische Aspekte – Bildung, Aufgeschlossenheit gegenüber dem Ungewöhnlichen und Ungewohnten – überlegen ist.[170] Entsprechend spielen Szenegänger gern mit der Diskrepanz zwischen ihrem extravaganten, mitunter verunsichernden Erscheinungsbild und ihrer – z.B. durch explizit gute Manieren transportierte – ausgeprägte Kultiviertheit. Die Provokation durch Äußerlichkeiten ist in diesem Kontext Teil des elitären Selbstverständnisses.[171]

Als beispielhaft für die Bereitschaft der Szene, pointiert und kritisch Klischees zu reflektieren und zu persiflieren, sich selbst dabei aber durchaus nicht von eben diesen zu distanzieren, lässt sich am 2011 gestarteten, von Alexander Goldmann (Lola Angst) initiierten Projekt „Dark Kasperle" ablesen: Mit Hilfe verschiedener Puppen werden Szenegrößen wie „der Graf" (Unheilig), Bruno Kramm (Das Ich), Asp (ASP) oder Chris Pohl (Blutengel) karikiert.[172]

---

[168] Es existieren u.a. auch die nicht immer klar voneinander abzugrenzenden Begriffe „Gothic Tribal", „Gothic Fusion", „Dark Fusion" und „Dark Cabaret".

[169] Vgl.: http://www.ariellah.com/merchandise.php, aufgerufen am 25.08.2011.

[170] Vgl.: Hitzler, Bucher, Niederbacher, S. 74.

[171] Vgl.: Farin, Die Gothics , S. 16.

[172] Dialog zwischen der Bruno-Kramm- und der Der-Graf-Puppe zu Beginn des Videos „Mumu": „Sag mal, Graf, du bist doch so beliebt und so berühmt? Wie schaffst du das eigentlich?" „Nun, weißt du – ich mache seit Kurzem Schlagermusik. Darauf stehen alle Leute." „Was, wirklich? Aber ich bin doch schon so lange im Geschäft! Ich müsste doch eigentlich auch so berühmt sein wie du!" „Das bist du aber nicht. Du machst nur Gothicscheiße." „Ach so. Das hab ich mir fast gedacht!" Text der ersten Strophe und des Refrains (gesungen von der Der-Graf-Puppe): „Wer reitet so früh durch Wind und Nacht? Ich bins, der Graf, ich bin erwacht! Ich bin so furchtbar traurig! Alle denken, ich wär gierig und schmierig. Ich will aber wieder sein der böse Graf! Nicht mehr lieb und nicht mehr brav! Alte Frauen will ich nicht mehr sehn, Kindern an die Gurgel gehn! Ich rast jetzt aus! Ich rast jetzt aus! So richtig aus! Aber so was von richtig! Und sag: Mu-

Die vor allem in der älteren Literatur oft betonte Todesnähe sowie die vermutete überdurchschnittliche Traurigkeit und Lebensfeindlichkeit der Gothic-Anhänger hat sich spätestens mit der Konsolidierung der Szene über mehrere Jahrzehnte hinweg zu einer größeren Ausgeglichenheit hin reguliert. Szenezugehörigkeit, Lebensstil, Beruf, Familie und Alltag werden überwiegend miteinander in Einklang gebracht; Gothic-Sein funktioniert auch in der „normalen" Gesellschaft, während die szenespezifischen Vorlieben – Festival-, Konzert- oder Discobesuche, Treffen mit Gleichgesinnten oder die Ausübung szenerelevanter kreativer Beschäftigungen wie etwa musizieren, schreiben, malen, fotografieren o.ä. – in der Freizeit ausgelebt werden. Die Abgrenzung zum Mainstream vollzieht sich in einer stillen, nicht auf Konfrontation ausgerichteten Weise.

Abb. 13: Festivalbesucher, Foto: Ralf Pauen

Entsprechend lässt sich der Szeneeintritt längst nicht mehr als Ausdruck psychisch-pathologischer, individueller, familiärer etc. Probleme verstehen, sondern vielmehr als typifizierte Form der Reaktion auf gesellschaftliche

---

mu! Mumu! Ich sag: Mumu! Mumu! Und Schniedelwutz! (...)"
Vgl.: http://www.youtube.com/watch?v=_EW3oUtHMfg, aufgerufen am 25.06.11.

Modernisierungsprozesse bzw. -dilemmata und somit eine als „eine Variante (post-)moderner Lebensbewältigung".[173]

Gothic-Anhänger als Satanisten zu stigmatisieren, scheint mittlerweile zumindest in Deutschland – auch bedingt durch die jährliche Medienpräsenz des Leipziger Wave-Gotik-Treffens – überholt. Der letzte öffentlichkeitswirksame unmittelbare Bezug wurde 2001 im Zusammenhang mit dem gemeinsamen Ritualmord des Ehepaars Ruda an einem 33-jährigen Mann hergestellt. An der Tür der Rudas klebte ein Aufkleber zum Album „Bunkertor 7" von :wumpscut:, sodass die Musik der Szene mit „Satanistenmusik" gleichgesetzt wurde. Zillo brachte daraufhin auf dem Titel eine Collage aus Fotos von Gothics mit der Überschrift „Wir sind keine Satanisten".[174]

Anders als in der Black-Metal-Szene gehört Satanismus darüber hinaus nicht zum „stilbildenden bzw. imageprägenden Kern"[175] der Gothic-Kultur, im Vordergrund steht die grundsätzlich allen spirituellen Strömungen gegenüber offene Sinnsuche.

Eine repräsentative politische Ausrichtung innerhalb der Szene lässt sich ebenfalls nicht feststellen; wie auch in anderen Lebensbereichen entziehen sich die „Schwarzen" hier einer eindeutigen Kategorisierung. Dennoch inszenieren sie sich – trotz der eher zur „Weltflucht" animierenden Stimmung, die Musik, Kleidung und Lebensstil transportieren – nicht als explizit unpolitisch (wie etwa die Techno-Szene es tut). Politische Interessen bzw. Aktivitäten sind Teil der individuellen Haltung des Einzelnen, die nicht unmittelbar mit der Szenezugehörigkeit verknüpft sind, aber auch in keinem Widerspruch zum Gothic-Sein stehen.

Tendenziell überwiegen linksgerichtete politische Orientierungen, die sich aus der ursprünglichen Nähe zum Punk ableiten lassen. Toleranz und Achtung dem Fremd- und Andersartigen gegenüber gehören zu den essentiellen Werten der Gothic-Kultur, die tendenziell eher mit einem sozialistisch geprägten Weltbild korrespondieren als mit konservativ-exkludierenden Anschauungen. Es existieren allerdings auch rechte Strömungen, die von der Mehrzahl der „Schwarzen" abgelehnt werden.[176] Sowohl Neo-Folk-Projekte (wie etwa Death in June) als auch elektronische Acts (z.B. Front 242) signalisieren mitunter durch die Verwendung keltischer Symbole oder frei interpretierbare Textzeilen[177] eine – tatsächlich vorhandene oder nicht vorhandene –

---

[173] Schmidt/Neumann-Braun, S. 86.
[174] Vgl.: Rutkowski, S. 132.
[175] Farin, Die Gothics, S. 15.
[176] Vgl.: Rutkowski, S. 137.
[177] Z.B. die Textzeile „Wo ist der Führer, der mich führt / Ich warte immer noch" aus „The Sparrows and the Nightingales" von Wolfsheim.

Affinität zu faschistoiden Inhalten. Bleiben diese Signale seitens der Produzenten unkommentiert, scheinen sich die Assoziationen zu bestätigen. Die wenigsten Bands äußern jedoch offen rechtsradikale Überzeugungen (wie z.B. das österreichische Industrial-Projekt Der Blutharsch).

Im Mai 1998 reagierten Musiker, DJs und Fans auf solche ein- bzw. mehrdeutigen Äußerungen mit der Initiative „Grufties gegen Rechts", die sich darum bemüht, rechte Haltungen innerhalb der Szene aufzudecken und öffentlich zu machen.[178] Problematisch wird dieses Engagement allerdings, wenn es in nicht belegte Verdächtigungen und Unterstellungen mündet.

Verbreiteter ist möglicherweise jedoch der umgekehrte Fall, die Verharmlosung tatsächlich vorliegender neo-nazistischer Inhalte: In „trotziger Naivität und aus historischem Unwissen heraus"[179] bewerten viele Szeneanhänger solche Vorgänge als bloße „Provokation". Die Grenze zwischen historischem, kulturellen, spirituellen Interesse und missverständlicher Symbolik ist häufig unscharf.[180]

In diesem Kontext in (hauptsächlich szeneinternen) Verruf geraten sind 2009 und 2010 die Veranstalter des Leipziger Wave Gotik Treffens, insbesondere Thomas Görnert, der bereits im Jahr 2000 zu den Mitveranstaltern gehörte, die die als rechtsextrem geltende Band Von Thronstahl engagierten. Thomas Görnert wird mit der umstrittenen, 2010 z.B. an Leni-Riefenstahl-Photografien erinnernde Gestaltung der WGT-Obsorgekarten beider Jahre in Verbindung gebracht.[181]

Zwar lässt sich die Sympathie nationalsozialistischen Themen gegenüber zwar kaum aus der Entstehungsgeschichte der Szene erklären; als Verbindungsstücke könnten jedoch das Interesse an heidnischen Traditionen und Runenmystik sowie das gothictypische elitäre Empfinden betrachtet werden.

Die Inhomogenität der vertretenen Überzeugungen und ihre wenig explizite Vermittlung verdeutlicht bereits ihren Stellenwert im Szene-Kontext: Wichtiger als die individuelle politische Haltung sind die gothic-immanenten Anschauungen; die Szene wird als geschützter Bereich für alle betrachtet, die sich von der „schwarzen" Ästhetik, der „schwarzen" Musik und „schwarzen"

---

[178] Vgl.: Michael Weisfeld, "Schwarze Szene, braun gefärbt", in: Psychologie Heute, Februar 2001, S. 51.
[179] Farin, Die Gothics, S. 19.
[180] Vgl.: Matzke 2000, S. 11.
[181] Vgl.: http://www.labellos.de/forum/viewtopic/informationen-zum-thema-obsorgekarte-goeart-goernert-5.html,
http://www.spontis.de/schwarze-szene/umstrittene-riefenstahl-aesthetik-auf-der-wgt-karte-2010/, aufgerufen am 10.06.2010.

Themen angezogen fühlen und aufgrund ihrer besonderen Vorlieben und Eigenschaften von der Mainstream-Kultur abgrenzen möchten.

Zusammenfassend lässt sich festhalten: Nicht jeder, der über die entsprechende Interessen- und Eigenheitenkombination verfügt, findet sich zwangsläufig in der Schwarzen Szene wieder, doch das – ganz unterschiedlich gewichtete – „Vorlieben-Repertoire" scheint die Voraussetzung dafür zu sein, eine dauerhafte Affinität zur Gothic-Kultur auszubilden. An Szene-Anwärter werden Ansprüche hinsichtlich ihrer Kompetenz in musikalischen und stilistischen Fragen gestellt, spezifische Geisteshaltungen werden jedoch nicht vorgegeben. Die Szene versteht sich – knapp formuliert – als elitäres Sammelbecken für Menschen, die sich selbst als feinsinnige, unangepasste, vom Mainstream unverstandene Außenseiter erleben. Insofern lässt sie sich als mentalitätsbasierte kulturelle Gemeinschaft verorten.

2.3 Rock, Pop, Folk und Electro in Schwarz: Subgenres

> „Il a toujours été impossible de définir de manière claire et précise la ‚musique gothique', étiquette à la signification nébuleuse sous laquelle se regroupe une multitude de genres musicaux très différentes les uns des autres, et jouant pourtant chacun un rôle primordial dans la scène goth."[182]

Als musikzentrierte Szene nimmt Gothic eine Sonderstellung unter den Subkulturen ein: Während Punk, Metal oder Techno zwar ebenfalls unterschiedliche Ausprägungen ihrer Musik kennen, lässt sich im Gothic-Bereich auf den ersten Blick wenig Homogenität erkennen. Gemeinsam ist allen existierenden Subgenres nur eines: die gothic-affine Färbung, die ihren Ausdruck sowohl auf melancholische, aggressive, romantisierende, historisierende als auch grotesk-makaber ironisierende Weise finden kann.

Zunächst erscheinen die transportierten Stimmungen sehr unterschiedlich, düstere Balladen stehen neben zum Tanzen animierenden, elektronisch produzierten bzw. electro-rockigen Club-Hits; mittelalterlich inspirierte, häufig derb anmutende Spielmannslieder besetzen ebenso eine feste Nische wie schräg-unterhaltsame Dark-Cabaret-Experimente.

Neue Einflüsse werden, sofern sie den szenerelevanten Kriterien entsprechen, bereitwillig aufgegriffen und verarbeitet; auf diese Weise bleibt die Lebendigkeit der Szenemusik erhalten. Gleichzeitig ist ein ausgeprägter Konservatismus zu beobachten: Die Stile und Moden der Anfangszeit werden weiterhin geschätzt und weitergegeben, in den Clubs sind die älteren

---

[182] Alyz Tale, „Les Goths aujourd'hui", in: Patrick Eudeline (Hg.), *Goth. Le romantisme noir de Baudelaire à Marilyn Manson*, Paris 2005, S. 130.

Hits der Achtziger- und Neunzigerjahre noch immer fester Playlist-Bestand der DJs.

Die „schwarze" Musik ist – trotz aller Vielfalt – fast ausschließlich auf ihre Szene beschränkt, nur wenige Acts finden Zugang zu einem breiteren Publikum.[183]

An dieser Stelle greift ein subkultureller Mechanismus: Obschon auch in der Gothic-Szene eine zunehmende Kommerzialisierung zu beobachten ist, lehnt ein Großteil der Szenegänger eine Mainstream-Vermarktung „ihrer" Künstler ab und auch die Produzenten selbst tragen dazu bei, die „Underground-Exklusivität" ihrer Musik zu bewahren, indem sie sich innerhalb der (Sub-)genregrenzen bewegen.

Aufgrund des breitgefächerten musikalischen Ausdrucks bzw. Angebots finden dennoch gelegentlich einzelne szenefremde Stücke ihren Weg in die Gothic-Clubs: Dabei handelt es sich meist um besonders tiefgründige, unangepasste, melancholische und/oder von prägenden Undergroundkünstlern geschaffene Produktionen.[184] Zu den gothic-akzeptierten, nicht szenezugehörigen Protagonisten zählen als „independent" verstandene Künstler wie David Bowie, Björk, Ascii.Disko, Großstadtgeflüster, Portishead, Phillip Boa oder Loreena McKennitt. Weltflucht, Persönlichkeit und Rebellion zählen zu den Attributen, die einen Act für die Szene interessant machen.

Die Klassifizierungen der einzelnen Gothic-Stile dient in erster Linie als Orientierungshilfe: So lassen sich auf Flyern oder in Werbeanzeigen die musikalischen Schwerpunkte bzw. das gemischte Programm einzelner Partys oder Veranstaltungsorte kommunizieren, Musikjournalisten wird die Beschreibung und Kontextualisierung neuer Produkte erleichtert, Konsumenten treffen ihren Vorlieben entsprechende Vorauswahlen aus den zur Verfügung stehenden Angeboten.

In der Literatur werden unterschiedliche Ordnungssysteme verwendet, die das hohe Aufkommen unterschiedlicher musikalischer Phänomene zu strukturieren versuchen, möglich ist etwa die Bündelung gitarren- bzw. elektronisch dominierter Genres.[185]

Einige Strömungen treten jedoch sowohl auf dem Gitarrensektor als auch im elektronischen Bereich auf (z.B. Adaptionen mittelalterlicher bzw. mittelalterlich inspirierter Musik), sodass auf eine qualitative Zuordnung an dieser Stelle bewusst verzichtet werden soll. Die folgende Auflistung gibt in alphabetischer Reihenfolge einen knappen Überblick über arrivierte und neue

---

[183] Vgl.: Platz, S. 253.
[184] Vgl.: Platz, S. 283.
[185] Vgl.: Platz, S. 262-275.

Subgenres mit ihren szeneintern gebräuchlichen Bezeichnungen, die innerhalb des kulturellen Raumes Gothic hergestellt und rezipiert werden, ergänzt durch wenige, die jeweilige Stilistik veranschaulichende, exemplarisch ausgewählte Band- und Projektnamen.

Batcave umfasst die post-punk-inspirierte Musik, die Anfang der Achtzigerjahre im Umfeld des Batcave-Clubs gespielt wurde. Dazu gehören vor allem britische Bands wie Alien Sex Fiend, Specimen oder Sex Gang Children. Mittlerweile wird Batcave auch als Substilbezeichnung für minimalistisch-gitarrenlastige Projekte verwendet, die sich an den frühen US-amerikanischen Gothic-Phänomenen orientieren.[186] Zu den wenigen artverwandten, auf Post Punk und Death Rock spezialisierten Bands aus Deutschland zählen Bloody, Dead and Sexy.

Dark Cabaret/Cabaret noir ist eine melancholisch-makabre Spielart der „schwarzen" Musik, die häufig romantisch-morbide oder ironisierende Geschichten erzählt. Der Einsatz von Klavier und Gesang sowie eine auf alte Zirkus-, Cabaret- und Vaudeville-Theater-Elemente zurückgreifende Optik sind stilprägend. Zu den bekanntesten Vertretern des Genres gehören Dresden Dolls, Katzenjammer Kabarett oder Jill Tracy.

Dark Wave war zunächst ein verbreiteter Terminus für die Musik der Schwarzen Szene im Allgemeinen, der aus der New-Wave-Bewegung entstanden ist. Zudem wird Dark Wave aber auch als Bezeichnung für einen eigenständigen Substil verwendet, der häufig den elektronischen Genres zugerechnet wird, aber melancholischer und düster-romantischer ausfällt als die technoideren Spielarten. Verarbeitet werden überwiegend emotionale Inhalte, die allerdings selten impulsiv oder aggressiv, sondern in reflektierterer Form transportiert werden. Vertreter sind z.B. The Crüxshadows oder Clan of Xymox; zu den prominentesten und vielschichtigsten Formationen aus Deutschland zählen Deine Lakaien. Die Grenzen zu anderen Subgenres sind fließend.[187]

EBM (Electronic Body Music) bezeichnet die charakteristische, härtere, elektronische Musik der Gothic-Szene. Geprägt wurde dieser Begriff Anfang der Achtzigerjahre von der belgischen Formation Front 242, die ihre erste, 1981 erschienene Maxi-Single „Principles/Body to Body" und ihren Stil „Electronic Body Music" nannten.

Die Stücke klingen rau, tanzbar und häufig aggressiv. Melodiösere Elemente tauchen oft erst im Refrain auf, die Texte werden überwiegend gesprochen oder geschrien, gerade Rhythmen stehen im Vordergrund. EBM ist ein

---

[186] Vgl.: Rutkowski, S. 48 f.
[187] Vgl.: Platz, S. 270.

männlich dominiertes Genre. Viele Songs befassen sich mit Widerstand und Rebellion, gesellschaftlichen Missständen, Medienkritik oder mit Wissenschaft und Technik in Gestalt apokalyptischer Visionen. Der größte Teil der EBM-Künstler stammt aus Europa, arrivierte Vertreter sind z.B. Front 242, Skinny Puppy, Frontline Assembly oder Nitzer Ebb; deutsche Protagonisten sind etwa Funker Vogt, Terminal Choice oder Die Krupps. Auch hier sind jedoch die Grenzen zu anderen elektronischen Subgenres unscharf.[188]

Electro wird gelegentlich als eigenständiges Subgenre verstanden, das ab Anfang/Mitte der Neunzigerjahre die elektronische Musikproduktion, die nicht unter das Label „EBM" fällt, aber mit EBM verwandt ist, umfasst.[189] Häufiger wird Electro jedoch als Sammelbegriff für die elektronischen Sparten der Gothic-Szene gebraucht.

Electropop und Synthiepop werden oftmals synonym verwendet. Tendenziell liegt im Synthiepop der Fokus auf der elektronischen Klangerzeugung, während im Electropop die Eingängigkeit der Melodien und ggf. eine größere Unbeschwertheit im Vordergrund stehen. Zu den in der Gothic-Szene etablierten Vertretern zählen z.B. Ashbury Heights oder das deutsche Projekt Melotron.

Electropunk/Electroclash vereinen Elemente aus Punk, Rock und elektronischer Popmusik. Der Begriff „Electroclash" kam um die Jahrtausendwende auf und wird von den damit assoziierten Musikern z.T. mit Skepsis betrachtet. Die akustischen und visuellen Gestaltungsmittel im Electropunk und Electroclash sind härter und rebellischer als etwa im Electro- oder Synthiepop. Zu den Pionieren dieser Stelle werden z.B. Fischerspooner oder Peaches gerechnet, aus Deutschland stammt etwa Ascii.Disko.[190]

---

[188] Vgl.: Platz, S. 271.
[189] Vgl.: Judith Platz, Alexander Nym und Megan Balanck, „Schwarze Subgenres und Stilrichtungen", in: Alexander Nym (Hg.), *Schillerndes Dunkel. Geschichte, Entwicklung und Themen der Gothic-Szene*, S. 158.
[190] Vgl.: http://de.wikipedia.org/wiki/Electroclash, aufgerufen am 04.09.2011.

Abb. 14: The Eternal Afflict, Foto: Silent View

Electro Wave umfasst unterschiedliche, dem (Dark-)Wave-Umfeld naheste-hende Stile, die hauptsächlich auf elektronischen Sounds basieren. Der Be-griff Electro Wave wird überwiegend im Zusammenhang mit Bands, die während der Neunzigerjahre erfolgreich waren, assoziiert. Das Klangbild prägen die zu dieser Zeit aktuellen Synthesizermodelle wie Roland Jupiter-8, Korg MS-20 oder Oberheim OB-8.[191] Zu den prominentesten Vertretern zäh-len Depeche Mode oder Anne Clark, aus Deutschland stammen z.B. The Eternal Afflict.

Fetisch-Electro/Fetisch-S/M werden in der Literatur oft als eigenständige Genres ausgewiesen, es handelt sich jedoch um musikalisch nicht von ande-ren elektronisch basierten Sparten unterscheidbare Richtungen, die sich in erster Linie durch Inhalte, Ästhetik und Performance auszeichnen. Obschon erotisch konnotierte Kleidung in der Gothic-Szene weit verbreitet ist und nicht auf spezifische sexuelle Vorlieben schließen lässt, werden insbesonde-re die elektronischen Subgenres auch in der Fetisch-S/M-Umgebung rezi-piert und anlässlich entsprechender Events gespielt. Auf diesen Bereich spe-zialisiert hat sich etwa die französische Electro-Formation Die Form, die S/M-affine Themen adaptiert und sowohl akustisch als auch visuell zum Aus-

---

[191] Vgl.: http://de.wikipedia.org/wiki/Electro_Wave, aufgerufen am 17.04.2012.

druck bringt. Gitarrenlastiger ist das deutsche Projekt Umbra et Imago, das die Fetischthematik u.a. auf ironische, häufig deutlich sexualisierte Weise verarbeitet.[192]

Futurepop ist ein noch relativ junges Subgenre, das die Electro-, EBM- und Techno-inspirierte Musik der Gothic- und Independentszene umfasst. Die Begriffsentstehung ist unklar: Der Terminus lässt sich einerseits auf Peter Nobles 1983 erschienenes Sachbuch „Future Pop: Music for the Eighties" zurückführen, andererseits tauchte er in der Musikpresse um die Jahrtausendwende vor allem in Verbindung mit den Veröffentlichungen der für das Genre prägenden Bands und Projekten auf. Future-Pop-Stücke sind in erster Linie tanzbar; klare, unverzerrte Sounds werden bevorzugt. Die Atmosphäre ist teils kühl, teils melancholisch-emotional; reflektiert-poetische Texte sind ebenso zu finden wie minimalistische Zweizeiler. Zu Anfang des Jahrtausends waren VNV Nation, Covenant und Apoptygma Berzerk die erfolgreichsten und stilprägenden Vertreter, mittlerweile haben Apoptygma Berzerk ihr Klangbild durch den Einsatz von E-Gitarren rockiger gestaltet und stark verändert. Aus Deutschland stammt z.B. das Projekt Rotersand.[193]

Gothic Rock (auch: Death Rock) ist düster konnotierter, mit Hilfe von E-Gitarren, Bass, Schlagzeug und (überwiegend dunklem, männlichen) Gesang produzierter Rock. Gothic-Rocksongs beschäftigen sich mit emotionalen Themen und kryptischen Inhalten, im Fokus stehen vor allem (enttäuschte) Liebe, Sexualität, Mystisches, Einsamkeit und Schwermut.[194] Der musikalische Ausdruck umfasst sowohl sphärisch-balladeske Stücke als auch eingängige, konventionell strukturierte Rocksongs. Das Genre wird vor allem durch die Bands der Anfangszeit wie Fields of the Nephilim (die mystische Texte favorisieren), The Sisters of Mercy, Christian Death (die vor allem unter Frontmann Rozz Williams besonders depressive Inhalte transportierten), Bauhaus oder The Mission repräsentiert. Einen rockigeren Stil vertreten etwa die Finnen The 69 Eyes. Zu den besonders Anfang bis Mitte der Neunzigerjahre erfolgreichen deutschen Gothic-Rockbands zählen Love like blood, Catastrophe Ballet und The House of Usher.[195]

Gothic Metal hat sich erst in den Neunzigerjahren zu einem festen Gothic-Subgenre entwickelt, initiativ wirkte das 1991 erschienene „Gothic" betitelte Album der Metal-Band Paradise Lost. Im Unterschied zum Gothic Rock setzen Gothic-Metal-Bands auf (Heavy- oder Doom-)Metal-Einflüsse in Form härterer, prägnanter Gitarrenriffs und -soli, oft in Verbindung mit episch an-

---

[192] Vgl.: Platz, S. 282.
[193] Vgl.: Platz, S. 273.
[194] Vgl.: Platz, S. 263.
[195] Vgl.: Platz, S. 259.

mutenden orchestralen (elektronisch erzeugten) Elementen. Der Wechsel zwischen romantischer Verspieltheit und düsterem Bombast schafft eine gewisse Fantasy-Affinität, die sich in der Gestaltung von CD-Covern, Fotos und Videos widerspiegelt; auch inhaltlich kreisen die Songs um phantastische Motive, Legenden, Mythen und dunkle Romantik. Beliebt ist der Einsatz hoher, mitunter klassisch ausgebildeter Frauenstimmen.

Zu den bekanntesten Vertretern gehören Nightwish, Theatre of Tragedy, The Gathering oder Type O Negative.[196] Zu den deutschen Vertretern des Genres zählen Dreadful Shadows.

Heavenly Voices ist ein Teilbereich verschiedener Subgenres, die sich durch den Einsatz überwiegend heller, klarer und besonders schöner Frauenstimmen auszeichnen. Die Begrifflichkeit prägte das Nürnberger Label „Hyperium", das 1993 eine Compilationreihe unter dem Titel „Heavenly Voices Part 1" begann. Die transportierte Atmosphäre ist vorzugsweise melancholisch-entrückt, sphärisch oder verspielt; die musikalischen Einflüsse stammen aus neoklassischen, (neo-)folkloristischen oder mittelalterlichen Zusammenhängen, es werden aber auch Projekte aus dem Synthiepop-, Trip-Hop- oder Gothic-Rock- bzw. -Metal-Umfeld zu den Heavenly Voices gezählt. Beliebt sind u.a. lautmalerische Gesänge ohne Text. Dem Genre bzw. Marketingbegriff zuzurechnen sind z.B. Dead Can Dance, Bel Canto oder Within Temptation, deutsche Vertreter sind Stoa, Mila Mar oder Elane.[197]

Hellectro/Aggrotech beschreibt etwa seit Anfang des Jahrtausends einen treibenden, technoid-aggressiven, tanzbaren Sound, der durch verzerrte Bass Drums und verzerrte Stimmen gekennzeichnet ist. In den Gothic Clubs sind die etablierten Vertreter dieser Spielart sehr populär, dazu zählen u.a. Suicide Commando oder Combichrist, aus Deutschland stammen z.B. [:SITD:] und Agonoize.[198]

---

[196] Vgl.: Platz, S. 264.
[197] Vgl.: Platz, S. 280.
[198] Vgl.:
http://de.wikipedia.org/wiki/Electro_%28Sammelbezeichnung%29#Aggrotech_bzw._Hellectro, aufgerufen am 04.09.2011.

Abb. 15: Agonoize beim Vidodreh zur Single „Wahre Liebe", Foto: Martin Pelzer

Industrial lässt sich auf den Slogan des Industrial-Records-Label der Band Throbbing Gristle zurückführen, der von Monte Cazazza, einem radikal-avantgardistischen Musiker und Performancekünstler, geprägt wurde: „Industrial music for industrial people". Unter Zuhilfenahme akustischer Instrumente und Elektronik, zweckentfremdeter Gebrauchsgegenstände und Maschinenteile begannen ab Ende der Siebzigerjahre Künstler und Bands experimentelle (Pop-)Musik zu produzieren, die den Hörer ggf. schockieren, aufrütteln, in jedem Fall aber fordern sollte. Musikalische und inhaltliche Muster wurden aufgebrochen, der unkonventionelle Einsatz von Stimmen und Texten diente als verstärkendes Mittel. Vertreter dieser ursprünglichen Industrial-Spielart sind Throbbing Gristle oder Coil, aus Deutschland besonders die Einstürzenden Neubauten.[199]

Industrial (elektronisch) ist eine auf experimentell-lärmende Sounds, brachial-monoton treibende Rhythmen und „Noise"-(„Krach"-/"Lärm"-) Elemente ausgelegte Spielart der „schwarzen" elektronischen Musik. Industrial-Tracks vermitteln eine rebellische, non-konformistische, häufig aggressive Atmosphäre. Im Vergleich zu den melodischeren Substilen werden weniger häufig Stimmen eingesetzt, gern aber Samples und Zitate aus Filmen oder Dokumentationen. Wird Gesang verwendet, ist er überwiegend stark verzerrt bzw. verfremdet. Die Inhalte sind – ähnlich wie im EBM – kritisch oder

---

[199] Vgl.: Platz, S. 275 f.

widerständig-emotional, auch Gewalt und Waffen werden thematisiert. Elektronischer Industrial wird u.a. produziert von Projekten wie Velvet Acid Christ, Dive oder Hocico. Einflussreiche Vertreter aus Deutschland sind z.B.: Wumpscut: und Xotox.[200]

Abb. 16: Xotox, Foto: Pantalaimon, Bearbeitung: Joao Diogo

Industrial (gitarrendominiert)/**Industrial-Rock**, zeichnet sich ebenfalls durch die Verwendung von Noise-Elementen aus, die der aus E-Gitarren, E-Bass, Schlagzeug, elektronischen Zusätzen und Stimme bestehenden Musik einen brachial-eindringlichen Ausdruck von Wut oder Verzweiflung verleihen. Der Noise-Aspekt lässt sich etwa durch die Kombination aggressiver musikalischer Muster mit verzerrenden Effekten herstellen. Häufig äußern Industrial-Rockbands System-, Gesellschafts-, Religions- oder Medienkritik; speziell in den USA stehen Projekte wie Ministry, Nine Inch Nails oder Marilyn Manson für Protest und Rebellion und erreichen mit dieser Haltung ein breites, den weiter gefassten Alternative-Bereich einschließendes Publikum. In Deutschland wird Industrial Rock z.B. durch KMFDM repräsentiert.[201]

---

[200] Vgl.: Platz, S. 273.
[201] Vgl.: Platz, S. 265.

Abb. 17: Subway to Sally beim Amphi-Festival 2011, Foto: Ralf Pauen

Mittelalter ist ein Themenkreis, der innerhalb der Schwarzen Szene großen Anklang findet. Entsprechend haben sich unterschiedliche Subgenres herausgebildet, die musikalische Anleihen bzw. Anregungen aus Mittelalter und Renaissance verarbeiten. Alte Musik und Historische Aufführungspraxis werden wahrgenommen und von einzelnen Ensembles auf hohem Niveau vertreten (z.B. Estampie oder Sarband), doch es überwiegen sehr freie Interpretationen oder Neuschöpfungen im Stil der Spielleute. Während Anfang der Neunzigerjahre Gruppen wie Corvus Corax noch traditionelle Musik auf Mittelaltermärkten anboten, haben sich inzwischen vor allem die eher mittelalterlich inspirierten Subgenres etabliert. Dazu zählen Mittelalterrock (Mittelalter- und Folkelemente in Verbindung mit E-Gitarren, Schlagzeug und häufig deutschen Texten), Mittelalterfolk, elektronische Musik in Kombination mit mittelalterlichen Instrumenten bzw. Texten sowie Folk-, Pagan- und Viking Metal (Genres, die inhaltlich weniger das Mittelalter als die nordische Sagenwelt fokussieren). Sackpfeifen, Drehleiern und Schalmeien sind innerhalb der Gothic-Kultur inzwischen fast ebenso bekannt wie das konventionelle Pop-Rock-Instrumentarium. Zu den maßgeblichen Auslösern der Mittelalterbegeisterung in der Szene gehört die australisch-irische Formation Dead Can Dance, die bereits Mitte der Achtzigerjahre Gothic-, Weltmusik- und traditionelle Einflüsse aufgriff. Mittlerweile wird die Mittelalterszene in ihren unterschiedlichen Ausprägungen von deutschen Bands dominiert (mit Ausnahme der metalverwandten Genres), wie z.B. In Extremo, Subway to Sally, QNTAL, Corvus Corax, Estampie oder Faun.

Neofolk ist eine in den Achtzigerjahren entstandene Variante traditionell inspirierter Musik. Akustische Gitarren, Percussion und – meist männlicher – Gesang stehen im Vordergrund, das Tempo ist überwiegend ruhig, Strophen und Refrains schlicht und repetitiv gehalten. Der musikalischen Stilistik entsprechend behandeln Neofolk-Stücke inhaltlich häufig Legenden, Sagen, Brauchtum, Naturreligionen, tradierte Balladenstoffe oder heidnische Mystik. Diese Themen sowie die verbreitete Dreißiger- und Vierzigerjahre-Gestaltung von Fotos, Werbematerial usw. implizieren u.a. einen rechtslastigen Kontext, der dem Großteil der existierenden Bands und Projekte nicht gerecht wird. Fakt ist jedoch, dass prominente Initiatoren des Genres rechte Anschauungen vertreten oder in der Vergangenheit vertreten haben, so etwa Douglas Pearce, Kopf eines der ältesten und bekanntesten Neofolk-Projekte Death in June. Weitere Repräsentanten sind Sol Invictus oder Current 93, aus Deutschland stammen z.B. Hekate oder Orplid.[202]

Neo-Klassik umfasst Produktionen, die sich an klassischen und romantischen Kompositionen orientieren, mit Hilfe elektronischer und/oder akustischer Instrumentierung stilistisch nachempfinden und ggf. mit modernen Elementen anreichern. Den Szenevorlieben entsprechend wird aus dem Vorlagenrepertoire selektiert: Getragene, dramatische oder sphärische Stimmungsbilder überwiegen; der Gesang wird zumeist von weiblichen Stimmen vorgetragen, aber auch Instrumentalstücke sind beliebt. Inhaltlich befassen sich Neo-Klassik-Stücke mit Mystik, individuell-emotionalen Eindrücken oder geben Gedichte oder geistliche Texte wieder. Die Qualität der Musik fällt trotz des hohen Anspruchs sehr unterschiedlich aus. In the Nursery prägten das Genre 1987 mit dem Album „Stormland", weitere Vertreter sind Stoa oder Bacio di Tosca aus Deutschland.[203]

---

[202] Vgl.: Platz, S. 277.
[203] Vgl.: Platz, S. 279.

Abb. 18: Bacio di Tosca bei der Elf Fantasy Fair in Arcen 2010, Foto: Ralf Pauen

Neue Deutsche Härte ist ein von der Musikpresse geprägter Begriff, der deutschsprachigen, mit elektronischen Sounds bzw. während der Produktion eingearbeiteten zeitgemäßen Effekten angereicherten Rock bzw. Metal bezeichnet. Stilbildend wirkte das 1995 erschienene erste Rammstein-Album „Herzeleid". Favorisiert werden formelhafte, in knappe Reimschemata gepresste Texte, die von Liebe, Hass, Eifersucht, Sexualität, gelegentlich auch Religion oder Missständen handeln. Wichtiger als die Inhalte sind jedoch die auf Überwältigung und große Wirkung ausgelegten, aufwändig gestalteten Konzerte, bei denen – insbesondere im Fall von Rammstein – das martialische Auftreten der Akteure, eine eindrucksvolle Lichtshow sowie der Einsatz von Pyrotechnik ineinandergreifen. In Bezug auf die Gothic-Szene sind Rammstein und Oomph! die prominentesten Vertreter des Genres.[204]

Neue Deutsche Todeskunst bezeichnet ein Subgenre, das zu seiner Blütezeit zwischen Anfang und Mitte der Neunzigerjahre deutsche, häufig gesprochene/rezitierte Texte mit düster-melancholischer Musik verknüpfte. Die Stücke beschäftigen sich mit philosophischen, emotionalen und selbstreflektierenden Themen, sie handeln von Schmerz, Tod und metaphysischen Phänomenen. Die Musik kann unterschiedlich ausfallen, es gibt zahlreiche

---

[204] Vgl.: Platz, S. 266.

Überschneidungen zu anderen Genres. Charakteristisch sind in erster Linie die deutschsprachigen Texte und ihr eindringlicher, häufig bewusst übersteigerter Vortrag. Zu den prominentesten Vertretern zählen Goethes Erben, Relatives Menschsein, Lacrimosa und Das Ich.[205]

New Romantic ist ein 1979 entstandener Teilbereich des New Wave, der sich vor allem durch die androgyn-glamouröse Darstellung der Künstler auszeichnet und die Gothic-Szene in dieser Hinsicht inspiriert hat. Die musikalischen Übergänge zum Synthiepop sind fließend. Einflussreiche Vertreter des New Romantic waren etwa Spandau Ballet, Ultravox, Adam and the Ants oder Duran Duran.[206]

New Wave bezeichnet die zwischen dem Ende der Siebziger- und Mitte der Achtzigerjahre mit Hilfe von Synthesizersounds produzierte englische (Underground-)Popmusik und fungierte als Vorläufer und Inspirationsquelle für die poppig-melancholisch gefärbten elektronischen Genres der Gothic-Szene. Elemente aus Punk, Disco-Pop, Psychedelic und Glamrock wurden von den Protagonisten der Strömung zu eingängigen, oft „bittersüßen", tanzflächentauglichen Stücken verarbeitet. Die Zugänglichkeit der Musik führte zu einer breiten Rezeption. Nachdem die New-Wave-Bands der Anfangszeit ihre Aktivität eingestellt hatten, konnte das Genre nicht fortbestehen, doch die New-Wave-„Klassiker" werden bei Gothic-Partys noch immer gespielt und geschätzt. Zudem entwickelte sich aus dem New-Wave-Kontext die explizit auf die Schwarze Szene rekurrierende Bezeichnung Dark Wave. Prägende Gruppen waren z.B. Tuxedomoon, Visage (vor allem bekannt durch den Titel „Fade to grey"), Dead or alive („You spin me round") oder Blondie.[207]

Post-Punk bezeichnet eine Reihe von inhomogenen, auf die rebellischen Ursprünge der Musik verweisende Stilen, die sich vom Punk durch ihre vergleichsweise komplexen Strukturen und mitunter durch den Einsatz elektronischer Komponenten unterscheiden.[208] Der Begriff Post-Punk tauchte bereits während der Siebzigerjahre auf und wird häufig als subgenreübergreifende Bezeichnung für die Vertreter verschiedener Sparten aus dem Dark-Wave- und Independentbereich verwendet, so etwa für Siouxsie and the Banshees, The Cure, The Birthday Party oder Death in June.

Synthiepop ist elektronisch erzeugte, emotional gefärbte Popmusik mit überwiegend männlichem Gesang. Es dominieren gerade Rhythmen und einprägsame Melodien; harsche, dissonante Effekte spielen keine Rolle.

---

[205] Vgl.: Platz, S. 281.
[206] Vgl.: Platz, S. 268 f.
[207] Vgl.: Platz, S. 268.
[208] Vgl.: Padellaro, S. 183.

84

Hervorgegangen aus dem New Wave, richtet sich der Synthiepop ebenfalls an ein Publikum, dem die konventionelle Popmusik zu glatt und zu sehr auf kommerzielle Ansprüche zugeschnitten ist, das andererseits aber nicht auf eingängige, harmonische, einfach strukturierte Songs verzichten möchte. Die wesentlichen Unterschiede zum kommerziellem Pop sind das Herausstellen der rein elektronischen Klangerzeugung sowie die überdurchschnittlich häufig vermittelte melancholische Grundstimmung. Synthiepop-Stücke befassen sich mit Sehnsüchten, besonderen Lebensumständen, Ereignissen oder Liebe, gelegentlich werden auch Science-Fiction-Einflüsse behandelt oder satirisch-ironische Bestandsaufnahmen vorgenommen. Frühe Protagonisten waren Depeche Mode oder New Order, aus Deutschland stammen Wolfsheim, De/Vision, Welle:Erdball oder Kontrast. Das Genre ist noch immer beliebt, lebendig und offen für neue Impulse. Die Grenzen zu anderen elektronischen Subgenres wie Electro- oder Futurepop sind fließend; die Bezeichnungen Synthiepop und Electropop werden gelegentlich synonym verwendet.[209]

Visual Rock/Visual Kei/J-Rock sind keine Gothic-Genres im engeren Sinne, sondern aus Japan stammende popmusikalische Stile, die besonders durch ihre extrovertierte, an die Gothic-Ästhetik angelehnte optische Präsentation auffallen. Japanische Bands waren in der deutschen Szene während der ersten Jahre nach der Jahrtausendwende beliebt, vor allem der zeitgleich aufkommende Gothic-Lolita-Look setzte sich durch und konnte sich als modischer Substil etablieren. Inhaltlich bietet Visual Kei jedoch kaum Anknüpfungspunkte zur Schwarzen Szene, die sich aus diesem Grund ausdrücklich von den rein durch das Visuelle geprägten Stilen distanziert.

2.4 Selbstdarstellung, Stil und Ästhetik – ideelle Relationen, Konsense und Diskrepanzen zwischen den einzelnen Subgenres

Das aufwändig gestaltete Äußere ist ein wesentlicher Bestandteil der Schwarzen Szene. Die Kleidung fungiert als „‚Eintrittskarte' in den Kreis der Szene-Mitglieder"[210], und die falsche Aufmachung wird nur in Ausnahmefällen „verziehen" – im Spannungsfeld zwischen Reflexions- und Stylinganspruch zeigt sich deutlich die szenetypische Ambivalenz scheinbar gegensätzlicher Konventionen.

Für den Außenstehenden sind die charakteristischen vestimentären Kommunikationsmuster nicht leicht zu dekodieren, da sie sich aus bereits mit fes-

---

[209] Vgl.: Platz, S. 269.
[210] Kirsten Wallraff, *Die Gothics*, Teil II, Berlin 2001, S. 9 (im Folgenden abgekürzt als: Wallraff).

ten Assoziationen verknüpften Zeichen zusammensetzen (wie etwa der Farbe Schwarz oder dem christlichen bzw. umgedreht getragenen Kreuz).[211]

Zeichen und Symbole signalisieren Zugehörigkeit, doch auch die Freude an der eigenen Eitelkeit wird nicht verborgen, sondern, im Gegenteil, vielmehr zelebriert: Sorgfältiges Schminken, Frisieren und Ausstaffieren gehört geschlechterübergreifend zu den üblichen Vorbereitungen für ein Szene-Event. „Sehen und gesehen werden", „Bewundern und bewundert werden" in unverhüllter Manier sind szenetypische Prinzipien;[212] ein großer Teil der Gothic-Anhänger genießt es, „sich und sein Erscheinen als Auftritt zu inszenieren".[213]

Der Kult um das Erscheinungsbild zeigt sich, wie in anderen, an der Verfremdung und Stilisierung des eigenen Aussehens interessierten Gruppierungen wie etwa Liverollenspielern und Fantasyfans, auch an der Dokumentation der aufsehenerregendsten Aufmachungen: „Schwarze" fotografieren „Schwarze" – als Inspiration, als Erinnerung an ein Event, aus künstlerischem Interesse oder als Souvenir.

Stil ist ein Prinzip der Selbstpräsentation, das sich auf Einzelpersonen, Gruppen oder ganze Kulturen beziehen lässt, und somit ein Teil des „sozialen Orientierungssystems von Symbolen, das die Zugehörigkeit zu einer bestimmten Lebensform demonstriert";[214] Stil differenziert, schafft einen übergeordneten Zusammenhang und überwindet auf diese Weise Beliebigkeit.

Ein spezifischer Stil „konstituiert die Identität"[215] eines Kollektivs, an der es die Kompetenz des Einzelnen hinsichtlich der „Ikonographie" des Stils ablesen, messen und somit auch seinen Stellenwert – als Neueinsteiger, Mitläufer oder langjähriges Mitglied – einordnen kann.

Bemerkenswert ist, dass verschiedene Prinzipien der Stilfindung und Selbstpräsentation ineinandergreifen: Während dem Wunsch nach Individualität und Unverwechselbarkeit durch einen zeitintensiv und aus zahlreichen Einzelkomponenten zusammengestellten Look entsprochen wird, ist die Verwendung szenerelevanter Symbole ebenso wichtig und anerkannt wie das Nachahmen und Sich-inspirieren-lassen durch Vorbilder wie Stars und ande-

---

[211] Vgl.: Doris Schmidt und Heinz Janalik, *Schwarze Mode der Grufties*, Baltmannsweiler 2001, S. 75.
[212] Vgl.: Grünewald, S. 168.
[213] Grünewald, S. 169.
[214] Richard 1995, S. 101.
[215] Farin/Meyer-Guckel, S. 11.

re Szenegänger. Einen latenten Gültigkeitsverlust der Individualitätsnorm speziell unter Jugendlichen hat Alexandra König bereits 2007 beobachtet.[216]

Die Koexistenz unterschiedlicher Funktionen von Aufmachung, Selbstdarstellung und -stilisierung zeigt vor allem eines: Der persönliche Stil steht nie für sich allein, sondern wird erst im sozialen Kontext relevant und entspricht somit einer komplexen, mit verschiedenen Botschaften für verschiedene Gegenüber – etwa Außenstehende und Eingeweihte – versehenen Interaktion.[217]

Szeneintern können mit Hilfe stilistischer Mittel gesellschaftliche Konventionen außer Kraft gesetzt, umgangen oder neu definiert werden. So erfährt z.B. das über die Kleidung transportierte zweigeschlechtliche Rollenverständnis eine Umdeutung: Das häufig freizügige und stark körperbetonte Outfit der weiblichen Szenegänger – knappe Röcke, hohe Stiefel und Netzstrümpfe sind weit verbreitet – nimmt das männliche Publikum keineswegs als „Aufforderung" oder gar „Freischein" wahr; der Umgang zwischen den Geschlechtern ist respektvoll und nicht auf „Anmache" ausgelegt. Ähnliches stellt Birgit Stauber 2004 für die Techno Szene fest. Solche subkulturellen Freiräume machen deutlich, dass die Mainstream-Kultur in dieser Hinsicht noch immer stark durch antiquierte moralische Vorstellungen geprägt ist.[218]

Der subkulturelle bzw. subversive Aspekt des Gothic-Stils zeigt sich auch in der Verbindung zur Bohème des 19. Jahrhunderts: Mit ihrem gepflegten Anachronismus fühlt sich die Schwarze Szene sowohl inhaltlich als auch ästhetisch in großen Teilen zu den an künstlerischen, okkulten und utopischen Themen interessierten Bohemiens hingezogen, die durch die Stilisierung ihrer äußeren Erscheinung sowie des Zelebrierens einer alternativen Lebensweise gegen die starren Konventionen des Kleinbürgertums aufbegehrten.[219]

Grit Grünewald und Nancy Leyda beschreiben die über das Äußere vermittelte Vielschichtigkeit der Gothic-Szene, die sich besonders anlässlich großer Szenetreffen – hier: dem Wave-Gotik-Treffen in Leipzig – zeigt:

> „Vor dem eigenen Auge erscheinen Hexen, mittelalterliche Helden, Feen, Edelfrauen und -männer, Prinzessinnen, zottelige Wikinger, Piraten, Lolitas, Huren, futuristische Krieger... – kein Stereotyp scheint ausgespart."[220]

---

[216] Vgl.: König, S. 110ff.
[217] Vgl.: König, S. 12.
[218] Vgl.: Stauber, S. 246.
[219] Vgl.: Richard 1995, S. 94 f.
[220] Grünewald, S. 167.

Abb. 19: Lydia, Besucherin des Gothic-Lolita-Treffens in Berlin 2011, Foto: candy_loop

Dabei handelt es sich nicht um reine Kostümierungen: Die „stilistische Einheit aus Musik, Körperinszenierung (‚Outfit') und ‚Lebensart'"[221] ist ein repräsentatives Element der Gothic-Kultur.

Häufig sind Erscheinungsbild und subgenrespezifische Präferenz eng miteinander verknüpft, es gibt jedoch auch Trends, die sich weitgehend unabhängig von der musikalischen Vorgabe durchsetzen können. So etwa der Gothic-Lolita-Stil, der, aus Japan stammend, nicht zwingend mit der regelmäßigen Rezeption japanischer Musik – z.B. J-Rock oder Visual Kei – verbunden sein muss. Seit den ersten Jahren des 21. Jahrhunderts fand die auffällige Mischung aus altertümlich wirkenden Puppenkleidern, Lolita-Charme und der Brechung des Niedlichen durch zerrissene Strümpfe, dunkles Make-Up[222] und allgemeine Schauer-Ästhetik als Modetrend regen Anklang in der

---

[221] Grünewald, S. 170.

[222] Der Gothic-Lolita-Stil erinnert optisch an eine dunkle Variante der feministischen „Riot-Grrrls" um Bands wie Bikini Kill, Hole oder Babes in Toyland, die während der Neunzigerjahre zeitgleich mit der Grunge-Ära auch im Mainstreambereich Erfolge verbuchen konnten.

Schwarzen Szene. Zu den jüngsten visuellen Strömungen gehören die historisierend-fiktive Steampunk- und die aufwändige neo-viktorianische Stilistik.

Die Katalogisierungen der unterschiedlichen Gothic-Stile, die in der um die Jahrtausendwende veröffentlichten Literatur wiedergegeben werden, eignen sich zwar weiterhin als grobe Orientierungshilfe, können z.T. jedoch als überholt betrachtet werden: So sind die bis in die Neunzigerjahre hinein charakteristischen und unter Szenegängern stark verbreiteten spitzen, mit zahlreichen Schnallen versehenen, fast immer flachen Schuhe (die so genannten „Pikes" oder „Picker") mittlerweile nahezu aus dem Szene-Alltag verschwunden.

Abgesehen von solchen und ähnlichen Details – die das Wesen der äußerlichen Ausdrucksformen nicht verfremden, sondern lediglich an Aktualität verlieren – sollte vor allem die Benennung der (Kleidungs-)Stile hinterfragt werden. Während die meisten Termini lediglich beschreibend-assoziativ eingesetzt werden (z.B. die Bezeichnung „S/M-Stil"), werden dem „Normal-Stil" oder dem „Romantic-Stil"[223] beispielhaft verkürzte bzw. konstruierte Attribute zugewiesen, die nicht zwangsläufig die authentische Verwendung der beschriebenen Kleidungsstücke widerspiegeln. Als „Romantic-Stil" werden sowohl phantastisch-romantische Samt-, Satin- und Spitzenkleider als auch stark historisch inspirierte Kleidungsstücke verstanden. Lange, schwarze Samtkleider senden jedoch andere Signale aus als ein dem Mittelalter nachempfundenes oder neo-viktorianisches Styling und werden von den „Rezipienten" entsprechend anders wahrgenommen.

---

[223] Die Bezeichnungen „Wave-Stil", „Gothic-Stil", „Romantic-Stil", „Normal-Stil" und „SM-Stil" wurden von Doris Schmidt und Heinz Janalik geprägt und orientieren sich vor allem an Schnitten und Materialien, vgl. Schmidt und Janalik 2000, S. 54-63.

Abb. 20: Stigma, Teilnehmerin eines von der Internet-Community „Dunkles Leben"[224] organisierten Foto-shootings im Landschaftspark Duisburg 2010, Foto: Ralf Pauen

Der „Normal-Stil" bezeichnet das Tragen schwarzer T-Shirts, Lederhosen und Doc Martens, doch es würde der Szenerealität vermutlich eher gerecht, schlicht von der – verbindenden, aber nicht verbindlichen – Dominanz der Farbe Schwarz in Bezug auf die Gestaltung des Erscheinungsbildes und ggf. des Wohnraums usf. zu sprechen.[225]

Immer wieder wird in der sozialwissenschaftlichen Literatur konstatiert, Gothic sei kein „street style", sondern finde vornehmlich an abgeschiedenen Plätzen bzw. Szenetreffen statt.[226] Unter Berücksichtigung der Tatsache, dass Kleidung und Habitus auch Außenstehenden bestimmte Haltungen vermitteln, und zwar durchaus bewusst, kann dieser Aussage nicht bedingungslos zugestimmt werden. Gothic-Anhänger leben nicht per se scheu und zurückgezogen, sondern provozieren mitunter die – friedliche – Konfrontation mit den „Normalbürgern" und genießen den öffentlichen Auftritt.

Nicht nur auffällig, sondern nachgerade identitätsstiftend ist dabei die forcierte Diskrepanz zwischen Erscheinungsbild und Auftreten: Hier trifft die dramatische, finstere, häufig wüste und fast immer provokante äußerliche Selbstinszenierung auf ausgesuchte Höflichkeit, gute Manieren, Hilfsbereit-

---

[224] Vgl. URL: www.dunkles-leben.de.
[225] Vgl. dazu: Schmidt/Neumann-Braun, S. 82 (hier finden sich Verweise auf die einschlägige Literatur).
[226] Vgl. z.B.: Richard 1995, S. 115.

schaft und die bereitwillige Demonstration von Bildung und gesellschaftlich-kulturellem Interesse.

Die enge Musikbezogenheit der Gruppierung legt eine Auseinandersetzung mit dem Tanz- und Bewegungsrepertoire der Szene nahe: Während gelegentlich ein spezieller Gestus des Gehens (insbesondere in Verbindung mit dem entsprechenden Schuhwerk wie z.b. schweren Stiefeln) als Teil der szenespezifischen Selbststilisierung zu beobachten ist – große, gravitätisch erscheinende Schritte –, kann der Tanz als unmittelbarer physischer Ausdruck der durch die jeweilige Musik erzeugten Stimmung betrachtet werden.

Prägnant ist zunächst das monotone, nicht unbedingt im vorgegebenen Takt stattfindende Vor- und Zurücklaufen des Tänzers, das zwar nicht von jedem Gothic-Anhänger praktiziert wird, als Tanzform aber ausschließlich auf die Schwarze Szene beschränkt ist.[227]

Das deutsche Electroprojekt Kontrast (vormals ISECS) nimmt mit seinem Mitte der Neunzigerjahre entstandenen ironisierenden Clubhit „Einheitsschritt" darauf Bezug: „Drei Schritt vor und drei zurück / Sie bewegen sich im Einheitsschritt."[228]

Wenig realitätsnah ist in diesem Kontext die häufig zitierte Umschreibung eines „autistische[n] Tanz[es]", der „ohne Rücksicht auf den Takt der Musik" ausgeführt und durch ein „gebücktes Taumeln" und „selten auch ein Schütteln des ganzen Körpers"[229] ergänzt werde.

Eine jüngere, mit der Cyber-Punk-/Cyber-Goth-Ästhetik verknüpfte, speziell für die explizit elektronischen Genres der Szene charakteristische Tanzform ist der „Industrial Dance", der sich durch abrupte, staccatoähnliche Bewegungen auszeichnet. Durch die Möglichkeit, eigene Videos auf Plattformen wie YouTube oder Facebook zu „teilen", hat sich dieser Tanzstil stark verbreitet. Populär sind besonders Aufzeichnungen von aufwändig gestylten Tänzern an belebten, öffentlichen, ungewöhnlichen Orten zum Playback einschlägiger Clubhits.

Das Bestreben, betont gute Umgangsformen mit einem charakteristisch „schwarzen" Erscheinungsbild zu kombinieren und gleichzeitig szenefremde Einflüsse zu adaptieren und an die eigenen Bedürfnisse anzupassen, spiegelt sich anschaulich in einem Angebot der Leverkusener Diskothek „Shadow" wieder: Im Mai 2011 berichtete der UniSpiegel über den Tanzkurs „Gothic

---

[227] Vgl.: Schmidt/Neumann-Braun, S. 84.

[228] Veröffentlicht z.B. auf der CD-Compilation „Magic of the place", Amöbenklang/EFA 1996.

[229] Richard 1995, S. 116 f.

Paartanz". Inhalt des Kurses war die Vermittlung von Standardtänzen zu „schwarzer", überwiegend elektronischer Musik.[230]

Abb. 21: Festivalbesucher, Foto: Ralf Pauen

Musikauswahl, Kleidung und Tanzstil greifen ineinander: Träger historisierender Gewänder tanzen nur in Ausnahmefällen – z.B. wenn subgenreübergreifende Clubhits aufgelegt werden – zu härteren Electro-Stücken und umgekehrt. Entsprechend unterscheiden sich auch die Tanzformen: Romantisch-verspielte Musik legt ruhige, durch ausdrucksvolle, dekorative, mithin dramatische Armbewegungen unterstrichene Bewegungen nahe, die ein düster-märchenhaftes Outfit wirkungsvoll in Szene setzen; aggressivere, rhythmisch gleichförmige EBM-Titel werden physisch häufig vermittels breitbeinigen, rhythmischen „Stampfens", das z.B. durch martialisches Schuhwerk, Lack, Leder und Kurzhaarfrisuren unterstrichen wird, umgesetzt.[231]

Aber auch szeneintern bieten sich Möglichkeiten zur Provokation und ironischen Brechung der Konventionen, etwa wenn in romantischer Aufmachung

---

[230] Vgl.: http://www.spiegel.de/unispiegel/wunderbar/0,1518,759492,00.html, aufgerufen am 08.04.2012.
[231] Vgl.: Wallraff, S. 50.

zu EBM getanzt wird oder umgekehrt. An diesem Beispiel wird die Kohärenz des ggf. alle Lebensbereiche umfassenden Gothic-Stils deutlich.

Zusammenfassend können die verschiedenen Tanzstile als individuell-expressiv beschrieben werden, basierend auf einem losen Konventionskanon, der sich im Laufe der Jahre herausgebildet hat.

Die szenetypische Selbstdarstellung und -wahrnehmung basiert auf einem komplexen Kommunikationssystem, dessen Verständnis Sachkompetenz und Insiderwissen voraussetzt.

„Die Politik der Jugendkultur ist eine Politik der Metaphern: Sie handelt mit der Währung der Zeichen und ist deshalb immer mehrdeutig" – Dick Hebdiges Zitat lässt sich speziell auf den umfangreichen und in seiner feinen Differenziertheit schwer dechiffrierbaren Zeichenvorrat der Gothic-Kultur anwenden:

> „Aus der Last der argwöhnischen Blicke haben sie die Lust entwickelt, Blickfang zu sein. Sie spielen Versteck im Rampenlicht."[232]

Das bewusste Anderssein, die Glamourösität der Provokation und das einvernehmliche Einander-Verstehen unter Gleichgesinnten motivieren innerhalb des schützenden Rahmens eines Kollektivs zur Ausbildung immer neuer, subszenenspezifischer Nuancen.

2.5 Interne Kommunikation: Magazine, Festivals, Veranstaltungen

Besteht eine Gruppierung über einen längeren Zeitraum, werden Instrumente nötig, die die interne Kommunikation regeln. In der Prä-Internet-Ära geschah dies hauptsächlich über das Verteilen von Informationsmaterial wie z.B. Flyer. Veranstaltungen oder auch einschlägige Geschäfte, Online-Shops oder Online-Magazine bzw. -communitys werden vielfach noch immer u.a. auf diese Weise bekannt gemacht.[233]

Punk hat in diesem Kontext das Fanzine – die Kurzform für „Fan-Magazine" – ins Leben gerufen, eine szeneinterne Artikulationsplattform, um Inhalte, die von den kommerziellen Medien nicht aufgegriffen werden, zu verbreiten.[234]

In der Gothic-Szene als musikorientierter Kultur behandelten (und behandeln) die Fanzines in erster Linie weniger bekannte bzw. von den Szene-

---

[232] Hebdige, S. 201.
[233] Vgl.: Schmidt/Neumann-Braun, S. 95.
[234] Vgl.: Richard 1995, S. 106.

Medien nicht vorgestellte Bands und Projekte, aber auch Literatur, Lyrik, Geschichte, Mystik und Lifestyle.

Zillo, das erste Magazin, das in größerem Umfang die Gothic-Szene berücksichtigte, wird monatlich seit 1990 publiziert, im Juli/August sowie im Dezember/Januar erscheint jeweils eine Doppelausgabe. Zu Beginn lag der Schwerpunkt noch nicht speziell auf der „schwarzen" Musik, sondern deckte den gesamten Independent-Bereich ab. Die verschiedenen Indie-Substile wurden damals im Untertitel genannt, die Zeitschrift selbst versteht sich noch heute als „Independent Musik Magazin".

Da Zillo der Schwarzen Szene eine Plattform bot und ein breites Informationsangebot bereitstellte, das Artikel über Bands und Künstler, Clubs, Labels, eine Kontaktbörse sowie eine eigene Comic-Serie umfasste, avancierte es in der Wahrnehmung der Rezipienten rasch zur „Gothic-Zeitschrift".

Zu den größten Konkurrenten gehören mittlerweile Sonic Seducer, Orkus und Gothic; Zillo und Sonic Seducer geben seit 2010 zudem jeweils ein speziell auf die Mittelalterszene zugeschnittenes Magazin heraus.[235] Sonic Seducer wurde 1994 gegründet und vertritt die musikalischen und kulturellen Interessen der „Alternative- und Schwarzen Szene".[236] Zillo und Sonic Seducer beschränken ihr inhaltliches Spektrum nicht auf die Gothic-Kultur, setzen aber deutliche Schwerpunkte. Sonic Seducer präsentiert zudem offiziell das M'era-Luna-Festival und sichert sich auf diese Weise eine zentrale mediale Position innerhalb der Szene.

Orkus ist das jüngste der drei großen Magazine und fokussiert seit seiner Entstehung 1995/1996 insbesondere mit Hilfe gestalterischer Mittel „schwarze" Themen. Während der ersten Jahre erschien Orkus bewusst komplett in Schwarzweiß und legte Wert auf eine hochwertige und ästhetisch dem düster-elitären Empfinden des Kollektiv entsprechenden Aufmachung; die „schwärzere" Ausrichtung war charakteristisch. Mittlerweile haben sich die Verantwortlichen dem durch Zillo und Sonic Seducer vorgegebenen Standard angepasst und drucken in Farbe. Es ist denkbar, dass so der Szenefokus abgemildert und eine breitere Leserschaft angesprochen werden soll.

Die Magazine kämpfen nicht nur mit strategischen Mitteln um Leser, sondern haben in den vergangenen Jahren zudem stetig ihre Werbeangebote erweitert. So besteht neben der Buchung von Anzeigen- und Heftsamplerbeiträgen die Möglichkeit, online zu werben. Ferner werden häufig verschie-

---

[235] „Zillo Medieval" und „Miroque".

[236] Wikipedia, http://de.wikipedia.org/wiki/Sonic_Seducer, aufgerufen am 02.04.2012.

dene Cover für eine Ausgabe angeboten; zusätzlich zum Titel existiert in diesem Fall auch ein „Back-Cover".

Abb. 22: Ein Cover der Zillo-Ausgabe April 2012, abgebildet: 18 Summers, Foto: Felix Flaucher

Das von Jörg Kleudgen (Sänger der Gothic-Rock-Formation The House of Usher) ins Leben gerufene Gothic erscheint im Unterschied zu Zillo, Sonic Seducer und Orkus seit 1993 vierteljährlich. Das Magazin hebt sich vor allem durch sein Coverdesign ab: Während üblicherweise Musiker abgebildet werden, zeigt Gothic ausschließlich Fotos von Szenegängern. Gothic ist mit einer Auflage von 48.000 Einheiten[237] nicht ganz so stark verbreitet wie die drei größeren Zeitschriften (mit Auflagen um 70.000), kämpft aber in ähnlicher Weise um Leser: Trotz des expliziten Titels versteht sich das Magazin

---

[237] Vgl.: Wikipedia, http://de.wikipedia.org/wiki/Gothic_(Zeitschrift), aufgerufen am 02.04.2012.

als Independent-Medium, das nicht ausschließlich die Schwarze Szene bedienen möchte.

Diese ambivalente Strategie – die überwiegende Thematisierung schwarzer Inhalte bei gleichzeitiger szenenübergreifender Darstellung nach außen – ist symptomatisch für die strukturelle Entwicklung wachsender bzw. bereits „etablierter" subkultureller Gemeinschaften, die sich zwischen Unabhängigkeitsanspruch und der Erhaltung einer existenziell notwendigen Kommerzialität bewegen.

Neben den arrivierten Magazinen werden im kleineren Rahmen auch weniger auflagenstarke Periodika rezipiert. Das von Stefan Mensing herausgegebene Magazin Astan arbeitete unabhängig von Anzeigenkunden und setzte häufig Trends, die von den größeren Magazinen aufgegriffen wurden (z.B. Berichte über Gothic-Erotik-Photographie, den japanischen Stil Visual Kei oder die Förderung der Band Untoten, die nach vehementer Astan-Promotion ein großes Publikum gewinnen konnte). 2007 wurde die Astan-Printausgabe eingestellt; Stefan Mensing ist heute als Konzertveranstalter aktiv, plant Tourneen japanischer Bands und produziert CDs und DVDs, die im Rahmen der Konzerte angeboten werden.[238]

Abb. 23: Untoten, Foto: von Grafenwald

---

[238] Diese Informationen stammen aus einem Email-Austausch mit Stefan Mensing vom 05.04.2012.

Speziell auf die elektronische Musik des Indie-Bereichs zugeschnitten ist das 1994 begonnene Magazin Bodystyler, das 2000 vorübergehend eingestellt wurde und seit 2009 online fortgesetzt wird. Das behandelte Repertoire beschränkt sich nicht auf die Gothic-Szene – es vermittelt bereits über die graphische Gestaltung ein anderes, vorrangig elektronikaffines Bild und zeichnet sich zudem durch seine pointiert-humorvolle Berichterstattung aus.

Die Kontaktseiten der Zeitschriften waren ein geschätztes Mittel, Gleichgesinnte kennen zu lernen und Freundschaften zu schließen; Szenegänger, die unter Pseudonym regelmäßig Philosophisch-Lyrisch-Provokantes in diesen Rubriken veröffentlichten, erlangten z.T. sogar eine gewisse Prominenz. Inzwischen hat das Internet diese Form der Kommunikation unter Fans weitgehend verdrängt, da es flexiblere und unmittelbarere Kontaktmöglichkeiten bietet. Es existieren zahlreiche Foren und Communitys, in denen sich „Schwarze" austauschen können. Gelegentlich werden User-Treffen organisiert; bedingungslose Anonymität ist kein wesentliches Kriterium für Gothic-Foren.

Abb. 24: Mark Benecke mit Festivalbesuchern beim Wave Gotik Treffen in Leipzig, Foto: Ivo Klassmann

In persona begegnet sich die Szene im größeren Umfang vor allem auf Festivals. Vorläufer waren informelle Treffen, wie etwa das „Punk und Wave Treffen" auf der Kölner Domplatte, das sich trotz mehrerer Hundert Besucher nicht zu einer kommerziellen Veranstaltung entwickelte und erst Mitte der Neunzigerjahre von den großen Festivals verdrängt wurde.

Zu den größten Veranstaltungen zählt das seit 1992 jährlich zu Pfingsten in Leipzig stattfindende Wave Gotik Treffen (kurz: WGT) und das im Jahr 2000 ins Leben gerufene M'era Luna Festival in Hildesheim mit jeweils zwischen 20.000 und 25.000 Besuchern.[239]

Das WGT entstand aus einer Privatinitiative und wurde zunächst von einem der beiden Initiatoren, Michael Brunner, organisiert, bis es im Jahr 2000 zu finanziellen Unstimmigkeiten kam.[240] Veranstalter ist seitdem die „Treffen- und Festspielgesellschaft Mitteldeutschland mbH", zu deren vertretungsberechtigten Geschäftsführern Thomas Görnert (Inhaber der Marke „Gotik Treffen"[241]) sowie Sven Borges und Mike Schorler, die beiden Geschäftsführer der Konzert- und Eventagentur In move, gehören. Michael Brunner wurde nach dem WGT 2000 als „konzeptioneller und inhaltlicher Berater"[242] eingesetzt.

An rund 40 Veranstaltungsorten werden von Freitag bis Montag Konzerte, Lesungen und Partys angeboten, zum Rahmenprogramm gehören außerdem Filmvorführungen, Performances, (Friedhofs-)führungen, „viktorianische" und Absinth-Frühstücke, das „Heidnische Dorf" – der mittelalterliche Markt des WGTs –, Gottesdienste, Vorträge, umfangreiche Szenemärkte (insbesondere auf dem Agra-Gelände) sowie der kostenlose Besuch anderer Kulturveranstaltungen in Leipzig.

Das M'era Luna Festival wird jährlich am zweiten Augustwochenende auf dem Hildesheimer Flughafengelände ausgerichtet und verfügt über zwei Bühnen (eine Open-Air-Bühne und eine Bühne im Hangar).[243] Das M'era Luna ist aus dem seit 1996 am gleichen Ort stattfindenden Zillo-Festival hervorgegangen: Während sich das WGT aus einem privaten Szenetreffen mit anfänglich 1500 Teilnehmern entwickelt hat, übernahm FKP Scorpio 1998 (nach dem Tod des Zillo-Initiators Rainer „Easy" Ettler) die Organisation des Zillo-Festivals; im Jahr 2000 trennten sich Zillo und Scorpio endgültig, seitdem findet die Veranstaltung unter dem Namen M'era Luna statt. Als Großveranstalter von Festivals wie etwa Hurricane, Area 4 oder Southside setzte

---

[239] Zum Wave-Gotik-Treffen vgl. z.B.: Cornelius Brach, „Das Wave-Gotik-Treffen – Geschichten, Anekdoten, Fakten", in: Alexander Nym (Hg.), *Schillerndes Dunkel. Geschichte, Entwicklung und Themen der Gothic-Szene*, Leipzig 2010, S. 276-281.

[240] Vgl.: Schmidt/Neumann-Braun, S. 97.

[241] Vgl.: Matzke 2000, S. 244.

[242] Fax der Konzertagentur In Move an die Leipziger WGT-Veranstaltungshäuser, Juli 2000, zitiert nach: Matzke 2000, S. 244.

[243] Vgl.: Schmidt/Neumann-Braun, S. 103.

FKP Scorpio in den Folgejahren auf bekannte Headliner wie Marilyn Manson (2001) oder HIM (2002).

Ein prominentes Line-up bieten mittlerweile auch andere Festivals, etwa das Blackfield (Gelsenkirchen), Amphi (Köln) oder Nocturnal Culture Night Festival (Deutzen).

In den Niederlanden zählen das Summer Darkness und in Belgien das Gothic Festival zu den größten Szeneveranstaltungen.

Abb. 25: Technik beim Amphi-Festival 2011, Foto: Ralf Pauen

Als auf die jeweilige Region beschränkte Treffpunkte fungieren die Gothic-Partys und (wenigen) auf „schwarze" Musik spezialisierte Clubs, wie etwa die seit Anfang der Achtzigerjahre existierende Bochumer Diskothek „Zwischenfall", die im August 2011 bei einem Großbrand zerstört wurde und schließen musste.

Der Umgang der Gothic-Event-Teilnehmer zeichnet sich durch Höflichkeit und Friedfertigkeit aus. Spannungen zwischen rivalisierenden Gruppen oder zwischen den Geschlechtern gibt es nicht, es herrscht keine „Aufreiß-Stimmung", trotz des häufig körperbetonten und sexuell konnotierten Kleidungsstils. Alkohol wird mäßig konsumiert, aggressives Verhalten ist ausgesprochen selten.[244]

Die interne Kommunikation innerhalb der Szene dient in erster Linie dem zwischenmenschlichen Austausch und dem Ausleben von Interessen, Hobbys und Neigungen. Provokationen finden lediglich auf subtiler Ebene durch das Zurschaustellen auffälliger und z.T. schockierender Outfits in Kombination mit ostentativ guten Manieren statt, die Gothic-Kultur ist gewaltfrei.

Die Musiker und Produzenten sind fest eingebunden in den Szene- und Subszenenkontext: Zwischen den Akteuren bilden sich Netzwerke, auf den großen Festivals begegnen sich die prominentesten Protagonisten, Kontakte zur „schwarzen" Presse werden gepflegt. Vor diesem Hintergrund entstehen in den meist eigenen Studios der Künstler die elektronisch basierten Substile, deren Diversität bislang in der Forschung keine Beachtung gefunden hat. Im Folgenden soll die Herangehensweise an die sowohl praxis- als auch kontextorientierte Befragung der Produzenten erörtert werden.

---

[244] Vgl.: Schmidt/Neumann-Braun, S. 95.

3. Die Befragung ausgewählter Szene-Produzenten

Die folgenden Abschnitte erläutern die Rahmenbedingungen für die Befragung der Szeneproduzenten. Bestandteil der Darstellung sind die Konzeption eines interdisziplinären Fragebogens, die Kriterien für die Auswahl der Teilnehmer, die einzelnen Fragenkomplexe und ihre Auswertung. Die Ergebnisse werden in Kapitel 5 behandelt.

3.1 Die Konzeption eines interdisziplinären Fragebogens

Die elektronische Musik der Gothic-Szene stellt sich zum aktuellen Zeitpunkt als ein weitgehend unbearbeitetes Forschungsfeld dar: Da bislang keine – weder musik- noch sozialwissenschaftliche – Literatur vorliegt, die sich mit diesem subkulturell-populärmusikalischen Teilbereich beschäftigt, ermöglicht erst die Einbeziehung ausgewählter Szene-Produzenten die Beantwortung konkreter Fragen in Bezug auf Motivationen, technisches Equipment und musikalisch-ideelle Hintergründe.

Der größte Teil der an Gestaltung und Kommunikation des Szenelebens Beteiligten – Musiker, Labelbetreiber, DJs, Journalisten, Veranstalter, Graphiker, Autoren, Fotografen usf. – partizipiert gleichzeitig als Fan an der Gothic-Kultur. Häufig werden unterschiedliche kreative oder organisatorische Tätigkeiten ausgeübt; die Produkte bzw. Events oder Dienstleistungen werden wiederum über die szeneeigenen Medien beworben. Innerhalb dieses Netzwerks findet die Produktion und Aufführung der elektronisch dominierten Subsparten statt, die sehr unterschiedliche stilistische Ausprägungen umfassen und deren Rezeption z.T. ausschließlich auf die Szene beschränkt ist.

Es ist zu klären, ob in diesem Kontext spezifische ideelle bzw. ideologische Strömungen auszumachen sind und inwieweit die vermittelten Inhalte mit den technischen und ästhetischen Aspekten der Musik korrelieren, ob sie mit den Inhalten der Gothic-Szene als rahmengebendem sozialen Raum übereinstimmen oder davon abweichen. Ebenso wichtig ist die Verortung der technischen Mittel und ihrer Verwendung zur Aufnahme, Wiedergabe, Ver- und Bearbeitung von Klängen. Der Einsatz eines – flexibel gestaltbaren – elektronischen Instrumentariums hat innerhalb der Gothic-Szene eine lange Tradition, entsprechend stellt sich die Frage, welche Konventionen sich entwickelt haben und wie die Produzenten mit in- und externen Einflüssen umgehen. Ziel ist es, eine praxisbezogene und realitätsnahe Einordnung der technischen, szeneimmanenten, inhaltlichen und ästhetischen Kriterien der elektronischen Musik der Gothic-Szene zu erarbeiten.

Als Instrument für die Untersuchung fungierte ein Fragebogen, der in sieben Bereiche unterteilt ist: Die Fragen betreffen Musik, Texte und Artwork;

Technik; die Live-Umsetzung; Wirtschaftliches; die Szene-Geschichte; Gender-Aspekte sowie Feedback zum Titel der Studie.

Die Untersuchung erfolgte explorativ; die vorgegebenen Antwortmöglichkeiten basieren nicht auf vorformulierten Hypothesen, sondern rekurrieren auf das Werte- und Präferenzenrepertoire der Schwarzen Szene (vgl. Abschnitt 2). Aus diesem Grund finden sich in den einzelnen Teilen des Fragebogens immer wieder qualitative Fragestellungen, die unverfälschte und unvorbelastete Antworten gewährleisten sollten.

Unter Berücksichtigung der konventionellen, durch soziologische Studien untermauerten gothic-spezifischen Vorlieben und Neigungen entstanden die Antwortkategorien der geschlossenen Fragen.

Die Interdisziplinarität der gestellten Fragen ergab sich aus dem Szene-Kontext: Der soziale Rahmen, in dem die elektronische Musik der Gothic-Szene entsteht, bedingt einerseits das Ergebnis, andererseits tragen die Urheber zur Gestaltung der Szene-Landschaft nicht nur durch ihre Musik, sondern auch durch ihr Auftreten, ihre Kleidung und ihre Bühnenshow bei. Diese Wechselbeziehung ist konstitutiv für eine musikzentrierte Gemeinschaft.

Zudem beeinflussen verschiedene, über die Szenezugehörigkeit hinausgehende Parameter das Gesamtbild der verschiedenen Substile: Faktoren wie (musikalische) Ausbildung, Beruf und Rollenverständnis geben Auskunft über das sich nur zum Teil über die Musik vermittelnde Gesamtgefüge der einzelnen Genres.

Ziel der Befragung war die erstmalige, zumindest in Ansätzen repräsentative Abbildung der Vielfalt elektronisch produzierter Musik innerhalb der Gothic-Szene sowie die Bestandsaufnahme und Analyse der stilbildenden Charakteristika.

Die potentiellen Teilnehmer wurden nach unterschiedlichen Kriterien ausgewählt:

1. Die Untersuchung sollte den gesamten Bereich elektronisch basierter Musik innerhalb der Gothic-Szene umfassen, d.h.: Es wurden nicht nur Vertreter der „typisch" elektronischen Stile Electro, EBM oder Industrial angesprochen, sondern auch Projekte aus den Bereichen Neo-Klassik, Dark Wave oder mittelalterlich inspirierter (Pop-)Musik, sofern sie maßgeblich explizit elektronische Produktionsmittel verwenden.

   So entstand eine zunächst sehr heterogen erscheinende Gruppe möglicher Teilnehmer. Die notwendige Vergleichbarkeit der Antworten gewährleistete der Gesamtkontext „Gothic", der den übergeordneten Rahmen bildete. Die einzelnen Fragestellungen beziehen sich immer auch auf diesen Zusammenhang, der innerhalb der Szene trotz ihrer bereits erläuterten stilistischen Diversität ein starkes Gemeinschafts- und Verbundenheitsempfinden schafft. Die Heterogenität der elektronisch basierten Subgenres spiegelt folglich die Heterogenität der gesamten Gruppierung wieder.

2. Die Befragung umfasst sowohl bereits etablierte als auch jüngere Projekte. Die arrivierten Bands sind z.T. seit mehr als zwei Jahrzehnten aktiv und in der Szene – z.T. unabhängig vom aktuellen wirtschaftlichen Erfolg – sehr präsent, während es neuere elektronische Projekte aufgrund der Fülle der Neuerscheinungen schwerer haben, ein Publikum zu finden. Angesprochen wurden neben den etablierten Künstlern vor allem solche Gruppen bzw. Soloprojekte, die durch verschiedene Titel aufgefallen sind und sich szeneintern einen gewissen Bekanntheitsgrad erarbeiten konnten.

3. Es wurden ausschließlich Künstler befragt, die mindestens eine Veröffentlichung vorweisen können.

4. Es wurden bewusst weibliche Produzenten angesprochen, die speziell im Bereich der elektronischen Genres quantitativ weniger stark vertreten sind.

3.1.1 Rahmenbedingungen

Die Befragung wurde von Dezember 2010 bis April 2011 per Email durchgeführt und beschränkte sich auf den deutschsprachigen Raum. Zusammen mit dem Fragebogen erhielten die Bands in einem Anschreiben Informationen zur Durchführung der Studie, darin wurde u.a. darauf hingewiesen, dass frei wählbar war, ob die Teilnahme anonym bleiben sollte. 20 Gruppen bzw. Soloprojekte haben teilgenommen, 37 Fragebögen wurden nach vorheriger Sondierung der Teilnahmebereitschaft insgesamt verschickt. Es ergibt sich also eine hohe Rücklaufquote von mehr als 50 Prozent.

Die Auswahl der teilnehmenden Bands erfolgte nach den bereits beschriebenen Kriterien. Ziel war es, Gemeinsamkeiten und Tendenzen einer stilistisch möglichst breit gefächerten Teilnehmerschaft zu dokumentieren und zu analysieren.

Erst kürzlich zum ersten Mal in Erscheinung getretene Projekte wurden dabei nicht berücksichtigt, da sich die strukturellen Bedingungen für die Herstellung elektronischer Musik in den vergangenen Jahren stark verändert haben: Während die Achtziger- und Neunzigerjahre des 20. Jahrhunderts eine überschaubare Anzahl von Bands hervorgebracht haben, die zum großen Teil heute noch als Idole, Vorreiter und Inspiration geschätzt werden, haben die erhöhte ökonomische und technische Zugänglichkeit von Produktionsressourcen sowie der größere Umfang und die wachsende Anzahl der berichterstattenden und Heft-Compilations anbietenden Szene-Magazine zu einer Flut von Produktionen geführt; gleichzeitig ist der Absatz von Tonträgern zugunsten digitaler Medien deutlich zurückgegangen. Zudem ist es für neue Electro-Projekte aufwändiger geworden, aufgrund der größeren Konkurrenz ein Publikum, Käufer und nicht zuletzt Konzertveranstalter zu finden, sodass junge Bands häufig rasch wieder verschwinden. Auch Szene-Labels können nicht immer dauerhaft bestehen, da sich die nötigen Investitionen nicht zwangsläufig rentieren.

Diese Entwicklungen machen es schwer, die Zahl der aktiven Gruppen zu schätzen.

Peter Sailer, langjähriger Szene-Autor, Journalist, Redakteur und DJ, erläutert den „unübersichtlichen Markt":[245]

> „Gerade im elektronischen Bereich, wo die ‚Musik' (wenn man sie teilweise überhaupt so nennen darf) mit einfachsten Mitteln ‚herzustellen' ist, tummeln sich etliche Projekte, die manchmal nur einen einzigen Song herausbringen und dann wieder für immer verschwinden. Zudem sind die Grenzen innerhalb der Länder fließend, da oft Projekte aus unterschiedlichen Ländern zusammenarbeiten (Dateien lassen sich ja auch gut hin-und-her-schicken), so dass kaum noch klar ist, ob es ein deutsches, belgisches oder italienisches Projekt ist."[246]

Einige Gothic-Labels führen separate Sublabels für elektronische Produktionen, andere unterscheiden nicht nach Genres, sondern publizieren Musik aus allen „schwarzen" Sparten. Zu den aktuell aktiven und relevanten deutschen Gothic-Labels, die (u.a.) Veröffentlichungen aus dem elektronischen Bereich anbieten, zählen Dark Dimensions (Ehringshausen), Danse Macabre (Wirsberg), Infacted Recordings (Stockstadt), Ionium Records (Reddehausen), SPV (Hannover), e-noxe (Bönen) und Echozone (Elsdorf).

Fast alle Labels stellen nicht nur deutsche Bands vor, sondern arbeiten auf internationaler Basis. Zu den erfolgreichsten Electro-Labels der europäischen Gothic-Szene zählt zudem das belgische Unternehmen Alfa Matrix.

Wenige Gruppen betreiben eigene Labels, so wurde Danse Macabre etwa von Bruno Kramm, Musiker bei Das Ich, gegründet; Rudy Ratzinger veröffentlicht sein Projekt :wumpscut: ausschließlich auf seinem Beton Kopf Media Label.

---

[245] Peter Sailer, Auszug aus einer Email vom 04.11.2011.
[246] Peter Sailer, Auszug aus einer Email vom 04.11.2011.

Der Vertrieb der CDs ist szeneunabhängig bzw. -übergreifend, die Labels sind in der Regel vertraglich an kommerzielle Vertriebe wie z.B. ALIVE oder Sony gebunden. Soulfood oder Broken Silence vertreiben bevorzugt Musik aus dem Independent-Bereich. Die Vertriebe übernehmen in der Regel auch die Verbreitung digitaler Formate; so lassen sich einzelne Songs oder komplette Alben über Online-Shops gegen Gebühr alternativ als MP3s herunterladen.

Die Verfügbarkeit musikalischer Produktionen, die über Major- oder Independent-Labels und -Vertriebe am Markt platziert werden, ist entsprechend hoch. Absatzschwierigkeiten entstehen jedoch durch die übergroße Fülle neuer Veröffentlichungen, die nur eine überschaubare Menge potentieller Käufer anspricht.

Die Bestandsaufnahme der szenerelevanten elektronischen Musikprojekte im deutschsprachigen Raum, die mindestens ein Album veröffentlicht haben und weiterhin aktiv sind, lässt sich nach Durchsicht der Labelkataloge auf mindestens 250 schätzen. Hinzu kommen die Releases kleinerer und experimenteller orientierter Labels, die z.T. noch CD-Rs zum Verkauf anbieten, Eigenproduktionen, die gelegentlich auf den Heft-Samplern zu finden sind sowie die – wenigen – szenebezogenen Veröffentlichungen bei Major Labels. Von Bedeutung für das Gothic-Kollektiv sind zudem die noch immer gefragten, aber nicht mehr aktiven Bands, die hier nicht eingerechnet werden sollen.

Da die Grenzen zwischen den Substilen häufig fließend sind, lassen sich auch Releases anderer, nicht explizit „schwarzer" Genres zu den relevanten Publikationen zählen. Roberto Lindner, Sänger und Texter des Electroprojekts Kontrast, geht etwa davon aus, dass in Deutschland insgesamt „mehr als 1000"[247] Musiker auf dem Elektronik-Sektor aktiv sind.

3.1.2 Quantitative und qualitative Fragenkomplexe

Der Fragebogen ist in sieben Teilbereiche gegliedert:

1. Musik, Texte und Artwork
2. Technik
3. Live-Umsetzung
4. Wirtschaftliches
5. History
6. Gender

---

[247] Roberto Lindner, Auszug aus einer Email vom 06.11.2011.

7. Feedback

Die Anordnung der Fragenkomplexe hat zum Ziel, zunächst die wesentlichen und in erster Linie stilbildenden Komponenten einer Produktion – Musik, Texte und Artwork – durch die Musiker selbst so genau wie möglich beschreiben und definieren zu lassen, um schließlich – darauf aufbauend – technische, auf die Liveshow bezogene, wirtschaftliche, die Geschichte der Szene betreffende und geschlechtsspezifische Aspekte auszuloten.

Innerhalb der einzelnen Abschnitte lassen sich wiederum einzelne Themenbereiche zusammenfassen.

Die Fragen 1.1 bis 1.9 beschäftigen sich mit der musikalischen Stilistik, Einflüssen und Vorbildern sowie den Fans der Teilnehmer und in diesem Kontext auch mit möglichen Zugeständnissen an das Publikum.

1.1 („Welchem Subgenre würdest Du Deine/würdet Ihr Eure Musik zurechnen?") und 1.4 („Wie würdest Du/würdet Ihr die Stimmung/Atmosphäre Deiner/Eurer Musik zusammenfassend beschreiben?") sind als halboffene Fragen mit Mehrfachnennungsmöglichkeit und der Ergänzung „Sonstiges" formuliert, um auf der einen Seite ein möglichst breites Antwortspektrum bereitzustellen, auf der anderen Seite individuelle Kennzeichnungen aber auch nicht auszuschließen.

1.1 („Wer sind Deine/Eure wichtigsten Vorbilder/Einflüsse?"), 1.3 („Welche Bedeutung hat der Projektname?") und 1.9 („Inwiefern unterscheiden sich Eure Publika (z.B. regional, in verschiedenen Szenen usw.)?") sollen als offene Fragen (z.T. mit quantitativer) Einschränkung) frei beantwortet werden, um einen realistischen, nicht durch Vorgaben (z.B. die Nennung einflussreicher Bands) in eine bestimmte Richtung gelenkten Eindruck zu gewinnen. Die Frage nach dem Projektnamen verweist ggf. nicht nur auf die Musik, sondern korreliert zudem mit den im folgenden Abschnitt behandelten inhaltlichen Aspekten.

Als geschlossene Fragen mit Einfachnennung werden 1.5 („Wie wichtig ist Dir/Euch die Tanzbarkeit/Clubtauglichkeit Deiner/Eurer Musik?"), 1.6 („Legst Du/legt Ihr wert darauf, speziell Deine/Eure Szene mit Deiner/Eurer Musik anzusprechen?") und 1.7 („Machst Du/macht Ihr bewusst musikalische Zugeständnisse an das (Szene-)Publikum/die Adressaten?") gestellt. Mit Hilfe von Ordinalskalen unterschiedlicher Merkmalsausprägungen lassen sich Zustimmung bzw. Ablehnung relational angeben.

Die Frage 1.8 („Bist Du/seid Ihr musikalisch auch in anderen Szenen aktiv?") soll zunächst nominal beantwortet werden („Ja" oder „nein"), lässt aber zusätzlich Raum für eine Erläuterung („Wenn ja, in welcher/welchen?").

Die Fragen 1.10 bis 1.13 behandeln Inhalt, Thematik und Atmosphäre der Songtexte bzw. Sprachsamples. 1.10 („Welche Inhalte verarbeitest Du/verarbeitet Ihr in Deinen/Euren Texten (z.B. emotionale/politische/spirituelle)?") soll frei beantwortet werden, 1.11 („Wie wichtig sind Dir/Euch die Texte bzw. der Inhalt von Sprachsamples?") bietet wiederum eine Ordinalskala an, die von „Sehr wichtig" bis „Bedeutungslos" reicht. In 1.12 („Entspricht die Thematik/die Atmosphäre der Texte überwiegend der Stimmung der Musik?") kann lediglich mit „Ja" oder „Nein" geantwortet werden, da eine Differenzierung der Antwortmöglichkeiten an dieser Stelle die Auswertung erschwert hätte.

1.13 fragt schließlich nach der Urheberschaft der Texte. Hier soll deutlich werden, ob der persönliche Ausdruck oder die Interpretation einer Textvorlage fokussiert wird. Zunächst wird gefragt, ob selbst verfasste Texte oder historische Vorlagen verwendet werden. Im Anschluss werden Beispiele für historische Vorlagen genannt („mittelalterlich", „romantische Gedichte", expressionistische Gedichte"), die um die offene Antwortkategorie „Sonstiges" erweitert werden. Die Auswahl der Beispiele folgt den literarischen Interessen und Songtextpräferenzen der Gothic-Szene.

Der letzte Abschnitt des ersten Fragebogenteils beschäftigt sich mit dem – in enger Beziehung zur Musik stehenden und vor allem innerhalb der sehr visuell orientierten Gothic-Szene wichtigen – Artwork der Tonträger.

In 1.14 wird – erneut mit Hilfe einer Skala, die von „Sehr wichtig" bis „Bedeutungslos" reicht – gefragt, welchen Stellenwert das Artwork für die Teilnehmer hat. 1.15 („Deutet Deiner/Eurer Auffassung nach Dein/Euer Artwork/Bandlogo darauf hin, dass es sich (ggf. auch im weiteren Sinne) um elektronische Musik der Gothic-Szene handelt?") ist als kombinierte Fragestellung angelegt, die im ersten Schritt mit „Ja" oder „Nein" beantwortet werden und ggf. im zweiten und dritten Schritt erläutert werden soll. Wird im ersten Schritt mit „Ja" geantwortet, führt dies zu der Frage, ob das Artwork bereits Hinweise auf das Subgenre gibt, das die Band bzw. das Soloprojekt vertritt. Wird auch diese Frage positiv beantwortet, folgt die Bitte, die entsprechende Sparte (frei) zu benennen.

Der erste Teil schließt mit der Frage (1.16), wie die Teilnehmer „die Qualität/den Stellenwert der elektronischen Musik der Gothic-Szene (z.B. im Vergleich zur elektronischen Musik anderer Szenen)" einschätzen. Die Formulierung ist bewusst allgemein gehalten, um eine jeweils möglichst authentische Darstellung zu erhalten. Die Angaben zu diesem Punkt sollen die übrigen Ergebnisse ergänzen und eventuelle Konsense oder Tendenzen aufzeigen.

Der zweite Teilbereich des Fragebogens ist der Bestandsaufnahme der technischen Rahmenbedingungen bzw. dem verwendeten Klangrepertoire vorbehalten.

Fast alle Fragen lassen sich mit Hilfe einfacher Nominalskalen beantworten, die ggf. um eine offene Antwortmöglichkeit erweitert wurden. Die Frage 2.2 („Welche Software (Sequencer-/Recording-System verwendest Du/verwendet Ihr?") kann ohne Vorgaben beantwortet werden. 2.3 („Benutzt Du/Ihr VST-Instrumente/Software-Synthies?"), 2.4 („Benutzt Du/Ihr analoge Synthesizer/Klangerzeuger?"), 2.6 („Verwendest Du/verwendet Ihr Sprachsamples (z.B. aus Filmen o.ä.)?") und 2.7 („Gibt es einen Sänger/eine Sängerin?") sollen, sofern „Ja" angegeben wird, mit quantitativer Einschränkung (z.B.: „Bitte nur maximal fünf Favoriten nennen") erläutert werden. Für die Erläuterungen sind wiederum bewusst keine Vorgaben vorgesehen, um die Ergebnisse nicht im Vorfeld durch ein „Ranking" zu verfälschen. Lediglich 2.8 („Verwendest Du/verwendet Ihr zusätzliche Instrumente?") ist nicht beschränkt, da das ergänzende Instrumentarium komplett erfasst werden soll.

2.1 befasst sich mit der benutzten Hardware; 2.5 mit der Wirkung einzelner Klangstrukturen/Klangbearbeitungen. Die Teilnehmer werden gefragt, ob sie bestimmte Klänge oder Klangkombinationen (z.B. eine verzerrte Bass Drum oder mit einem Arpeggiator bearbeitete Sounds) mit speziellen Subgenres in Verbindung bringen. Wird dies positiv beantwortet, schließt sich die Aufforderung an, Sounds und Subgenres zu beschreiben/zu benennen. Darüber hinaus wird gefragt, ob die Bands bzw. Soloprojekte solche Sounds bewusst einsetzen, um subspartenabhängige Assoziationen hervorzurufen.

Der dritte Abschnitt behandelt die Präsentation der im Studio produzierten Musik im Konzert.

Alle Fragen (3.1 „Aus welchen musikalischen Komponenten besteht Deine/Eure Liveshow?", 3.2 „Welche technischen Hilfsmittel sind außerdem unerlässlich für Deine/Eure Liveshow?", 3.3 „Wie würdest Du/würdet Ihr Eure Bühnenoutfits beschreiben?") lassen sich anhand vorgegebener Beispiele mit Hilfe von Nominalskalen unterschiedlichen Umfangs beantworten. Zusätzlich steht erneut eine freie Antwortmöglichkeit zu Verfügung, falls sich die Teilnehmer nicht oder nur zum Teil mit den Vorschlägen identifizieren können. In allen Fällen sind Mehrfachnennungen möglich; Ziel der Fragestellungen ist eine möglichst vollständige Erfassung der musikalisch-technischen, technisch-visuellen und kleidungsspezifischen Voraussetzungen für die Live-Umsetzung.

Die Antwortmöglichkeiten für 3.3 sind verhältnismäßig umfangreich, um eine große Zahl stilistischer Nuancen zu berücksichtigen und somit ein differenziertes Ergebnis zu erhalten.

Auf die unmittelbar auf die Produktion und die Live-Umsetzung bezogenen Fragen folgen kontextuelle Themenbereiche.

Der Abschnitt „Wirtschaftliches" befasst sich mit der beruflichen und musikalischen Ausbildung der Teilnehmer. Beides beeinflusst die Musikproduktion: Neben den rasch klassifizierbaren stilistischen Komponenten wirken sich auch zeitliche, ökonomische und fachliche Ressourcen auf die Arrangements und nicht zuletzt auf die Klangqualität der Stücke aus.

4.1 fragt unter Zuhilfenahme der bereits verwendeten, von „Sehr wichtig" bis „Bedeutungslos" reichenden Ordinalskala nach dem Stellenwert, den der wirtschaftliche Erfolg aus Sicht der Teilnehmer einnimmt. Die Frage nach der musikalischen Ausbildung (4.2) lässt sich mit „Ja" oder „nein" und, bei positiver Nennung, einer entsprechenden Erläuterung beantworten. 5.1 („Welchen Beruf/welche Berufe hast Du/habt Ihr erlernt?") ist als offene Frage angelegt; 4.4 („Kannst Du/könnt Ihr von Deiner/Eurer Musik leben?") bietet vier unterschiedliche Antwortmöglichkeiten an, die den Anteil der musikalischen Tätigkeit in Bezug auf den Lebensunterhalt beschreiben.

Der fünfte Teil betrifft das subjektive Empfinden der Teilnehmer hinsichtlich szeneinterner, musikalisch-sozialer Veränderungen in Relation zur Entstehungszeit der Gruppierung.

5.1 („Hast Du/habt Ihr den Eindruck, die elektronische Musik der Gothic-Szene hat sich seit ihrem Entstehen verändert?") lässt sich in vier verschiedenen Abstufungen beantworten. Es stehen darunter zwei positive Antwortmöglichkeiten zur Auswahl, die unterscheiden, ob die wahrgenommenen Veränderungen als Verfremdung oder Bereicherung empfunden werden.

5.2 bezieht sich auf die Fans: Die Bands bzw. Projekte haben die Möglichkeit, eine Veränderung des Publikums zu bestätigen oder zu verneinen. Antworten sie positiv, werden sie gebeten, die Veränderung zu erläutern.

Der sechste Abschnitt beschäftigt sich mit geschlechterspezifischen Verhältnissen sowohl unter den Produzenten als auch unter den Rezipienten der elektronischen Musik der Gothic-Szene.

Vier von fünf Fragen (6.1 „Euer maßgeblich für die Produktion zuständiges Mitglied ist [männlich/weiblich]...", 6.2 „Hast Du/habt Ihr den Eindruck, dass die elektronische Musik der Gothic-Szene von männlichen oder weiblichen Produzenten dominiert wird?", 6.3 „Hast Du/habt Ihr den Eindruck, dass ein männliches Bandmitglied vom Publikum eher für den Produzenten gehalten wird als ein weibliches?", 6.4 „Deine/Eure Fans sind überwiegend... [männlich/weiblich/der Anteil männlicher und weiblicher Fans ist in etwa gleich]") können anhand vorgegebener, nominaler Zuordnungen beantwortet werden.

Die letzte Frage (6.5 „Welche Aspekte machen Deine/Eure Musik eher für ein männliches bzw. eher für ein weibliches Publikum attraktiv?") ist wiederum offen gestellt, um unvorbelastet mögliche übereinstimmende Tendenzen zu erfassen.

Der letzte Teil fragt nach dem Feedback zum Begriff „Gothic Electro" als übergreifenden Terminus für die elektronische Musik der Gothic-Szene und fordert die Teilnehmer auf, ggf. alternative Vorschläge zu machen.

Abschließend sollen die Bands bzw. Soloprojekte angeben, ob sie zitiert werden oder anonym bleiben möchten.

3.2 Die Auswertung der Fragebögen

Um die Ergebnisse auswerten zu können, wurde eine in die sieben Teilbereiche des Fragebogens gegliederte Tabelle angelegt, die die Angaben der Teilnehmer umfasste, sodass sich die Antworten auf die geschlossenen Fragestellungen auszählen und vergleichen ließen. Der besseren Übersicht halber wurden auch die frei formulierten Antworten in Kurzform in die entsprechenden Felder eingetragen.

Bei der Auswertung ergaben sich zum Teil überraschend eindeutige Ergebnisse im Hinblick auf musikalische und technische Präferenzen, Einflüsse und Interessen. So spiegelten einige Antworten aus unterschiedlichen Bereichen etwa das Traditionsbewusstsein der Gothic-Szene wieder, das offenbar auch innerhalb der elektronisch dominierten Substile eine übergeordnete Rolle spielt. Auch bezüglich des Instrumentariums und der technischen Ausrüstung ließen sich kollektive Vorlieben ablesen.

Die offen bzw. halboffen gestellten Fragen gaben vor allem Aufschluss über den Inhalt der Musik sowie über die persönliche Aus- und Vorbildung sowie über die individuelle Wahrnehmung der jeweils eigenen künstlerischen Tätigkeit, der Gothic-Szene und der elektronischen Subszenen seitens der Produzenten. Die frei formulierten Antworten ergänzten und bestätigten die Ergebnisse der quantitativen Fragen überwiegend und vermittelten einen kongruenten Gesamteindruck der unterschiedlichen – musikalischen, textbezogenen, visuellen, moralisch-spirituellen – Ebenen, die die elektronische Musik der Gothic-Szene und ihre szene- bzw. subszeneninterne Wirkung generieren.

Nach einer kurzen Einführung in die elektronische Klangerzeugung und Musikproduktion behandeln die folgenden Abschnitte detailliert die Resultate der Befragung.

4. Technische Voraussetzungen

Während die subkulturellen Konventionen vor allem den ästhetisch-stilistischen Aspekt der Musik prägen, bedingen Synthesizer, Sampler und Effektgeräte das zur Verfügung stehende Klangrepertoire. Das verwendete Equipment schlägt sich also hörbar in der Produktion nieder und soll daher an dieser Stelle kurz skizziert werden.

4.1 Synthesizer, Sampler und MIDI – Von den Anfängen elektronischer Musik bis zum virtuellen Tonstudio

Die Herstellung elektronischer Popmusik basiert auf der synthetischen Erzeugung und Kombination von Klängen und ihren individuellen Parametern.[248]

Relevant für den Einsatz elektronischer Klangerzeuger in der Popmusik war vor allem die Entwicklung der Vorläufer erschwinglicher, in großer Stückzahl produzierbarer und somit kommerziell nutzbarer Synthesizer. 1964 konstruierte der amerikanische Elektroningenieur und Musikwissenschaftler Robert A. Moog den nach ihm benannten „Moog", der das Zusammenspiel der einzelnen synthetischen Klangkomponenten optimierte.[249] Das Gerät kam allerdings aufgrund seiner Größe nur in Studios zum Einsatz. Erst 1970 – sechs Jahre später – wurde eine transportable Version des Instruments, der so genannte „Minimoog", in Serie hergestellt und somit einer breiteren Öffentlichkeit zugänglich gemacht. Der Minimoog verfügte allerdings noch nicht über Anschlagsdynamik und war nur monophon spielbar. 1976 folgte der „Polymoog", der erstmals mehrstimmiges Spiel möglich machte. Die Firma Moog Music prägte mit ihren Instrumenten die frühe Popmusik, noch heute haben Moog-Sounds Kultstatus und werden als virtuelle Software-Synthesizer von verschiedenen Herstellern simuliert.

Zu einem wesentlichen Fortschritt hinsichtlich der Verfügbarkeit elektronischer Produktionsmittel trug die Firma Yamaha bei: 1983 übernahm das

---

[248] Zu den physikalischen und technischen Voraussetzungen zur Erzeugung elektronischer Musik vgl.: Franz Halberschmidt, Musik und Elektronik. Zum Phänomen der Rock- und Technomusik sowie der auditiven Medien, Borchen 2000; Hans Ulrich Humpert, *Elektronische Musik. Geschichte – Technik – Kompositionen*, Mainz 1987; Martin Supper, *Elektroakustische Musik und Computermusik*, Darmstadt 1997 (im Folgenden abgekürzt als: Supper); Heinz W. Burow, *Musik, Medien, Technik. Ein Handbuch*, Regensburg 1998.

[249] Wesentlich war dabei etwa der Einsatz spannungsgesteuerter Module. Die Literatur vermittelt dies überwiegend als Tatsache; etwas vorsichtiger formuliert Martin Supper, dass Moog die erste Anwendung der Spannungssteuerung „zugeschrieben" wird, vgl.: Supper, S. 66.

Unternehmen die Lizenz zur FM-Synthese[250] und integrierte sie in eingeschränkter Form in das Synthesizer-Modell DX7 – mit durchschlagendem kommerziellen Erfolg. Um das Gerät leichter bedienbar zu machen, wurden vorprogrammierte Presets zur Verfügung gestellt, die sich außerhalb der bekannten, auf der Grundlage von Rechteck-, Sägezahn- und Dreieckschwingungen erstellten Teiltonzusammensetzungen bewegten, sodass der Wiedererkennungswert der DX7-Sounds entsprechend hoch ist.[251] Noch heute finden sich DX7-Klänge in vielen virtuellen Synthesizern.

Die als „Vintage Synthesizer" bezeichneten ersten in größerem Umfang produzierten und eingesetzten Geräte werden von den Nutzern besonders geschätzt, da sie auf die Anfangszeiten der elektronischen Popmusik und ihre Vorreiter rekurrieren. Aus dem unüberschaubaren Pool neu generierter bzw. kombinierter Klänge lassen sich „vintage" Sounds heraushören und eindeutig zuordnen, sodass der Wiedererkennungswert zugleich ein konkurrenzloses Qualitätsmerkmal darstellt, das ein gewisses Maß an Vorkenntnissen voraussetzt (sowohl auf der Musiker- als auch auf der Hörerseite), ein nur vage zu umschreibendes Stilempfinden suggeriert, das mit einem gewissen „historisches" Bewusstsein und Fachkompetenz einhergeht, und zusätzlich eine traditionsbezogene Verwandtschaft mit allen anderen Nutzern dieser Geräte herstellt.

Zu Beginn der Neunzigerjahre konnte sich ein neues Synthesemodell etablieren: Das Physical Modeling. Dieses Verfahren simuliert elastische mechanische Körper auf dem Computer, die durch ihre Schwingungen Klänge erzeugen. Auf diese Weise können komplette Instrumente oder die menschliche Stimme realistisch imitiert werden. So ist es möglich, nicht real vorkommende, gleichwohl aber „natürlich" wirkende akustische Erscheinungen synthetisch zu erzeugen, wie etwa den Klang einer überspannten Klaviersaite.[252]

Die ersten Drum-Computer bzw. Drum-Machines[253] – als Lieferanten perkussiver Sounds – kamen Ende der Sechzigerjahre auf den Markt. Diese Geräte eigneten sich zunächst allerdings ausschließlich dazu, vorprogrammierte Rhythmen wiederzugeben. Erst Anfang der Achtzigerjahre wurde es möglich, selbst Rhythmen zu programmieren, aufzuzeichnen und abzuspielen. Obschon die analogen Drum-Computer spätestens während der Neunziger-

---

[250] Frequenzmodulation.
[251] Vgl.: Supper, S. 42-45.
[252] Vgl.: Supper, S. 53.
[253] Den ersten Drum-Computer „CR 78" brachte Roland 1978 auf den Markt, die Nachfolgemodelle TR 808 und TR 909 (1983) stellten zusätzlich zu den analogen bereits einige digitale Percussionsounds, vgl.: Windrich, S. 133.

jahre durch neue digitale Produktionsmittel verdrängt wurden, erlangten speziell die Geräte der japanischen Firma Roland dauerhaftes Ansehen: Während synthetische Klänge zunächst häufig als fremd und „künstlich" betrachtet wurden, entsteht in der Rückschau eine Verklärung; die alten Instrumente werden als „ursprünglich" und „authentisch" angesehen.[254] Insbesondere die Drum-Sounds der Roland-Geräte TR-808 und TR-909 klingen aufgrund ihrer „Unnatürlichkeit" besonders charakteristisch; sie waren während der Achtziger- und Neunzigerjahre sehr populär, wurden fester Bestandteil des Drum-Sound-Repertoires zahlreicher Software-Instrumente und finden weiterhin Verwendung in clubtauglicher und experimenteller elektronischer Popmusik.

Einen besonderen Stellenwert für die elektronisch basierte Produktion nimmt heute vor allem der Sampler ein. Das analoge Klangereignis wird digitalisiert und kann nicht nur beliebig oft wiedergegeben, sondern auch bis zur Unkenntlichkeit modifiziert und in jeden neuen Kontext importiert und integriert werden.[255]

Ein Sampler setzt sich im Wesentlichen aus einem Analog/Digital-Wandler, einer Vorrichtung zur Speicherung der digitalen Daten und einem Digital/Analog-Wandler zusammen.[256] Die analoge Aufnahmetechnik übersetzt akustische Signale in entsprechende – analoge – elektrische Wechselspannungen, die auf einem Tonträger aufgezeichnet werden. Bei der digitalen Vorgehensweise wird das analoge Ausgangssignal in sehr kurzen Zeitabständen abgetastet und gemessen. Jeder Messung wird vermittels eines Analog/Digital-Wandlers ein dualzahliger Messwert zugewiesen und gespeichert. Ein Digital/Analogwandler übersetzt die digitalen Informationen schließlich wieder in hörbare, analoge Schwingungsvorgänge.[257]

Der erste serienmäßig hergestellte Sampler wurde 1979 von der australischen Firma CMI-Fairlight Systems vorgestellt; 1981 brachte E-mu Systems ein weiteres Modell auf den Markt, das zwar vergleichsweise preiswert, für die meisten Musiker aber noch immer unerschwinglich war. Der Stellenwert der „vintage" Klangerzeuger wird auch anhand der Namensgebungen der Bands deutlich: Das Nebenprojekt „Fairlight Children" der Future-Pop-Formation Apoptygma Berzerk bezieht sich etwa auf den Sampler-Hersteller.

Zunächst hatten die Geräte noch einen Nachteil: Wurde ein aufgezeichneter Klang transponiert, veränderten sich Tonhöhe und -dauer proportional. In

---

[254] Vgl.: Kemper, S. 38 f.
[255] Vgl.: Kemper, S. 39.
[256] Vgl.: Halberschmidt, S. 30.
[257] Vgl.: Halberschmidt, S. 41.

der Popularmusik fanden Sampler dennoch rasche Verbreitung.[258] Erst im Laufe der Jahre wurden Rechensysteme entwickelt, die das uneingeschränkte Transponieren – und Korrigieren – des aufgezeichneten Materials erlauben.[259]

Inzwischen lässt sich Audiomaterial in nahezu beliebiger Weise bearbeiten und verfremden, sodass Sample-Player häufig die Aufgaben von Synthesizern und Drum-Computern übernehmen. Das ursprüngliche Ziel des Samplens – die naturgetreue Wiedergabe „echter" Klänge – wird mitunter in das Gegenteil verkehrt: Typische, synthetische „vintage" Sounds erleben ihre Reaktivierung überwiegend in gesampelter Form.

Die Musiker der Gothic-Szene greifen auf ein breites Spektrum aus dem unerschöpflichen Klangangebot zu: Naturidentische Klänge wie Streicher oder Bässe finden ebenso Verwendung wie explizit synthetische Sounds; es existieren nur wenige konventionell „nicht zulässige", als Samples oder synthetisch erzeugte Presets zur Verfügung stehende Klangphänomene, wie etwa das HipHop-affine „Scratchen".

Ein grundlegendes Bearbeitungsmedium elektronischer Sounds ist der Sequenzer: Während der Sampler aufgezeichnete Audiosignale verarbeitet, lassen sich mit einem Sequenzer Steuerbefehle für die rein elektronischen Klangerzeuger verwalten.[260] Die am weitesten verbreitete Schnittstelle zur Kopplung und Ansteuerung von Klangerzeugern ist MIDI (Musical Instruments Digital Interface). Über MIDI lassen sich Sequenzer, Klangquellen und Effektgeräte miteinander verbinden und automatisieren: Es entsteht die Möglichkeit, Computer und Synthesizer miteinander zu vernetzen und verschiedene Geräte („Slaves") durch ein „Master"-Instrument anzusteuern.

Ein wesentliches Merkmal der MIDI-Technologie ist die Separation von Klangquelle und Steuerungsbefehl: Die Information, welcher Ton mit welcher Dauer, welcher dynamischen Vorgabe etc. erklingt, liefert der MIDI-Befehl, der Klang selbst wird jedoch – unabhängig – von einer beliebig anwählbaren MIDI-Sounds-Datenbank zu Verfügung gestellt.

Das System „General MIDI" („GM") bietet zudem eine einheitliche Tastaturbelegung an. Greift ein Gerät auf eine GM-Datenbank zu, werden Presets der gleichen Art (Bässe, Bläser, Saiteninstrumente etc.) automatisch einer bestimmten Taste zugewiesen. MIDI-Daten sind klein und ließen sich bereits während der Achtziger- und Neunzigerjahre auf Disketten speichern. Synthesizer mit integriertem Sequenzer werden als „Workstations" bezeichnet;

---

[258] Vgl.: Supper, S. 45 ff.
[259] Vgl.: Supper, S. 47.
[260] Vgl.: Kemper, S. 40.

diese Geräte sind inzwischen weitgehend von leistungsfähigeren Recording-Systemen verdrängt worden.

Seit sich während der Neunzigerjahre das Harddisk-Recording, die Aufnahme von Audiosignalen auf einer (Computer- oder Harddisk-Recorder-)Festplatte, durchgesetzt hat, werden MIDI- und Audio-Daten überwiegend mit Hilfe von komplexen Recording-Programmen bearbeitet. Ein solches Software-System bietet die Möglichkeit, sowohl MIDI- als auch Audio-Signale aufzuzeichnen, zu bearbeiten, zu arrangieren, zu mischen und zu mastern. Die Produktion eines Musikstücks kann somit komplett am Computer erfolgen, ebenso lassen sich aber auch analoge Geräte mit dem Programm verbinden.

4.2 Technik als Instrumentarium: Digitale Systeme zwischen Kult und Ökonomie

Durch die sinkenden Preise elektronischer Produktionsmittel, die technische Weiterentwicklung der Geräte, eine höhere Praktikabilität und Benutzerfreundlichkeit durch Software-Instrumente und somit vereinfachte Produktionsprozesse ist die Erstellung tontechnisch qualitativ hochwertiger Musik zunehmend leichter und spätestens etwa seit der Jahrtausendwende auch im Heimstudio – das nicht selten nur noch aus dem PC und einem Masterkeyboard besteht – durchführbar geworden.[261] Zuvor war noch die Herstellung eines Masterbandes auf DAT notwendig; seitdem sich jedoch das Hardware-Recording flächendeckend durchgesetzt hat, können Master-CDs mit wenig Aufwand am Computer für die weitere Verarbeitung im Presswerk vorbereitet werden.

Wird komplett auf analoge Klangerzeuger verzichtet, liefern Software-Synthesizer, Drum-Computer und/oder Sample-Player das benötigte Klangmaterial.

Software-Synthesizer sind platz- und energiesparende Alternativen, Ergänzungen oder Ersatz für Hardware-Geräte. Die Klangquelle ist in diesem Fall ein Programm, das einen Hardware-Synthesizer simuliert und sich sowohl über eine externe Tastatur als auch über einen MIDI-Editor ansteuern lässt. Etwa seit Mitte der Neunzigerjahre sind virtuelle Synthesizer echtzeitfähig und erschließen dem Benutzer neue Möglichkeiten: Durch ihre ökonomischen Vorteile, ihre Verfügbarkeit und nicht zuletzt ihre Zuverlässigkeit sind z.B. Software-Adaptionen alter „Kult"-Geräte populär geworden. Diese Technologie ist zudem die Basis für ein nahezu unbegrenztes Spektrum neuer Sounds.

---

[261] Vgl.: Kähler, S. 171.

Angeboten werden virtuelle Systeme, die von verschiedene Syntheseformen betreibenden Geräten über Software-Sampler bis hin zu komplexen Workstations reichen, die – wie die analogen, während der späten Achtziger- und Neunzigerjahre populären, über einen eigenen Sequenzer verfügenden Workstations – eine interne Aufzeichnung der bereitgestellten Klänge sowie eine umfassende Bearbeitung des Materials und somit die Produktion kompletter Stücke möglich machen. Viele Software-Synthesizer lassen sich zudem als „Plug-in" in Sequenzer-Programme bzw. Recording-Systeme integrieren und von dort aus bedienen (vgl.: Abschnitt 4.1).

Die Musik wird ggf. vollständig am Computer produziert; die virtuellen Synthesizer übernehmen dabei die Erzeugung und Filtrierung der Klänge, die durch Samples und Effekte beliebig ergänzt werden.[262] Neues Audiomaterial kann ebenfalls über die Recording-Software eingespielt werden, sodass sich Gesang und zusätzliche akustische Instrumente unkompliziert zur elektronischen Basis hinzufügen lassen.

Ein weiterer Aspekt, der die elektronische Musikproduktion erleichtert, ist das große Angebot bereits designter Sounds, die fast alle analogen und digitalen Geräte bereitstellen.

Das Verwenden der bereits erwähnten vorprogrammierten – häufig vielschichtigen, sich während des Klangverlaufs wandelnden – Presets wirft die Frage nach der musikalischen Eigenleistung des Produzenten auf. Der Musiker bedient sich ggf. aus dem ihm zur Verfügung stehenden Klangangebot nach dem Baukastenprinzip; er ordnet das vorgegebene Material nach Belieben an und fügt es zu neuen Songstrukturen zusammen. Dazu ist anzumerken, dass mit der Komplexität der verschiedenen Software-Systeme auch die Möglichkeiten zur individuellen Bearbeitung steigen; günstig erwerbbare Einsteigerprogramme wie z.B. Music Maker von Magix sind zwar leichter zu bedienen, aber nicht zur professionellen Musikproduktion vorgesehen und ausgestattet. Anders verhält es sich mit den – unter den elektronisch orientierten Projekten der Gothic-Szene geschätzten – Produkten der Firma Steinberg. Das virtuelle Studiokonzept Cubase bietet sowohl Einsteigerversionen als auch professionelle Formate an, die sich flexibel an die individuellen Bedürfnisse anpassen lassen. Werden die unterschiedlichen Geräte- und Editierungsoptionen der professionellen Systeme entsprechend genutzt, lässt sich mit Berechtigung von künstlerischer Neuschöpfung sprechen.[263]

---

[262] Vgl.: Kemper, S. 53.
[263] Vgl.: Kähler, S. 172.

Ungeachtet der offensichtlichen wirtschaftlichen Vorzüge virtueller Klangerzeuger und Effektgeräte erfreuen sich analoge, insbesondere ältere Modelle weiterhin großer Beliebtheit; „Kultfaktor", haptische Momente und optische Wirkung verleihen den Instrumenten ihren Reiz (vgl: Abschnitt 4.1). Zudem gilt hochwertiges Hardware-Equipment im Bereich der Vor- und Nachbearbeitung von Audiosignalen (Kompressoren, Equilizer usw.) noch immer als Qualitätsmerkmal eines Studios.

Während Harddisk-Recording vermittels Sequenzer- und Arrangier- bzw. Produktionsprogramm die am weitesten verbreitete Form der Aufzeichnung und Verarbeitung von MIDI- und Audiodaten darstellt, ist die Popularität zusätzlicher analoger Geräte verhältnismäßig hoch, sodass die rein virtuelle Produktion zwar möglich, im Bereich der elektronischen Popmusik aber nicht der Regelfall ist.

Die Verwendung virtueller Aufnahmesysteme erleichtert nicht nur den Zugang zu professionellen bzw. semiprofessionellen Produktionsprozessen, sondern schafft zudem neue Möglichkeiten zur musikalischen Zusammenarbeit. Über das Internet lassen sich Wave- und MIDI-Dateien unkompliziert austauschen, sodass auch über große Entfernungen hinweg gemeinsam produzierte Tracks entstehen können.

Während Electro zunächst als ein vorwiegend europäisches Phänomen in Erscheinung trat, haben die Möglichkeiten zur virtuellen Kommunikation zu einer Internationalisierung der Gothic-Szene geführt. Mittlerweile arbeiten nicht nur Künstler aus allen Teilen der Welt zusammen, auch deutsche Labels haben Acts u.a. aus bislang weniger stark vertretenen Regionen wie etwa Süd- und Osteuropa oder Nord- und Südamerika unter Vertrag. Die Charakteristik der einzelnen Subgenres verändert sich dennoch nicht so stark, wie es möglicherweise zu erwarten wäre: Da die arrivierten Szene-Vorbilder ebenfalls international bekannt sind, wird auf einen vergleichbaren, szenekompatiblen Inspirationspool zurückgegriffen, der lediglich geringfügig durch regionale Einflüsse ergänzt wird. Die maßgeblichen Veränderungen wie etwa das Entstehen neuer Subsparten lassen sich auf das Aufgreifen und Verarbeiten neuer Trends zurückführen, selten wirkt sich der Standort eines Projekts stilbildend auf die Musik aus.[264]

Die in der Gothic-Szene gebräuchlichen Sequenzer-Programme, Hardware- und Softwareinstrumente werden in Abschnitt 5.2.4 noch einmal detaillierter behandelt.

---

[264] Eine Ausnahme ist der explizit aus japanischen Einflüssen gespeiste Gothic-Lolita-Trend. Die Musik der japanischen Gothic-Szene und des zwar optisch, nicht aber inhaltlich verwandten Visual Kei konnte sich im Vergleich zur Mode jedoch innerhalb der Szene kaum durchsetzen.

5. Gothic synthetisch – die elektronische Musik der Schwarzen Szene

Im Zentrum des folgenden Abschnitts steht die Auswertung der Befragung. Unter Berücksichtigung der thematisch verwandten Literatur werden die Ergebnisse in den musikalischen und sozialen Kontext eingeordnet, sodass ein möglichst präzises Bild der ästhetischen, kulturellen, ideellen und aufführungspraktischen Faktoren entsteht, die die elektronische Musik der Gothic-Szene auszeichnen.

5.1 Musikalische Ursprünge und Vorbilder

Sucht man nach Orientierungsmustern für die elektronische Musik der deutschen Gothic-Szene, bietet es sich an, die elektronische Musikproduktion der Anfangszeit zu betrachten.

Die sphärischen Synthesizerflächen des 1967 gegründeten Projekts Tangerine Dream aus Berlin lieferten die Grundlagen für den melancholisch gefärbten Synthiepop von Gruppen wie Camouflage, die wiederum einen nicht unerheblichen Einfluss auf die Gothic-Szene ausübten und z.T. noch immer in den Szene-Clubs gespielt werden.

Entscheidend für die Aufwertung der Eigenständigkeit synthetisch erzeugter Musik, die zunächst von der breiten Öffentlichkeit eher als Kopie oder Ersatz für konventionell produzierte Musik betrachtet wurde, sind die Arbeiten von Kraftwerk, die den Synthesizer als charakteristisches Instrument nutzten. Bereits 1968 schlossen sich die Düsseldorfer Musikstudenten Ralf Hütter und Florian Schneider unter dem Namen Organisation zusammen; 1970 entschieden sie sich schließlich für den Projektnamen Kraftwerk und arbeiteten mit verschiedenen Gastmusikern zusammen. Titel wie „Autobahn" (1974), „Radioaktivität" (1975), „Trans-Europa-Express" (1977), „Die Mensch-Maschine" (1978), „Die Roboter" (1978), „Computerwelt" (1981), „Tour de France" (1983) und „Electric Café" (1986) sowie ihre charakteristische, computer- und technikinspirierte Ästhetik, die immer wieder die Relation von Mensch und Maschine thematisiert, setzten Maßstäbe für die unterschiedlichen Genres elektronischer Musik, die sich bis heute auf Kraftwerk berufen. Mit „Expo 2000" produzierten Kraftwerk zudem den Titeltrack zur Weltausstellung in Hannover – ein Auftrag, der ihren Stellenwert im Hinblick auf Musik und Innovation nochmals untermauerte.[265]

Anfang der Achtzigerjahre konnten neben Kraftwerk auch andere deutsche Bands internationale Erfolge verbuchen; bezeichnend war insbesondere der Siegeszug der Neuen Deutschen Welle. Die NDW-Vertreter setzten bevor-

---

[265] Vgl.: Kemper, S. 40 ff.

zugt elektronische Klangerzeuger ein und entwarfen periodisierende, einfach gehaltene Klangstrukturen. Neben den kommerziell besonders erfolgreichen Interpreten wie Nena oder Trio waren in diesem Zusammenhang Gruppen wie DAF (Deutsch-Amerikanische Freundschaft), Fehlfarben, Palais Schaumburg oder Malaria aktiv,[266] die auch in der Gothic-Szene rezipiert und mittlerweile seit etwa drei Jahrzehnten geschätzt werden.

Die frühe elektronische Popmusik verwirklichte dabei divergente Ideen und künstlerische Ansätze: Während melodiöse und gefällige Songstrukturen bevorzugt mit emotionalen Inhalten einhergingen, setzten Projekte wie DAF auf kritisch-politische, provokante Aussagen, verstanden sich selbst als „Punkgruppe, jedoch voll elektronisch" und sagten: „Wir sind für eine radikale Umkehr in Kunst und Leben (...), [wir sind] gegen Ausbeutung, gegen Geld."[267]

Synthetischer Pop wie die Musik von Depeche Mode, die elektronische Kühle mit massentauglicher Eingängigkeit verbindet, stellt auf internationaler Ebene einen Fixpunkt zur stilistischen Orientierung dar.

Das hohe Ansehen der elektronischen Popmusik der Achtzigerjahre spiegelt sich auch in den Antworten der befragten Bands und Soloprojekte wieder: So wurden Depeche Mode und Kraftwerk mehrfach (jeweils 3 ×) als wesentliche musikalische Einflüsse angegeben.

Auch die etablierte elektronisch dominierte Musik der Gothic-Szene – die ebenfalls zum großen Teil auf die Musik der Achtzigerjahre zurückgeht – wurde als stilbildend hinsichtlich der eigenen Produktionen empfunden (Front 242, Nine Inch Nails und Dive wurden jeweils 2 × genannt; auffällig ist zudem die Wertschätzung des spartenübergreifenden, experimentellen Ethno-, Alte-Musik-, Elektronik- und Gothic-Projekts Dead Can Dance, das ebenfalls 2 × angeführt wurde). Zudem wurden Einflüsse aus Gothic, Rock, Punk und Independent im Allgemeinen sowie aus Klassik und Barock genannt. Die Angaben korrelieren in den meisten Fällen unmittelbar mit den stilistischen Kategorien, die die Bands zur Beschreibung ihrer eigenen Musik angegeben haben.[268]

Insgesamt wurden 35 unterschiedliche Bands, Projekte und Stilrichtungen aufgeführt, prägnant ist die Varietät der Referenzen. Zwar stammt der größte Teil der musikalischen Vorbilder aus dem elektronischen Bereich, die relativ häufige Nennung (sub-)genrefremder Künstler ist jedoch deutlich erkennbar.

---

[266] Vgl.: Kemper, S. 42.
[267] Vgl.: http://www.youtube.com/watch?v=mHuol-KAGFg, aufgerufen am 08.09.2011.
[268] Vgl.: Abschnitt 4.4.1.

Dieses Ergebnis ist ein Indiz für die Aufgeschlossenheit der Szenemusiker hinsichtlich der Verwertung persönlicher Inspirationsquellen. Wie auf der modischen, visuellen Ebene werden externe Einflüsse, die in das „schwarze" Präferenzen- und Interessensspektrum passen, adaptiert, transformiert und integriert. Dass diese „Technik" auch für den Bereich der elektronischen Musik funktioniert, macht wiederum ihre untrennbare Verkopplung mit den Werten der gesamten Szene deutlich: Gerade die Kombination scheinbar widersprüchlicher Komponenten macht die Vielschichtigkeit der Gruppierung aus, die u.a. in der großen Anzahl von Subgenres zum Ausdruck kommt. Der Szenegänger muss sich jedoch nicht auf einen Substil festlegen; verbreiteter ist vielmehr eine Mischung verschiedener, favorisierter Sparten. Wenngleich sich einige Gothic-Partys aufgrund des steigenden Angebots neuer Gruppen und Projekte zunehmend auf einzelne Subgenres spezialisiert haben, bleiben Veranstaltungen, die aus dem kompletten Repertoire schöpfen, für die Szene attraktiv.

5.2 EBM, Synthiepop, Industrial & Co. – die elektronischen Subgenres

5.2.1 Musikalische Charakteristika

Die elektronisch erzeugte Musik der Szene präsentiert sich ebenso vielfältig und divergent wie alle gothic-immanenten Genres. Harte und aggressive Produktionen koexistieren neben romantisch-verträumten, gelegentlich die Grenze zu Kitsch und Schlager überschreitenden Titeln; verzerrte Stimmen, (Sprach-)Samples und E-Gitarren; Streicher, Klaviersounds und – seltener – historische Instrumente bereichern die Klangvielfalt, machen einen „typischen Sound" jedoch schwer objektivierbar.

Um diese – und weitere – heterogenen Merkmale sinnvoll in den Gesamtkontext einordnen zu können, beschäftigte sich der Fragebogen u.a. mit den unterschiedlichen Kategorien, aus denen sich die elektronische Musik der Gothic-Szene generiert. Desweiteren sollte die Auseinandersetzung mit den zahlreichen Substilen und -klassifizierungen der Annäherung an die Frage nach der Eigenständigkeit von „Gothic Electro" dienen (vgl.: Abschnitt 5.5).

Die Bands bzw. Soloprojekte hatten die Möglichkeit, ihre Musik vorgegebenen Subgenres zuzurechnen oder unter „Sonstiges" zusätzliche Kategorien anzugeben. Den Teilnehmern stand frei, beliebig viele Kategorien auszuwählen, die ihnen passend erschienen. Das Ranking der Antworten fiel folgendermaßen aus: Electro (13 ×), Dark Wave (9 ×), EBM (7 ×), Sonstiges (5 ×, darunter „Gothic", „Symphonic Wave", „Goth Pop und Folk" und „Trance"; in einem Fall wurde eine Kategorisierung komplett abgelehnt), Industrial (4 ×),

Electroclash (4 ×), Electropop (3 ×), Synthiepop (2 ×), Aggrotech/Hellectro (2 ×), Futurepop (1 ×), Fetisch Electro (1 ×), Electropunk (keine Angabe).

Es überwiegt deutlich die „neutralste" Stilbezeichnung „Electro", mit der sich mehr als die Hälfte der Befragten identifizieren können. Populär sind zudem die „klassischen" elektronischen Gothic-Subgenres Dark Wave und EBM: Die traditionsbewusste Gothic-Szene als übergeordneter Rahmen ist hier das verbindende Element, das verbindlicher wirkt als eine etwaige Zugehörigkeit zur allgemeineren, hinsichtlich der Produktionsmittel durchaus verwandten Stilkategorie „elektronische Popmusik". So erklärt sich auch die auf den ersten Blick willkürlich erscheinende Verwendung nicht-elektronischer Komponenten: Die Basis, auf und aus der die Musik entsteht, ist primär die „schwarze" Kultur mit ihrem spezifischen Neigungs- und Interessengefüge.

Noch vor den ebenfalls als „traditionell" zu betrachtenden Stilen „Industrial" und „Synthiepop" sowie dem jüngeren, „stylischeren" „Electroclash" rangiert die individuelle Angabe „Sonstiges", die Raum für eigene Genrebezeichnungen bot. Fünf Teilnehmer nutzten diese Möglichkeit und fügten ihrer Auswahl[269] die Definitionen „Gothic Pop und Folk", „Symphonic Wave", „Gothic" und „Trance" hinzu. Ein Projekt verwendete die freie Antwortmöglichkeit für die Anmerkung, dass die Mitglieder sich grundsätzlich nicht gern in Genrekategorien einordnen lassen. Insgesamt wurden pro teilnehmendem Musikprojekt bis zu sieben von zwölf Kategorien ausgewählt, der Mittelwert lag bei zwei bis drei Angaben.

Anhand der ganz unterschiedlichen Angaben wird in diesem Punkt nicht nur die Fülle der musikalischen Fusionen deutlich, sondern wiederum auch der Wunsch nach individuellem Ausdruck und kreativer Unabhängigkeit.

Eine ähnliche Tendenz ergab die Frage nach einer Beschreibung der Stimmung bzw. Atmosphäre der Musik. Auch hier war eine ganze Reihe von Antworten vorgegeben und Mehrfachnennungen möglich.

Der Großteil der Bands bzw. Projekte beschreibt ihre Musik als „melancholisch" (12 ×), die Hälfte bezeichnet sie als „düster". Mit jeweils neun Nennungen rangieren „nachdenklich" und „sehnsuchtsvoll" vor „aggressiv" und „bedrohlich" (jeweils 8 ×). Ebenfalls häufig angegeben werden „romantisch", „verzweifelt", „elektrisierend" und „sphärisch" (jeweils 7 ×). Seltener sind „kühl" (5 ×), „belebend" (4 ×), „depressiv" (3 ×), „historisierend" (3 ×) und „Sonstiges" („psychotisch", 1 ×).

Es wurden pro Teilnehmer bis zu 13 von 15 Antwortmöglichkeiten ausgewählt, der Durchschnitt lag bei drei bis vier Angaben.

---

[269] Nur ein Projekt wählte ausschließlich die eigene Genrebezeichnung aus, alle anderen nutzten die Antwortmöglichkeit „Sonstiges" als Ergänzung.

Hier zeigt sich erneut, dass die „klassischen" Gothic-Attribute die Mentalität der elektronischen Subszenen dominieren und eine verbindende Schnittmenge bilden. Als Hinweis auf die aktive Auseinandersetzung mit negativ behafteten Themen kann das verhältnismäßig seltene Empfinden einer „depressiven" Grundstimmung der Musik gewertet werden. Die weitaus häufigeren Angaben „nachdenklich", „verzweifelt" und „aggressiv" deuten auf eine eher emotional-leidenschaftliche und reflektierende Verarbeitung der Inhalte hin. Das Dunkle, Düstere, das die gesamte Gothic-Szene kennzeichnet, wird subgenreübergreifend als Gegenpol einer verpönten Oberflächlichkeit betrachtet; das vorbehaltslos-unterhaltende Element der kommerziellen Popmusik wird negiert und durch eine als realitätsnäher empfundene kritische Skepsis ersetzt, deren Folge eher „Melancholie" als Ausgelassenheit ist und die eher „düstere" Assoziationen weckt statt Fröhlichkeit zu verbreiten. Diese Skepsis resultiert aus der für die gesamte Szene wesentlichen „Nachdenklichkeit" und mündet in die „Sehnsucht" nach einer besseren, gerechteren, gefühl- und verständnisvolleren Welt.

Während andere popmusikalische, elektronisch basierte Sparten häufig Titel ohne Gesang produzieren, sind die Beschäftigung eines Sängers und/oder einer Sängerin im Gothic-Bereich üblich; konstitutiv ist die Verwendung von Worten.

19 der 20 Teilnehmer der Umfrage verwenden Gesang in ihrer Musik, lediglich ein Industrial-Projekt verzichtet darauf, setzt jedoch Sprachsamples ein. Männliche Stimmen überwiegen, ein Ergebnis, das als repräsentativ für die elektronische Musik der Gothic-Szene gelten kann. Speziell die dynamischenergische Anmutung der härteren Subsparten wird dabei bevorzugt über männlichen Gesang transportiert; hier liegt überraschenderweise – die Gothic-Kultur verfügt kaum über geschlechtsspezifische Vorgaben, achtet Frauen und Männer in gleichem Maße und spielt häufig mit Androgynität – ein klassisches Rollenverständnis vor, das Aggressivität als maskulines und Harmonie als feminines Attribut wertet.

Der hohe Stellenwert, der dem Einsatz von Stimmen beigemessen wird, unterstreicht den emotionalen Gehalt der Musik, der – ganz gleich ob melancholisch, romantisch, verzweifelt oder zornig – als ein wesentliches Charakteristikum zu verstehen ist.

Die elektronischen Subgenres verarbeiten Text in ganz unterschiedlichem Umfang; die repetitive Einarbeitung einzelner Textzeilen bzw. Samples ist ebenso üblich wie konventionelle Songstrukturen mit Strophen und Refrain. Gelegentlich finden sich Instrumentalstücke im Repertoire, die als einzelne Titel aber Ausnahmecharakter im Kontext z.B. eines Albums haben. In dieser

Hinsicht unterscheidet sich „Gothic Electro" nicht von den übrigen Szene-Sparten.[270]

Als ein weiteres Indiz für die hohe Bedeutung des Gothic-Umfelds als Rahmen, Maßstab und Orientierungsschema kann auch die verbreitete Einarbeitung nicht-elektronischer Instrumente betrachtet werden. 13 Befragte – mehr als die Hälfte – gaben an, zusätzliche Instrumente zu verwenden.

Auch dieses Ergebnis zeigt, dass die rein elektronische Produktionsweise und Klangcharakteristik zwar ein wichtiges und stilbildendes Kennzeichen darstellt, der zu vermittelnde atmosphärisch-individuelle Gehalt jedoch im Vordergrund steht, sodass Ergänzungen durchaus „erlaubt" bzw. erwünscht sind, sofern der genrespezifische Electro-kompatible Gesamteindruck erhalten bleibt.

Besonders populär ist der Einsatz von (E-)Gitarren (9 ×), Streichern und (E-)Bässen (jeweils 5 ×). Außerdem wurden genannt: Klavier und Percussion (jeweils 2 ×) sowie jeweils 1 × Drums, Akai-Sampler, verschiedene Klanginstallationen, historische Instrumente und Flöten.

Eine explizit technoid-elektronische Präsentation der Musik wird zwar mitunter als Stilmittel benutzt, ist aber nicht unbedingt der Regelfall. Im Fokus steht vielmehr ein in sich stimmiges, die favorisierten stilistischen Komponenten transportierendes, sicher auch mit den Hörgewohnheiten der Szenegänger in etwa korrelierendes Ergebnis.

5.2.2 Ideologische Hintergründe – Projektnamen, Songtexte und die individuelle Wahrnehmung der Gothic-Szene

Die Band- bzw. Projektnamen legen bereits nahe, wie die zugehörige Musik klingt: „XPQ-21" impliziert z.B. etwas anderes als „Blutengel". Während die schematischen, technisierten, aus Ziffern- und Buchstabenkürzeln bestehenden Betitelungen häufig auf einen kühlen und/oder aggressiven, bewusst „maschinell" geprägten Sound hindeuten, verweisen düster-romantische, kein Klischee scheuende Namensgebungen auf ein entsprechendes, gefühlsbetontes, sehnsüchtiges, sentimentalisierendes Repertoire.

---

[270] Lediglich die Vertreter der mittelalterlich geprägten Stile sowie experimentelle Industrial-Acts verzichten häufiger auf Text, reine Instrumentalstücke bleiben z.B. in den Clubprogrammen jedoch in der Minderheit.

Abb. 26: SOKO Friedhof, Foto: von Grafenwald

Ihre Fähigkeit und Bereitschaft zur Selbstreflexion kommt im Umgang mit diesen Klischees zum Ausdruck: Die eigene Empfänglichkeit für übersteigerte Stilschablonen ist immer wieder Anlass für ironische Anmerkungen (u.a. auch in der Szenepresse); in der Mehrzahl geschieht dies jedoch auf eine Weise, die den jeweiligen Verfasser oder Sprecher einschließt. Die „Macken" der Szene – vor allem Affektiertheit und die Tendenz, Kitsch als Kunst zu propagieren – werden als fester Bestandteil gewertet, akzeptiert und gewissermaßen geschätzt. In dem Bewusstsein, dass es sich um Kitsch handelt, lässt sich Kitsch genießen, insbesondere da er nicht von außen kommt, sondern ein fest verwurzelter Aspekt der Gothic-Kultur ist – und in diesem Kontext als Tradition und „Folklore" sowohl vertreten, als auch liebevoll belächelt werden kann und „darf".

Empfindlich reagiert die Gruppierung allerdings auf externe Einflüsse, die Gothic zu imitieren versuchen: Konstrukte wie die 2004 aus dem Castingformat „Popstars" hervorgegangene Band Nu Pagadi stoßen in der Szene auf Verachtung.

Im Rahmen der Befragung wurden die Teilnehmer aufgefordert, die Bedeutung ihres Band- bzw. Projektnamens zu erläutern. Z.T. nehmen die Namen Bezug auf Dunkelheit, Tod und Leiden (z.B. [:SITD:]: „Shadows in the Dark", Siechtum, SOKO Friedhof), auf Kunst oder Literatur bzw. Philosophie (z.B. Bacio di Tosca, Das Ich), sind liebevoll-ironisierend (z.B. QEK Junior) oder frei erdachte Wortschöpfungen (z.B. Qntal, Yendri). Andere rekurrieren auf die synthetische Erzeugung der Musik (z.B. Melotron: „MELOdie und ElekTRO-Nik"), das eigene Geschlecht (z.B. Sara Noxx: „xx = Doppel-X-Chromosom, Weiblichkeit, Dualität") oder romantisierende, gefühlsbetonte Zusammenhänge (z.B. Traumtaenzer: Die Musik ist „gemacht sowohl für Träumer als auch für Tänzer, oder eben Traumtänzer").

19 der 20 Beteiligten gaben zudem an, der Inhalt ihrer Texte entspräche der Atmosphäre der Musik; eine ähnliche Gewichtung lässt sich auch in Bezug auf die Projektnamen ableiten. Bewusste inhaltliche Brechungen sind offenbar nicht erwünscht; die Projektbezeichnung lässt jeweils Rückschlüsse auf die Musik, die Musik wiederum Rückschlüsse auf die Texte zu. Insofern wird überwiegend ein kongruentes Gesamtbild angestrebt.

Abb. 27: QEK Junior, Foto: Heiko Keim

Die Gothic-Szene legt insgesamt großen Wert auf die Songtexte,[271] so lag es nahe, die Vertreter der elektronischen Subszenen konkret zu den inhaltlichen Aspekten ihrer Musik zu befragen.

Knapp zwei Drittel der Teilnehmer verarbeiten bevorzugt emotionale und persönliche Inhalte, ein Projekt gab „menschlichen Abgründe" als thematisches Interesse an. Vergleichsweise selten ist die Nennung politischer und spiritueller Zusammenhänge (jeweils 5 ×). In zwei Fällen sollen die Texte überhaupt keine Botschaften transportieren, sondern frei und individuell interpretierbar bleiben. Außerdem wurden jeweils 1 × genannt: Satirische, literarische, konzeptionelle, künstlerische, historische, mediale, sozialkritische und philosophische Themen.

Die Antworten belegen, dass die hohe Wertigkeit der verarbeiteten Inhalte auch die elektronischen Produktionen betrifft. Wenngleich häufig von explizit tanzbarer und somit unterhaltender Musik die Rede ist, gehen die Texte bewusst über den Entertainment-Charakter von Popmusik hinaus, verlangen Bereitschaft zur Auseinandersetzung und einen gewissen Bildungsgrad vom Hörer. Politische, satirische und sozialkritische Aspekte dürften tendenziell in den elektronischen Subgenres häufiger vertreten sein als in anderen Gothic-Sparten, da etwa kühle, minimalistische, synthetische Sounds eher geeignet sind, die akustische Basis für schockierende bzw. kritikwürdige Sachzusammenhänge zu bilden als z.B. elegische Gothic-Metal-Arrangements. Diese Einschätzung bezieht sich jedoch vorrangig auf die elektronischen Substile, die ein entsprechendes Klangbild vertreten; es herrscht also eine thematische Gewichtung innerhalb der elektronischen Genres vor, die sich durch die Befragung nicht abbilden lässt, da in erster Linie eine gemeinsame Verortung aller elektronisch basierten Sparten erfolgen sollte.

Die Antworten zeigen deutlich, dass die Beschäftigung mit dem eigenen Empfinden, persönlichen (oftmals problematischen oder negativen) Erfahrungen und Entwicklungen – wiederum ein ganz „klassisches" Gothic-Attribut – den meisten Raum einnimmt.

Die besondere Fokussierung persönlicher Inhalte wird untermauert durch die Tatsache, dass die meisten Texte der Befragten selbst verfasst sind (18 ×). 3 Projekte verwenden (u.a.) historische Vorlagen (in einem Fall wurde beides angegeben).

---

[271] Die Teilnehmer der Umfrage bestätigten dies: 13 x wurde angegeben, die Texte bzw. – sofern es keine gesungenen Texte gibt – Inhalte von Sprachsamples seien „sehr wichtig". Zu Songtexten in der Gothic-Szene vgl. auch: Christian Walther, „Songtexte und Lyrik in der Gothic-Szene – eine Annäherung", in: Alexander Nym (Hg.), *Schillerndes Dunkel. Geschichte, Entwicklung und Themen der Gothic-Szene*, Leipzig 2010, S. 322-331.

Das Formulieren individueller Ansichten und die Verarbeitung prägender Erlebnisse wird folglich als wichtiger betrachtet als die Interpretation bereits bestehender Vorlagen. Dieses Ergebnis unterstreicht die häufige Beschreibung der eigenen Musik als „nachdenklich".

Da sowohl die inhaltlichen als auch die musikalischen Aspekte eng mit den Traditionen der Gothic-Kultur verknüpft sind, muss auch die Sicht der Produzenten auf die trendabhängigen Prozesse innerhalb der Szene berücksichtigt werden, um sich einem Verständnis der ideologischen Hintergründe der elektronischen Genres anzunähern.

Die szeneimmanenten – und subszenenübergreifenden – Werte wie etwa das Streben nach Toleranz schlagen sich auch in der Auswertung der Befragung nieder: 13 Projekte gaben an, Veränderungen innerhalb der elektronischen Musik der Gothic-Szene wahrzunehmen und als Bereicherung zu empfinden. Nur drei Vertreter äußerten, sie fänden kaum noch Anknüpfungspunkte, einmal wurde gar keine Veränderung festgestellt. Zwei Teilnehmer machten keine Angabe.

Der verhältnismäßig großen Aufgeschlossenheit hinsichtlich neuer Strömungen auf der Produzentenseite steht die Klage über mangelnde Akzeptanz bezüglich musikalischer Experimente und Ausbrüche aus dem Szenegefüge auf der Rezipientenseite gegenüber: Auf die Frage, ob im Vergleich zur Anfangszeit[272] eine Veränderung des (Szene-)Publikums zu bemerken sei, antworteten 16 Befragte mit „Ja", zwei mit „Nein", zwei enthielten sich.

Unter anderem schlägt sich die wachsende Genre- und Stilvielfalt in den Anmerkungen der Teilnehmer nieder. Sara Noxx verweist auf modische Veränderungen:

> „Aufgrund des musikalischen Facettenreichtums erscheint der Fan [heute] ‚bunter'."

Traumtaenzer stellen eine stärkere Gewichtung visueller Aspekte auf anderer Ebene fest:

> „(...) Erstaunlich ist, dass tendenziell Frauen den eindeutig härteren Musikgeschmack haben, sich aber auch mehr für die jeweilige Optik des Acts als für die Musik begeistern."

Kritik an den Fans bzw. der „klassischen" Gothic-Kultur wird in Form zweier Erläuterungen deutlich, die Tendenzen zu Oberflächlichkeit, Mainstream-

---

[272] „Anfangszeit" meint die Entstehungszeit der Szene bzw. den Zeitraum, den der jeweilige Teilnehmer/die jeweilige Teilnehmerin als seinen/ihren Szene-Einstieg oder den Beginn seiner/ihrer musikalischen Laufbahn erinnert.

strukturen und mangelnde Tiefe beklagen. Michael Popp, Musiker bei Qntal, erlebt die aktuelle Situation der Szene als Resultat eines Inhalts- und Werteverlusts:

> „Die Szene wird mainstreamiger, kommerzieller, der alternative Post-Punk-Charakter verschwindet, Gothic sein war ursprünglich vor allem ein politisches Statement: gegen Unterhaltungs- und Heiterkeitsindustrie, gegen Flachheit und Verblödung – der Bandname „Goethes Erben" ist zwar ironisch, aber doch ein Statement in dieser Richtung. Jetzt geht es mehr um Event, Mode, Konsum, Selbstdarstellung, Oberflächlichkeit: mainstreamige Sachen eben."

Hans Joachim Koch, der am Projekt Siechtum beteiligt ist und das Projekt Schattenschlag betreibt, nimmt die Veränderungen ähnlich wahr:

> „Die Tiefe fehlt. Früher ging es mehr ums Gesamtfeeling, heute eher um Oberflächlichkeiten."

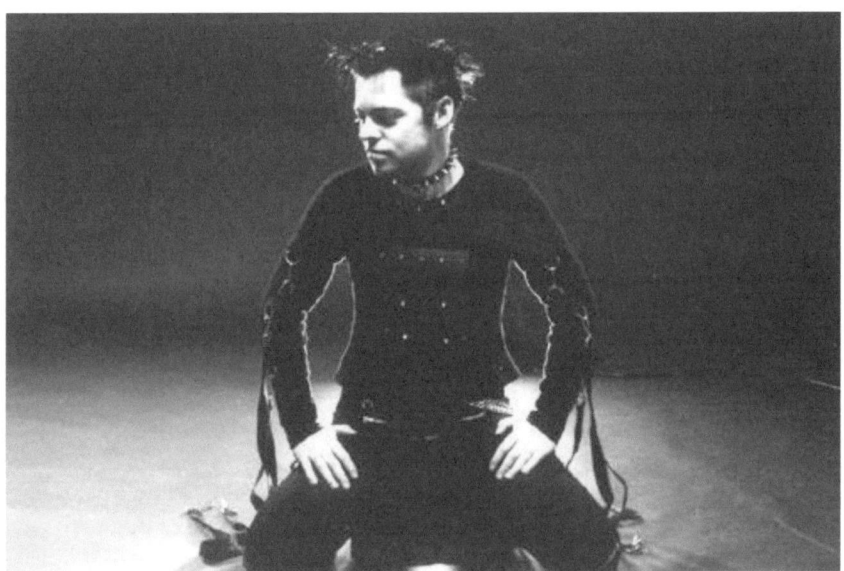

Abb. 28: Schattenschlag, Foto: Fotostudio Juergensen, Castrop-Rauxel

Dieser für Subkulturen typische „Generationenkonflikt" ist innerhalb der Gothic-Szene besonders ausgeprägt, da der moralische Anspruch (Toleranz, Ehrlichkeit, Verlässlichkeit, Unabhängigkeit, Reflexionsbereitschaft) sehr hoch und selten konsequent erfüllbar ist, und daher bereits früh nicht nur zwischen den „Szene-Generationen", sondern auch unter gleichaltrigen Mitgliedern immer wieder thematisiert wurde und wird.

5.2.3 Visuelle Aspekte

Der Gesamteindruck einer Popproduktion setzt sich aus der Kombination dreier Komponenten zusammen: der musikalischen, der inhaltlichen und der visuellen. Das Artwork bzw. namentlich das Cover[273] eines Albums soll die Aufmerksamkeit potentieller Rezipienten auf sich ziehen und kommuniziert ggf. Informationen im Hinblick auf Genre und kulturellen bzw. subkulturellen Kontext der Veröffentlichung.

Entsprechend aufschlussreich ist die Beurteilung des Stellenwerts der Tonträgergestaltung aus der Produzentenperspektive.

Die Mehrheit der Teilnehmer – 13 Befragte – gaben an, das Artwork sei ihnen „sehr wichtig", drei fanden es wichtig, zwei nicht so wichtig, einmal wurde die Option „bedeutungslos" gewählt, ebenfalls einmal keine Angabe gemacht.

Gut drei Viertel der Beteiligten legen großen Wert auf die Gestaltung ihrer Produkte. Die Ergänzung des Hörbaren um das Sichtbare spielt nicht nur im Hinblick auf (notwendige) kommerzielle Ziele (die innerhalb einer Subkultur in der Regel weniger stark nach außen getragen werden) eine wesentliche Rolle, sondern bietet den Musikern ein weiteres Medium, um sich selbst und das Verständnis der eigenen Musik einem Publikum zu präsentieren.

Es stellt sich nun die Frage, welche Wege die elektronisch basierten Bands und Projekte in dieser Hinsicht gehen, ob sich die Veröffentlichungen anhand spezifischer Merkmale erkennen lassen, ob sie sich in den übergeordneten Rahmen der Gothic-Kultur einfügen und ob der Betrachter Rückschlüsse auf die Musik ziehen kann.

Die Hälfte der Teilnehmer antwortete auf die Frage, ob das Artwork und/oder das Bandlogo bereits darauf hindeutet, dass es sich um elektronische Musik der Gothic-Szene handelt, mit „Ja", die andere Hälfte mit „Nein". Drei Vertreter der ersten Gruppe teilten mit, es gehe zudem aus dem Artwork hervor, welcher Substil sich dahinter verberge[274]; weitaus häufiger – 7 × – wurde eine solche Spezifizierung jedoch verneint.

---

[273] Rein digitale, via Download zu erwerbende Veröffentlichungen bzw. die im Mp3-Format über Online-Händler angebotenen, parallel auch als CD erhältlichen Alben verzichten zwar für gewöhnlich auf ein ausführliches Booklet, sind aber ebenfalls – möglicherweise umso stärker – auf ein aussagekräftiges Cover angewiesen.

[274] „Electro, EBM" (1 ×), „Underground" (1 ×), keine nähere Angabe (1 ×).

Entsprechend der stilistischen Diversität der Beteiligten lässt sich das Ergebnis so interpretieren: Die Gruppen, die romantische, klassische oder historische Anleihen fokussieren, transportieren auch über ihr Artwork kaum auf die konstitutive Verwendung elektronischer Mittel hindeutende Merkmale. Die Vertreter der explizit elektronischen Sparten legen offenbar Wert darauf, ihre Zielgruppe auch optisch auf das Prädikat „Electro" aufmerksam zu machen.

Die Schriftzüge und Logos sind überwiegend klar strukturiert und schematisch aufgebaut, auf Verspieltes und umfangreiche Verzierungen wird verzichtet. Die ausgewählten Schriften sind einfach, plakativ, schnörkellos und übersichtlich gestaltet.

Verbindend ist der technisierende, futuristische Charakter, der sich in den Grafiken vieler Electro-Projekte zeigt. Der synthetische Ursprung des verwendeten Klangrepertoires lässt sich intuitiv aus der Gestaltung ableiten, sofern der Rezipient mit verwandten Darstellungen vertraut ist (z.B. über das Artwork stilprägender älterer Bands, Computerspiele, Science-Fiction-Filme o.ä.).

Die sich speziell über elektronische Charakteristika definierenden Bands und Projekte haben folglich eigene gestalterische Ausdrucksformen entwickelt, die sich zusätzlich an der Gothic-Szene orientieren, etwa hinsichtlich ihrer Farbgebung: Im Gegensatz zu anderen elektronischen Genres herrschen Schwarz, Weiß und Rot vor.

Eine eindeutige Zuordnung über visuelle Aspekte ist also erwünscht, eine feinere Differenzierung bezüglich der einzelnen elektronischen Substile jedoch größtenteils nicht erwünscht.

5.2.4. Sequenzerprogramme, Hardware und Sounds – die Funktionalisierung von Technik innerhalb des subkulturellen Kontexts

Die Auswahl der für die Produktion verwendeten Technik wirkt sich maßgeblich auf den Klang und das Wesen der Musik aus. Finden etwa vorwiegend ältere, analoge Hardware-Synthesizer oder deren digitale Pendants Verwendung, bezieht sich die Klangauswahl auf Einflüsse aus der frühen Zeit der elektronischen (Pop-)Musikproduktion; werden modernere Sounds bevorzugt, lässt sich daraus die Nähe zu zeitgemäßeren, ggf. mit erfolgreichen Vorbildern assoziierten (Sub-)Sparten ablesen.

Die eingesetzte Technik steht also in unmittelbarem Zusammenhang zur Gestaltung und ggf. auch zum ideellen bzw. ideologischen Gehalt der Musik.

Zunächst wurden die Teilnehmer der Untersuchung gefragt, welche Hardware – als Basis für das Sequenzer-System – sie nutzen. Zwölf Befragte gaben „PC" an, 6 „Mac", ebenfalls 6 × wurde „Sonstiges" gewählt, darunter Korg- und Kurzweil-Workstations sowie Drum-Computer.[275]

Interessant ist, dass die etablierten und fest in der Produktionsroutine verankerten Computer-Recording-Systeme immerhin von einem guten Viertel der Teilnehmer durch zusätzliche Geräte ergänzt werden. Mit Synthesizer-Workstations lässt sich etwa der über MIDI ansteuerbare Teil der Musik komplett vorproduzieren, alternativ kann ein solches Instrument auch als reines Masterkeyboard verwendet werden.

Dennoch zeigt sich deutlich die exponierte Position, die die Recording-Programme und virtuellen Studiosysteme gegenüber den mittlerweile veralteten Mehrspur-, DAT- und Harddisk-Rekordern einnehmen, die in den Antworten der Teilnehmer überhaupt nicht mehr vorkommen. Alle zusätzlich benutzen Systeme dienen der Individualisierung der Musik, technisch wären sie jedoch nicht mehr notwendig.

Aufgrund des hohen Stellenwerts der verschiedenen Recording-Programme soll an dieser Stelle differenziert werden, welche Produkte und Hersteller innerhalb der Szene dominieren. Relativ häufig werden unterschiedlich aktuelle Versionen der Recording-Software Cubase (von der Firma Steinberg) benutzt (8 ×), 5 Projekte verwenden Logic (Apple, zuvor Emagic). 2 × wurde WaveLab (ebenfalls Steinberg) angegeben[276], jeweils einmal wurden genannt: Samplitude (Magix), Reason (Propellerhead) und Freeware wie z.B. MadTracker. Drei Teilnehmer machten keine Angabe.

In anderen Szenen populäre Programme wie z.B. Ableton live (Ableton) werden von den Teilnehmern der Umfrage nicht genutzt. Die technischen Unterschiede liegen hauptsächlich in der Anwendung; hinsichtlich Qualität und Leistungsumfang ähneln sich die Programme stark. Es liegt jedoch nahe, dass sich innerhalb einer Gruppierung bestimmte Produkte über den Austausch und die Zusammenarbeit unter den Musikern verbreiten.

Zudem ist Steinberg seit 1984 aktiv und somit der älteste der führenden Musiksoftwarehersteller: Das Unternehmen entwickelte bereits Sequenzer-Software für Commodore 64, Atari ST und Commodore Amiga; für Atari ST waren die ersten Versionen der Cubase-Reihe erhältlich (1989 noch unter

---

[275] Ein Teil der Befragten verwendet mehrere Systeme.

[276] WaveLab ist vor allem für die Aufzeichnung und Bearbeitung von Audio-, nicht von MIDI-Daten geeignet. Vermutlich sind die Angaben so zu verstehen, dass WaveLab parallel zu anderen Programmen und/oder als Instrument zur Editierung des aufgenommen Materials benutzt wird.

dem Namen „Cubit", ab 1990 als „Cubase 2.0"). Magix, Emagic und Ableton wurden erst während der Neunzigerjahre gegründet.

Fast so erfolgreich wie die virtuellen Studiosysteme sind Software-Synthesizer, die über eine externe Tastatur angesteuert werden können. Diese Instrumente lassen sich zur Aufzeichnung, Konvertierung und Bearbeitung der Sounds bzw. MIDI-Daten in die Umgebung der Recording-Programme integrieren.

Die meisten Teilnehmer der Befragung (16) verwenden zusätzlich oder – seltener – ausschließlich Software-Instrumente. Nur zwei beschränken sich auf analoge Klangerzeuger, zwei andere Projekte gaben keine Antwort.

Dass im Vergleich zu den übrigen Fragen zur technischen Ausstattung des eigenen Studios relativ häufig keine Angabe gemacht wurde – einige Projekte die Offenlegung ihrer Soundressourcen also ablehnen –, lässt sich darauf zurückführen, dass Herstellungsprozess und -grundlagen als „Betriebsgeheimnis" empfunden werden. Ein zentraler Aspekt der kreativen Arbeit ist der persönliche, individuelle Ausdruck, der nicht nur die Struktur und den Inhalt eines Stücks betrifft, sondern sich auch auf die Verwendung einzelner Sounds bezieht. Nachahmung soll vermieden oder zumindest erschwert werden. Dieses Anliegen ist insbesondere in Bezug auf die charakteristisch elektronisch und „tanzbar" klingenden Subgenres nachvollziehbar, da sich eingängige Kombinationen aus einfach gehaltenen rhythmischen Komponenten und überschaubaren Bass- und Flächensequenzen mit wenig Aufwand (re-)konstruieren lassen. Für Unverwechselbarkeit sorgt hier hauptsächlich die Auswahl der Klangerzeuger.

Die Wahrung des „Betriebsgeheimnisses" gibt zudem einen Hinweis auf die Arbeitsweise: Der Prozess des Songschreibens (im Sinne einer kompositorischen Leistung) scheint einen höheren Stellenwert als das Experimentieren mit neuen Klängen zu haben; es ist also denkbar, dass häufig vorprogrammierte, den Benutzer intuitiv ansprechende Presets zum Einsatz kommen. In diesem Fall wäre es mehr als verständlich, die verwendeten Klangquellen nicht anzugeben, da die Gefahr der Imitation besonders groß wäre.

Informativ ist die Auflistung von jeweils maximal fünf Favoriten unter den virtuellen Instrumenten, an der sich elf Befragte – also rund zwei Drittel der Benutzer von Software-Synthesizern – beteiligten: Populär sind vor allem die Produkte der Firma Native Instruments, gleich 4 × genannt wurden „Absynth", jeweils 2 × „Battery" und „Kontakt", jeweils 1 × „Reaktor", „Massive" und „FM7". Ebenfalls mehrmals (3 ×) angegeben wurden Instrumente von ReFX, gefolgt von G-Force, Spectrasonics und Korg (jeweils 2 ×). Unter den jeweils 1 × genannten Herstellern fanden sich z.B. Steinberg („HALion"), Motu („MachFive") oder Lennar Digital („Sylenth") sowieso diverse Freeware-Plug-Ins.

Ebenfalls elf von 13 Beteiligten, die angaben, auch oder – in zwei Fällen – ausschließlich analoge Synthesizer einzusetzen, zählten ihre Präferenzen auf: 6 × genannt wurden Instrumente von Roland, darunter zwei „Jupiter"-Versionen. 4 × tauchten Produkte von Yamaha auf, 3 × Korg (jeweils unterschiedliche Modelle) und 3 × „Virus TI" (Access). Jeweils 2 × wurden der „Xpander" (Oberheim), „OSCar" (Oxford Synthesizer Company) sowie Produkte der Firma Waldorf, Kawai und Moog genannt. Zudem wurden u.a. jeweils 1 × Instrumente der Firmen Kurzweil, Alesis und Akai angegeben.

Sieben Teilnehmer – mehr als ein Drittel – verzichten komplett auf Hardware-Synthesizer.

Fast alle Projekte nutzen professionelles oder semiprofessionelles Equipment, das die qualitativen Ansprüche der (Szene-)Hörer erfüllt und z.T. durchaus den Anforderungen an kommerzielle Produktionen entspricht. Dieses Ergebnis ist jedoch nicht zwangsläufig repräsentativ für die elektronischen Produktionen der Szene, die den Markt in den vergangenen Jahren regelrecht überschwemmt haben. Nicht jedes Projekt, das einmalig auf dem CD-Beileger eines Magazins vertreten ist, verfügt über tontechnische Vorbildung und Erfahrung, sondern probiert vielmehr innerhalb der Szene sein kreatives Potential aus. Kurzlebige Erscheinungen dieser Art sind zwar zahlreich, haben aber wenig (nachhaltigen) Einfluss auf stilistische Entwicklungen und Trends und wurden aus diesem Grund in der Umfrage nicht berücksichtigt.

Auffällig ist, dass sowohl im Hardware- als auch im Softwarebereich insbesondere etablierte Geräte und Geräte mit „Vintage-Charakter" beliebt sind.

Das Experimentieren mit neuen Sounds scheint oftmals dem szenetypischen, emotionalen und assoziativen Gehalt untergeordnet zu sein: Wenn das durch ein Musikstück vermittelte „Gefühl" auf Anklang in der Gothic-Kultur trifft, rücken technische Feinheiten tendenziell in den Hintergrund.

Auf der anderen Seite kann die Beschäftigung mit „Vintage"-Hardware-Synthesizern (Moog, OSCar oder Xpander) als Reminiszenz an die frühe Zeit der elektronischen (Pop-)Musik gelten, die eine Auseinandersetzung mit den zugehörigen technischen und klanglichen Charakteristika voraussetzt.

Bevorzugt werden jedoch softwarebasierte Klangerzeuger. Der „Absynth" ist etwa intuitiv anwendbar und verfügt über aufwändige, eindrucksvolle Presets (im Unterschied zu komplexer angelegten Instrumenten wie „Reaktor" o.ä., deren Bedienung sich nicht unmittelbar erschließt). Die Beliebtheit des „Absynth" deutet wiederum auf den Stellenwert der technischen Seite des

Musikproduzierens hin: Wichtiger als das Erarbeiten von Klängen auf der Grundlage explizit elektronischer Möglichkeiten ist häufig die Erzeugung eines subjektiv ansprechenden (und qualitativ-inhaltlich szenekompatiblen) Ergebnisses.

Das Favorisieren etablierter Hersteller und Produkte ist zudem ein Hinweis auf die konservative Tendenz der Gothic-Szene: Die Wertschätzung der Szenetraditionen (die trotz der Verankerung jüngerer Substile weiterbestehen) und die Treue der Fans über lange Zeit hinweg tätigen Bands und Projekten gegenüber korrespondieren mit dem Festhalten an – auch technisch – Bewährtem. Dies scheint im Widerspruch zu einer gegen die Mainstream-Gesellschaft rebellierenden Subkultur zu stehen, tatsächlich kommt hier jedoch vielmehr ein sehr typischer Teil der Gothic-Mentalität zum Ausdruck: Die Sehnsucht nach gegenseitigem Verständnis, Verbundenheit, Toleranz, Tiefe und Sinn impliziert zugleich auch den Wunsch nach Beständigkeit.

Abgesehen von der äußeren Erscheinung der Szenegänger äußert sich ihre Rebellion eher in einer stillen Form, die mit betont gepflegten Umgangsformen, Höflichkeit und Hilfsbereitschaft einhergeht, also: mit konservativen Werten. Diese Lebensweise – das friedliche Ablehnen der mainstream-assoziierten „Oberflächlichkeit" – lässt sich problemlos in den – vom Mainstream bestimmten – Alltag integrieren: Gothic-Anhänger fallen durch ihr Verhalten in der Regel nicht negativ auf, haben im Erwachsenenalter für gewöhnlich Beruf und Familie und leben ihre „Exzentrik" hauptsächlich im Szenekontext aus.

Nicht nur das bevorzugte Instrumentarium bestimmt auf der technischen Ebene die Wirkung des Endergebnisses, auch der Gebrauch bestimmter Klangkategorien transportiert ggf. Informationen, die auf die Zugehörigkeit der Musik zu einzelnen Sparten rekurrieren.

Um eine etwaige Verknüpfung untereinander verwandter Soundstrukturen mit spezifischen Subgenres auszuloten, wurden die Bands gefragt, ob sie spezielle Sounds oder speziell bearbeitete Sounds – z.B. eine verzerrte Bass Drum – jeweils mit einem oder mehreren Substilen assoziieren.

Drei Viertel der Beteiligten antwortete mit „Nein", nur ein Viertel mit „Ja".

Lediglich zwei Projekte erläuterten ihre Zustimmung: Futurepop wird demnach gekennzeichnet durch schnelle, mit einem Arpeggiator bearbeitete Tonfolgen und „helle Synth-Melodien" und/oder Roland TR909 Bass Drum; Industrial durch Waldorf-Sounds, „Hellectro" durch im Allgemeinen durch den reichlichen Einsatz von Verzerrern.

Immerhin vier der fünf Teilnehmer, die mit „Ja" geantwortet haben, setzen solche Sounds bewusst ein, um entsprechende stilistische Assoziationen hervorzurufen.

Obschon die Reaktionen der Teilnehmer eher zurückhaltend ausfallen, was eine Zuordnung einzelner Sounds zu bestimmten Substilen angeht, ist es wahrscheinlich, dass akustische Verweise dieser Art auf der Rezipientenseite stärker – wenn auch unbewusst – wahrgenommen werden.

Zwar sind die Genregrenzen oft fließend, doch die soundtechnischen Merkmale einer „typischen" EBM-, Industrial-, oder Futurepop-Produktion lassen sich tatsächlich in Form von stilistischen Verknüpfungen wie den Ausführungen der beiden Projekte, die ihre Assoziationen wiedergegeben haben, definieren. Der mit dem Szenerepertoire vertraute Hörer nimmt diese Komponenten wahr und erkennt schnell, ob ein bislang unbekanntes Stück einer Richtung entspricht, die er favorisiert, oder einer anderen Sparte angehört.

In den Clubs wird auf diese Weise u.U. die Entscheidung getroffen, ob zu einem neuen Titel getanzt wird oder nicht. Lassen sich Urheber bzw. Interpret (sofern es sich etwa um ein neues Stück einer Szenegröße oder ein Nebenprojekt eines bekannten Sängers/einer bekannten Sängerin handelt, würden erfahrene Szenegänger dies zuordnen können) nicht bestimmen, wird über Gefallen oder Nichtgefallen zunächst anhand von Ähnlichkeiten zu anderen Songs bzw. Stilen geurteilt.

Da sich die Party- und Clubplaylisten der DJs zumindest für die Zeit der höchsten Besucherdichte an Popularität und Tanzbarkeit der Titel orientieren, kommen hier harmonisch häufig einfach strukturierte Club-Hits zum Einsatz, die durch die Auswahl der verwendeten Sounds und ihre Bearbeitung bereits deutliche Signale hinsichtlich ihrer Zugehörigkeit zu einer bestimmten Stilistik setzen.

Ein Großteil der Produzenten mag solche Zuordnungen als „Schubladendenken" und Beschränkung ihrer kreativen Freiheit empfinden, tatsächlich sind jedoch speziell Subkulturen auf den Wiedererkennungswert solcher Merkmale angewiesen, da die Musik ebenso wie die Kleidung als Kommunikationsmittel fungiert.

Die Musik der Gothic-Szene differenziert sich in überdurchschnittlich viele Genres und Subgenres, die sich nur schwer in ihrer heterogenen Gesamtheit beschreiben lassen. Umso klarer sind z.T. die Spezifika der einzelnen Substile, sodass den Rezipienten die Orientierung vor dem Hintergrund eines gewissen Insiderwissens nicht schwer fällt.

Das Klangrepertoire umfasst neben rein synthetischen Sounds, zusätzlichen Instrumenten und Stimmen (vgl. Abschnitt 5.2.1) auch Sprachsamples, die inhaltliche Aspekte illustrieren, häufig rhythmisch strukturiert eingesetzt werden und bei Konzerten meist Bestandteil des Playbacks sind. In diesem Kontext sind sie der technischen Seite der Produktion zuzurechnen.

Zwölf Teilnehmer gaben an, Sprachsamples zu verwenden, acht verzichten darauf.

Verbreitet sind vor allem Samples aus Horror-, Grusel-, Action- und historisch-poetischen Filmen (z.B.: „The Crow", „Der Exorzist", „Hölderlin"), Auszüge aus TV-Reportagen und Nachrichtensendungen mit kontroversem und/oder schockierendem Inhalt (z.B. „Bomben über Dresden", „Gunther von Hagens Körperwelten", „Der Amoklauf von Erfurt"), „alte Radiohörspiele" und „Samples aus der Umwelt".

Hier tritt wiederum deutlich der thematische Fokus der Gothic-Szene zutage: Düstere und poetisierende Inhalte sind seit Entstehung der Gruppierung zentrale Merkmale ihrer Kultur. Die Erwähnung alter Radiohörspiele (als Beispiel wurde von einem Projekt „John Sinclair" angeführt) zeigt zudem die Bereitschaft zur gelegentlichen Brechung des Dunklen und Ernsten.

Das politisierende Üben von (Gesellschafts-)Kritik ist vor allem ein Spezifikum der explizit elektronischen Sparten. Stärker als die übrigen elektronisch basierten Genres und stärker als die überwiegend mit akustischen Instrumenten arbeitenden Ausprägungen der Gothic-Szene verwenden vor allem die härteren Stile Samples provokanten Inhalts, die sich auf Krieg, Gewalt oder kontroverse diskutierte Themen aus Technik und Forschung beziehen.

Zusammenfassend lässt sich feststellen, dass technisches Equipment und ideeller Kontext eng miteinander verknüpft sind; die Gothic-Kompatibilität der Musik, des Inhalts und des Artworks ist im Allgemeinen Voraussetzung für den szeneinternen Erfolg eines Projekts. Der Einfluss stilprägender Vorbilder ist groß; Bewährtes wird geschätzt, neue Entwicklungen spielen sich – bewusst oder unbewusst – unter Berücksichtigung der Konventionen des kulturellen Rahmens ab.

5.2.5 Musikproduktion innerhalb der Szenegrenzen – Freiraum oder Beschränkung?

Musik als Teil einer Szene und somit für eine Szene zu produzieren, konfrontiert den Urheber zwangsläufig mit den geltenden Standards und Konventionen der jeweiligen Gruppierung. Bereicherung und Beschränkung liegen im Spannungsfeld zwischen Unabhängigkeitsanspruch und stilistischen Vorgaben dicht beieinander.

Maßgeblich über Erfolg oder Misserfolg eines Projekts entscheidet im Bereich der elektronischen (Tanz-)Musik u.a. die Clubtauglichkeit der Stücke. Vor diesem Hintergrund wurden die Teilnehmer gefragt, wie wichtig ihnen die Tanzbarkeit ihrer Musik sei.

Mehr als die Hälfte der Beteiligten gab „nicht so wichtig" an (11 ×). Das ist insofern überraschend, als dass die Mehrheit der Bands mindestens einen Club-Hit vorweisen kann. Auf der anderen Seite verweist diese Prioritätengewichtung wiederum auf die ursprüngliche Introvertiertheit der Szene, die ihre künstlerischen Tätigkeiten in erster Linie zum Zweck der Selbstfindung und bzw. -verwirklichung ausübt.

Das Streben nach Erfolg – nicht primär im wirtschaftlichen Sinne, sondern in Form von Aufmerksamkeit und Anerkennung – ist weniger angesehen als der künstlerische Ausdruck; dieses (Selbst-)Verständnis ist in der Gothic-Kultur stark ausgeprägt und korreliert mit dem tendenziell elitären Selbstbild der Szene.

Da es keine klare Trennung zwischen Künstlern und Fans gibt – beide Seiten gehören der Szene an und werden von ihren ideellen Werten beeinflusst –, sind die Produzenten umso stärker in der „schwarzen" Tradition verwurzelt und vertreten selbst ihre Ideale.

Aus den beantworteten Fragebögen geht stellenweise hervor, das sich die Musiker über die aus den unterschiedlichen Anforderungen des Musikbetriebs innerhalb einer Subkultur resultierenden Ambivalenzen durchaus bewusst sind: Auf der einen Seite steht das Bedürfnis nach autarker und uneingeschränkter kreativer Arbeit, auf der anderen Seite die Notwendigkeit, die ökonomische Durchführbarkeit der Projekte zu gewährleisten, und der Wunsch nach Popularität.

Ambivalent sind nicht zuletzt auch die Signale der Konsumenten: Während auf der einen Seite das Wesen des authentischen Künstlers zum Ideal erhoben wird, treten die Fans zugleich mit dem Anspruch an die Szene-Stars heran, bereits eingeschlagene Wege weiterzuverfolgen oder Veränderungen in eine bestimmte Richtung vorzunehmen. Die Produzenten sind entsprechend gefordert, in diesem Umfeld zu agieren.

Ein weiterer Punkt im Hinblick auf die schöpferische Freiheit der Musiker ist der individuelle Umgang mit den stilistischen Präferenzen der Szenegänger. Auf die Frage, ob die Teilnehmer Wert darauf legen, eine spezielle (Sub-)Szene mit ihrer Musik anzusprechen, antwortete die Hälfte mit „weniger". Dieses Ergebnis zeigt auf der einen Seite, dass die Szenezugehörigkeit zwar von Bedeutung ist, die eigene Kreativität dadurch jedoch nicht beeinträchtigt werden soll. Der hohe Stellenwert des unvoreingenommenen Produzierens von Musik wird zudem untermauert durch die im Vergleich zu „sehr viel" (4 ×) häufigere Angabe „gar nicht" (6 ×).

Zu diesem Themenkomplex gehört auch die Frage, ob bewusst Zugeständnisse an das Szenepublikum gemacht werden. Das Ergebnis steht in Relation zu den bereits dargestellten Angaben: Auch hier antworteten die Beteiligten überwiegend mit „nicht so häufig" (9 ×), es wird also erneut die Gratwanderung zwischen Szenezugehörigkeit/Szeneakzeptanz und der Freiheit, in kreativer Hinsicht den persönlichen Neigungen nachzugehen, deutlich. Wie schon zuvor ist das kompromisslose „Nie" (6 ×) im Vergleich zum kompromissbereiteren „Selten" (5 ×) geringfügig stärker vertreten.

Aus den Ergebnissen lässt sich schließen, dass die größtmögliche künstlerische Freiheit angestrebt und als Ideal empfunden wird, sich die Produzenten jedoch bewusst sind, dass sie sich in einem konventionsbestimmten Umfeld bewegen. Die Beeinflussung ist wechselseitig; Urheber und Publikum generieren gemeinsam das subkulturelle Gefüge. Insofern wird die aktive Auseinandersetzung der Bands und Soloprojekte mit der eigenen Szenezugehörigkeit und den Erwartungen der Rezipienten im sozialen Raum „Gothic" und seinen Subgruppierungen aktuell bleiben.

5.2.6 Der schwarz-elektronische Untergrund – eine Männerdomäne?

Die elektronische Musik der Gothic-Szene wird von männlichen Produzenten dominiert; Frauen treten eher – wenn überhaupt – als Sängerinnen oder Instrumentalistinnen in Erscheinung. Insbesondere die härteren Subgenres werden überwiegend von Männern sowohl produziert als auch interpretiert, während die weniger explizit elektronischen Stile, die Elemente aus Neo-Klassik, Pop oder Mittelalter verarbeiten, tendenziell einen höheren Frauenanteil aufweisen. Um das quantitative Verhältnis zwischen männlichen und weiblichen Musikproduzenten zu objektivieren, wurden die Teilnehmer der Umfrage gebeten, Auskunft über das Geschlecht ihres jeweiligen für die Produktion zuständigen Mitglieds zu geben.

In 17 Fällen ist der Produzent männlich, in nur drei Fällen weiblich; einmal wurde keine Angabe gemacht, einmal beides angegeben, da beide Projektbetreiber für die Musik verantwortlich zeichnen.

Da Projekte aus möglichst unterschiedlichen elektronisch basierten Sparten unter besonderer Berücksichtigung von Produzentinnen angesprochen wurden, fällt der Frauenanteil verhältnismäßig hoch aus; hätte sich die Befragung auf die speziell cluborientierte Musik der Szene konzentriert, wäre der Anteil der männlichen Produzenten noch höher gewesen.

Auf die Frage, ob die Teilnehmer den Eindruck haben, die elektronische Musik der Gothic-Szene werde von männlichen Produzenten dominiert, antworteten alle mit „Ja"; 19 gaben an, dass ein männliches Bandmitglied häufiger intuitiv als Urheber der Musik betrachtet wird als ein weibliches.

Die Wahrnehmung der Produzenten deckt sich mit der szeneinternen Realität: Weibliche Produzenten sind noch immer eine Minderheit, die ausdrücklich als solche empfunden wird. Obschon es in Deutschland renommierte, von Frauen betriebene Electro-Projekte gibt (z.B. Sara Noxx, Yendri), die nicht weniger wertgeschätzt werden als die Erzeugnisse männlicher Kollegen, werden Musikerinnen nicht mit der Herstellung elektronisch basierter Stücke assoziiert. Obschon auch auf internationaler Ebene (z.B. Ayria/Kanada, Unter Null/USA) in den vergangenen Jahren erfolgreiche Szene-Electro-Produzentinnen in Erscheinung getreten sind, werden techniklastige Produktionsprozesse und technikaffine Musik noch immer nicht selbstverständlich mit Frauen in Verbindung gebracht.

Zu berücksichtigen sind im diesem Kontext auch ästhetische Faktoren: Speziell die härteren elektronischen Stile werden größtenteils von männlichen Stimmen unterstützt, wenngleich aggressive, nicht explizit feminine Gesangsstile – seltener – auch von Frauen geboten werden. Die zwar in puncto Geschlechterrollen/Androgynität aufgeschlossene Gothic-Szene verfügt zusätzlich über ein konservatives Traditionsbewusstsein, das das Bild einer schönen, äußerlich häufig freizügige Signale setzenden Frau einschließt, die möglicherweise eher melancholische, emotionale, verzweifelte oder auch wütende Ausdrucksformen repräsentiert als „typisch" männlich-aggressive. So ergibt es sich, dass sich sowohl die Erwartungshaltung des Publikums als auch das Selbstbild der Szene-Musikerinnen weniger häufig in Richtung härterer elektronischer Subgenres bewegen.

Diese Situation hat sowohl positive als auch negative Auswirkungen für die Produzentinnen: Frauen, die selbst elektronische Musik herstellen, wird ggf. eine größere Aufmerksamkeit zuteil; von Nachteil ist jedoch die mit den Hörgewohnheiten und -konventionen einhergehende Bevorzugung männlicher Stimmen im elektronischen Bereich sowie die erwartete, technisierte oder martialisierte visuelle Darstellung der Projekte (über Fotos, Artwork und Live-Präsenz), die als vorwiegend männliche Charakteristika wahrgenommen werden. Zu dieser Entwicklung beigetragen hat möglicherweise auch der Umstand, dass die stilbildenden Vorreiter elektronischer Popmusik durchweg männlich waren.

Andere Genres der Gothic-Szene verfügen über ein aufwändigeres und durchaus farbigeres Bilderrepertoire, das weitaus femininere Züge trägt. Insofern bieten – zumindest die explizit – elektronischen Subsparten vergleichsweise wenig Raum für eine stark ausgeschmückte optische und akustische Ästhetik.

Anders verhält es sich auf der Rezipientenseite: „Gothic Electro" in all seinen Facetten spricht sowohl männliche als auch weibliche Fans an. Unter den Fans der elektronischen Musik der Gothic-Szene spielen geschlechtsabhängige Faktoren nur eine sehr geringe Rolle: 17 der 20 beteiligten Bands und Projekte sprechen nach eigener Einschätzung zu etwa gleichen Teilen männliche und weibliche Fans an; lediglich drei Projekte finden überwiegend unter männlichen Rezipienten Anklang.

5.3 Das Verhältnis zu anderen Genres: Abgrenzung und Schnittmengen

Die Entwicklungsfähigkeit und Lebendigkeit der unterschiedlichen musikalischen Genres der Underground- bzw. Independent-Szene profitieren von wechselseitiger Beeinflussung und Inspiration. Da auf der Produzentenseite häufig sehr offen mit Genregrenzen umgegangen wird, werden auch (sub-)stilfremde Elemente verarbeitet. So ließen sich etwa erfolgreiche Techno-Protagonisten der Neunzigerjahre wie Sven Väth oder Westbam nach eigener Aussage von EBM-Projekten inspirieren,[277] und Future-Pop-Ikonen wie Covenant oder VNV Nation verwenden hörbar technoide Anleihen.

Zum Teil finden szenefremde Vorlieben auch unter eigenständigen Projektbezeichnungen ihren spezifischen Ausdruck: Bill Leeb, Gründer der EBM-Pioniere Frontline Assembly, produzierte unter den Namen Delerium und Synasthesia ambientverwandte Musik und wendete sich zusätzlich mit dem Projekt Intermix der Ritualästhetik zu.[278]

Grundsätzlich scheint die Aufgeschlossenheit gegenüber szenefremden Genres auf der Produzentenseite größer zu sein als unter den Rezipienten: Während sich die Kreativität der Musiker nicht zwingend durch Szenegrenzen beschränken lässt und ihren Ausdruck daher auch in anderen Bereichen findet, konstituiert sich die Gothic-Kultur auf der Fanseite im Wesentlichen durch die (stilbildende) Musik. „Artfremde" Titel werden folglich von den Szenegängern genau auf Gothic-Kompatibilität geprüft, bevor sie sich in den Clubs etablieren können (z.B. „Straßen" von ASCII.disko oder „Ich muss gar nix" von Großstadtgeflüster). Stark von den Szenevorgaben – die weniger durch klare Maximen als durch eine diffuse, schwer zu fassende Gefühls- und

---

[277] Vgl.: Platz, S. 272.

[278] Ambient und Ritual sind Substile der Technoszene, die als „Dark Ambient" und „Dark Ritual" z.T. auch unter Gothic-Anhängern ein Publikum finden. Kennzeichnend für Ambient ist eine ruhige und in Ansätzen meditative Stimmung; Ritual ist eine treibendere, hypnotische, häufig mit Naturklangsamples angereicherte Ausprägung. In beiden Genres wird fast ausschließlich Instrumentalmusik erzeugt. Vgl.: Platz, S. 274.

Neigungskombination generiert werden – abweichende Musik stört das Exklusivitätsempfinden, das das gesamte Kollektiv prägt.

14 der an der Umfrage beteiligten Produzenten gaben an, auch in anderen Szenen musikalisch aktiv zu sein. Darunter fallen Tätigkeiten in den Bereichen Underground im Allgemeinen (Independent, Rock, Metal, Blues), Klassik, anderen elektronisch dominierten Sparten (inkl. Avantgarde und Neuer Musik) sowie Mittelalter und Pop. Sechs Teilnehmer konzentrieren sich vollständig auf die Gothic-Szene.

Daran lässt sich einerseits ablesen, dass die szenerelevanten Produktionen nicht alle musikalischen Interessen eines Großteils der Protagonisten abdecken, andererseits kann die breitgefächerte Aktivität der Produzenten als Ausdruck der szeneimmanenten Offenheit unterschiedlichen Stilen gegenüber interpretiert werden (vgl. Abschnitt 2.3).

Gleichzeitig bezeugt die Existenz szenefremder Nebenprojekte die stilistische Begrenzung der Gothic-(Sub-)Genres: Andernfalls könnten alle musikalischen Interessen der Musiker innerhalb der Gruppierung stattfinden. Gewisse Eingrenzungen sind jedoch nötig, um eine stilistische Kongruenz bzw. Integrität aufrecht zu erhalten. Eine musikzentrierte Szene, die „alle" Stile „erlaubt", hätte kaum Möglichkeiten, sich gegen andere (sub-)kulturelle Erscheinungen abzugrenzen und ein unverwechselbares – akustische, visuelle und interessensspezifische Aspekte umfassendes – Erscheinungsbild auszubilden. Die Vielfältigkeit der „schwarzen" Sparten ist bereits im Vergleich zu anderen Gruppierungen überdurchschnittlich hoch, sodass zusätzliche Einflüsse die Gefahr einer immer stärker voranschreitenden Zersplitterung vergrößert.

Die größte Freiheit bieten Sonderfälle wie das verhältnismäßig neue Phänomen Steampunk: Ähnlich wie die Gothic-Lolita-Mode hat sich Steampunk als vorwiegend visuell geprägter Trend innerhalb des Szenegefüges durchsetzen können, in Deutschland in größerem Umfang vor allem etwa seit dem Jahr 2009. Die eigenständige Steampunk-Szene bietet jedoch weitere Anknüpfungspunkte; so wird etwa die auf die Mode des 19. Jahrhunderts rekurrierende Ästhetik um steampunktypische Elemente ergänzt: Die ursprünglich literarische Science-Fiction-Gattung versetzt eine viktorianische Umgebung in eine fiktive Zukunft, die mit den technischen Mitteln der industriellen Revolution arbeiten, vorrangig mit Dampfmaschinen, Luftschiffen u.ä. In diesem Kontext werden Schmuck, Accessoires, Kleidung und ganze (Phantasie-)Maschinen konstruiert, in die sichtbare Zahnräder, Uhrwerke, alte Schlüssel und verwandte mechanische Kleinteile eingearbeitet sind. Entsprechend ist Steampunk keine musikzentrierte Gemeinschaft, sondern spricht eher Bastler, Designer, Rollenspieler, Historien-, Fantasy- und Science-Fiction-Fans an. Die Steampunk-Stilistik wird jedoch auch von Bands aufgegriffen, das bekannteste Beispiel ist gegenwärtig die US-amerikanische Formation Abney Park, die der Gothic-Szene entstammt, sich aber bereits früh der Steampunk-Ästhetik zugewandt hat. Das musikalische Genre Steampunk ist allerdings noch so wenig festgelegt, dass in stilistischer Hinsicht eine Vielzahl künftiger Entwicklungen denkbar ist. Insofern stellt die noch sehr junge Sparte eine Ausnahmeerscheinung dar, und es bleibt abzuwarten, ob sie zu einer eigenständigen Gattung ausgestaltet werden oder möglicherweise als Subgenre in den Gothic-Kanon Eingang finden wird.

Ergänzend wurden die Teilnehmer in diesem Kontext gefragt, wie sie Stellenwert und Qualität der elektronischen Musik der Gothic-Szene im Vergleich zu anderen (elektronischen) Szenen beurteilen. Die Antworten fielen unterschiedlich aus: Der (quantitative) Anteil elektronischer Musik innerhalb der Szene wird als relativ hoch, z.T. sogar als „zu hoch" eingeschätzt. In einem Fall wird die große Menge elektronischer Produktionen auf die mangelnde instrumentale Vorbildung in der Szene zurückgeführt. Diese Begründung mag noch auf die frühen Neunzigerjahre des vergangenen Jahrhunderts zutreffen, mittlerweile hat sich jedoch – wie auch in der kommerziellen Popmusik – der Anspruch des Publikums und der Anspruch der Musiker selbst an die eigenen Fähigkeiten verändert. Die vom Punk beeinflusste Attitüde, mit Hilfe eines bewussten Dilettantismus Kritik zu üben und zu rebellieren, hat sich hin zu einer technisch und musikalisch professionalisierten Herangehensweise verlagert. Ausgebildete Musiker werden geschätzt und imponieren; auch dies ist ein Faktor, der das elitäre Selbstverständnis der Gruppierung illustriert.

Der veränderte Anspruch sagt allerdings noch nicht viel über die tatsächliche Qualität eines Großteils der Veröffentlichungen aus. Entsprechend heterogen waren die Bemerkungen der Befragten: Die Qualität der elektronischen Musik der Gothic-Szene wird von einigen Produzenten als „nicht (mehr) sehr hoch", von anderen als „durchschnittlich hochwertig" bewertet; jeweils einmal wurde sie als „teilweise sehr schlecht produziert" und als „viel Amateurmaterial" charakterisiert. Einigkeit herrschte weitgehend hinsichtlich der von den führenden Bands gebotenen hohen Qualität. In einem Fall wurde die bereits behandelte stilistische Beschränkung (aus Produzentensicht) beklagt; drei Teilnehmer enthielten sich.

Zusammenfassend lässt sich feststellen, dass die Masse junger Projekte, die nur vorübergehend aktiv sind, das musikalisch-technische Niveau im Durchschnitt senken, da es ihnen an Erfahrung und Wissen fehlt. Die Produktionen der renommierten, konsequent an neuen Veröffentlichungen arbeitenden

Musiker bieten in der Regel eine höhere Qualität, die sich auf technischer Ebene nicht von kommerziellen Releases unterscheiden.

5.4 Electro-Konzerte – Livemusik oder Playbackshow?

Seit Ende der Siebzigerjahre ist synthesizerdominierte Popmusik charts- und massentauglich geworden, entsprechend früh stellte sich die Frage, wie sich ein Electro-Konzert in technischer Hinsicht realisieren und organisieren lässt. Die ersten transportablen und somit grundsätzlich für den Live-Einsatz geeigneten Synthesizer waren noch unzuverlässig, wurden aber ostentativ als neues Instrument präsentiert. Während Kraftwerk live ganz auf eine explizit technisierte Ästhetik setzten, reicherten Projekte wie Human League, Gary Numan oder DAF ihr Equipment gern mit zusätzlichen Komponenten wie Schlagzeug oder Gitarren sowie visuelle Aspekte wie z.B. Dia-Shows an.

Die Live-Präsentation elektronischer Popmusik fällt also ganz unterschiedlich aus; in der Regel können nicht alle Elemente eines Stücks live gespielt werden, sodass die Verwendung ergänzender Playbacks üblich ist.

Zu untersuchen ist nun, wie elektronische Musik innerhalb der Gothic-Kultur wiedergegeben wird, welche akustischen und visuellen Aspekte im Vordergrund stehen und welche Rückschlüsse auf den ideellen Kontext sich aus den vorherrschenden Konventionen ziehen lassen.

Zunächst wurden die Bands und Soloprojekte gefragt, aus welchen musikalischen Faktoren sich ihre Live-Show zusammensetzt; Mehrfachnennungen waren möglich. Zwei Teilnehmer spielen grundsätzlich nicht live, die Menge der Beteiligten beträgt für diesen Abschnitt also 18 statt 20.

Fast alle Projekte setzen Live-Gesang ein (17 ×), mehr als zwei Drittel verwenden Live-Keyboards bzw. -Synthesizer (14 ×), ebenfalls 14 × werden Playbacks benutzt und 12 × zusätzliche, nicht-elektronische Instrumente. Populär sind hier besonders (E-)Gitarren (6 ×); 4 × wurden Streicher angegeben, 3 × Drums, 2 × (E-)Bass; jeweils 1 × Percussion, Sampler, Effektgeräte, MIDI-Controller und historische Instrumente.

Das verbindende Element stellt der Gesang dar, der von live gespielten Keyboards bzw. Synthesizern und/oder Playbacks sowie relativ häufig von ergänzenden Instrumenten getragen wird. Vollplayback kommt nicht vor; trotz der allgemeinen Akzeptanz technischer Hilfsmittel handelt es sich dabei um eine Vortragsform, die weder von den Musikern selbst noch von den Fans anerkannt wird.

Abb. 29: Live-Technik des italienischen Dark-Wave-Projekts Kirlian Camera bei einem Konzert in München, Foto: Mark Benecke

Stimmen, die ggf. über das Playback eingespielt werden, dienen der Verstärkung und Vervollständigung des Gesamtklangs, der Frontgesang findet jedoch live statt.

Die Verwendung von Playbacks wird aus verschiedenen Perspektiven unterschiedlich bewertet: Während sie für elektronisch basierte Projekte häufig eine Notwendigkeit darstellt, wird diese Form der Live-Präsentation von rein akustisch spielenden Bands aus anderen Sparten mitunter kritisch betrachtet: Dies ist ein Ausdruck des latenten Konflikts innerhalb der Szene zwischen den Polen „Rock" und „Electro".

Dass eine komplett das Technisch-Synthetische in den Vordergrund stellende Show nicht der Regelfall ist, zeigt die Beliebtheit weiterer Instrumente. Die verhältnismäßig weite Verbreitung von Gitarren lässt sich auf praktische Ursachen zurückführen: Im populärmusikalischen Rahmen ist die Gitarre in unterschiedlichen Funktionen (als Solo-, Rhythmus- oder Begleitinstrument) und Ausführungen (E-Gitarre, Akustik- bzw. Westerngitarre, Konzertgitarre) die Grundlage für einen wesentlichen Teil der Produktionen ganz unterschiedlicher Richtungen. Viele (Hobby-)Musiker, deren Hauptinstrument nicht die Gitarre ist, beherrschen oft immerhin einige Akkorde. Beide Faktoren – die nahezu universalen Einsatzmöglichkeiten im Pop-Bereich und die weite Verbreitung spieltechnischer Grundkenntnisse – machen Gitarren auch innerhalb der elektronisch dominierten Genres zu einer flexibel zu handhabenden Ergänzung.

Abb. 30: Michael Popp (QNTAL) backstage bei der „Gala Nocturna" in Antwerpen 2012, Foto: Sigrid Hausen

Neben der Instrumentierung spielen auch visuelle Faktoren eine wesentliche Rolle bei der Live-Präsentation. Die optische Dynamik, die sonst von mehreren Instrumentalisten ausgeht, muss auf andere Weise hergestellt werden, wenn ein Projekt nicht betont statisch auftreten möchte. Entsprechend wurden die Teilnehmer gefragt, welche das Bühnenbild betreffenden Mittel für ihre Live-Show unverzichtbar sind.

Fast ausnahmslos empfinden die Befragten (farbiges) Bühnenlicht als konstitutives Element ihren Auftritt. Jeweils die Hälfte gibt an, Nebel bzw. spezielle Lichteffekte (z.B. Stroboskop, Moving Lights, Schwarzlicht o.ä.) zu benötigen; Bilder und Videos spielen für ein Drittel eine wichtige Rolle. Ein Projekt verwendet zudem Kunstblut, ein anderes eine charakteristische, dem Programm entsprechende Bühnendekoration.

Das visuelle In-Szene-Setzen der Musik ist von großer Bedeutung; synthetisch erzeugte Musik braucht – anders als etwa die komplett ohne soundtechnisches Equipment aufführbare Musik der mittelalterlich oder (neo-)folkinspirierten Substile – eine insbesondere durch Licht unterstützte Umgebung, um ihre Wirkung zu entfalten. Die erwünschten Lichteffekte sind in etwa die gleichen, die auch in gut ausgestatteten Szene-Clubs bzw. Partys zum Tragen kommen und eine spannungsreiche, dynamische, zum Tanzen animierende Grundstimmung evozieren.

Auf der anderen Seite lässt sich für die Gothic-Szene im Allgemeinen feststellen, dass großen Wert auf adäquate Beleuchtung gelegt wird, da es die dunkle, mystische, romantische oder zornige Atmosphäre der Musik unter Live-Bedingungen häufig erst optimal zur Geltung bringt.

Abb. 31: Das amerikanische Electro-/Future-Pop-Projekt Assemblage 23 beim Blackfield-Festival 2011, Foto: Ralf Pauen

Zu den visuellen Aspekten eines Konzerts gehören auch die Bühnenoutfits. Zwar betreibt die Gothic-Szene insgesamt viel Aufwand um das (individuelle und gleichzeitig szenegemäße) Styling, die Erwartungen an Akteure und Publikum sind jedoch unterschiedlich. Die aufwändigsten Kleidungs-, Make-up- und Accessoire-Konstellationen finden sich üblicherweise unter den

Fans, während die Musiker gemeinhin auf szenetypische, tendenziell aber weniger auffällige Kombinationen zurückgreifen.[279]

Die elektronischen Subgenres scheinen in dieser Hinsicht im Vergleich zu anderen Sparten noch einmal dezenter aufzutreten; diese Hypothese soll anhand der Ergebnisse des Fragebogens überprüft werden.

Die Teilnehmer hatten die Möglichkeit, ihre Bühnenkleidung anhand vorgegebener Beispiele zu beschreiben.

Bezeichnenderweise wurde die individuell zu beantwortende Option „Sonstiges" am häufigsten gewählt (6 ×), gefolgt von „Elegant" (5 ×), „Düster" (5 ×), „Auffällig" und „Verspielt" (jeweils 4 ×). Jeweils 3 × wurden „Provokant" und „Romantisch", 2 × „Aggressiv" angegeben. Die Vorgaben „Technoid", „Viktorianisch" und „Mittelalterlich" blieben ungenannt.

Die Beteiligten erläuterten „Sonstiges" folgendermaßen: „schlicht und zweckmäßig", „bequem", „alltagstauglich, farbig", „schlicht", „schwarz, aber nicht exotisch/auffällig" und „nicht einheitlich".

Die Angaben untermauern die These, dass die Präsentation elektronischer Musik innerhalb der Szene zwar technisch-visuelle Mittel erfordert, um die zu transportierende Stimmung wirkungsvoll zu illustrieren, das Erscheinungsbild der Künstler selbst aber häufig bewusst zurückhaltend gestaltet wird.

Es ist denkbar, dass dieses Ergebnis mit dem Gender-Aspekt in Zusammenhang steht: In einer männlich dominierten Sparte, die sich zunächst weniger über Äußerlichkeiten definiert als die viele andere Gothic-Genres, kommt es nicht so schnell zu einer Entwicklung auffälliger optischer Komponenten, da diese überwiegend von Frauen vorangetrieben werden. Zudem lassen sich, wenn das Styling nicht zu den wesentlichen Kriterien gehört, weniger Vergleiche unter den Protagonisten ziehen, die Konkurrenzdruck nach sich ziehen.

Für die elektronischen Subgenres lässt sich zusammenfassend feststellen, dass Musik und Optik nicht gleichwertig sind, sondern die Musik deutlich im Vordergrund steht.

---

[279] In den letzten Jahren ist – begünstigt durch größere Zugänglichkeit der entsprechenden Produkte über Onlineshops usw. – das Erscheinungsbild der Szene insgesamt auffälliger und farbiger geworden, so auch das Styling der Musiker. Das Verhältnis zwischen Fan- und Musiker-Outfits ist aber in etwa gleich geblieben.

5.5 Prädikat Eigenständigkeit?

Die Heterogenität der „schwarzen" Subgenres macht es für den Außenstehenden schwierig, verbindliche Charakteristika festzustellen, die die Musik der Gothic-Kultur als solche auszeichnen. Die Verbindung von Adaptionen zahlreicher (pop-)musikalischer Elemente aus unterschiedlichen Sparten mit gothic-spezifischen Umdeutungen und Anreicherungen ergeben ein komplexes, mehrdeutiges Gefüge, das nicht nur akustische, sondern auch inhaltliche und visuelle Faktoren umfasst.

Die elektronische Musik der Gothic-Szene als Sammelbegriff für eine Reihe von Substilen spiegelt diese Vielgestaltigkeit wider. Auch hier wird auf Einflüsse von „außen" zurückgegriffen; die mittlerweile rund dreißigjährige Geschichte der Szene hat jedoch durchaus unverwechselbare und somit eindeutig zuzuordnende stilistische Komponenten hervorgebracht. Auch im elektronischen Bereich werden solche Charakteristika deutlich.

So ist etwa EBM, „Electronic Body Music", ein Genre, das seinen festen Platz in der Gothic-Kultur hat und durch die häufig militante Aufmachung und den zugehörigen Tanzstil über eigenständige Ausdrucksformen verfügt. Ähnliches lässt sich mittlerweile über die elektronischen Industrial-Produktionen sagen, die ebenfalls szenespezifisch sind.

Ein weiteres Merkmal ist der hohe Stellenwert von Stimmen und/oder (Sprach-)Samples, die in den Genres anderer explizit elektronischer Szenen eine weniger prägnante Rolle einnehmen.

Zudem haben sich einzelne Stilmittel – etwa verzerrte Bass-Drums oder der Einsatz von Arpeggio-Sounds – herausgebildet, die sich mit den verschiedenen Strömungen assoziieren lassen. Es müssen zumeist mehrere Faktoren in Kombination auftreten, um eine klare Verortung zu ermöglichen.

Zusammen mit den bereits erörterten Inhalten ergeben sich typische Merkmalskonstellationen, die das zunächst diffus wirkende Erscheinungsbild der unterschiedlichen Strömungen strukturieren. In ihrem spezifischen Kontext bilden die vermeintlich widersprüchlichen Einzelkomponenten, die für sich genommen auch in anderen Zusammenhängen präsent sind, ein jeweils selbst- und eigenständiges neues Genre, das in den übergeordneten Rahmen der Gothic-Szene eingebunden ist.

Die zunehmend benutzerfreundlicher werdende Virtualisierung der Produktionsbedingungen sowie vorgefertigte Presets und Loops stellen die künstlerische Eigenständigkeit allerdings – nicht nur in Bezug auf die elektronische Musik der Gothic-Szene, sondern auf alle elektronisch basierten Genres – auf technischer Ebene in Frage. Auch in diesem Punkt ist eine Orientierung an typischen Traditionen bzw. Konventionen zu beobachten, die dem kritiklosen Übernehmen von Beispielvorgaben entgegenwirkt – hier greift ein Mechanismus, der für die Stilistik der gesamten Gothic-Kultur prägend ist: Vorgegebenes wird nach den eigenen, szenekompatiblen Wünschen und Vorstellungen aufgegriffen, transformiert und in den Gothic-Kontext integriert.

Technische Spezialitäten wie „Vintage Synthesizer" usw. werden zwar geschätzt, scheinen in rein technischer Hinsicht im Durchschnitt aber weniger von Bedeutung zu sein als in anderen Gruppierungen. Eine subgenreübergreifende Besonderheit der Schwarzen Szene ist vielmehr das „Gesamtkunstwerk", das Musik, Text, Outfit- und Bühnengestaltung[280] umfasst.

5.6 Gothic Electro – praktikabler Terminus oder artifizielles Konstrukt?

Da „Gothic Electro" kein szenetypischer Begriff ist, sondern das Ergebnis der Suche nach einem übergreifenden Terminus, der alle Spielarten der elektronischen Musik der Gothic-Szene umfasst, war diesbezüglich ein Feedback seitens der Umfrageteilnehmer erwünscht.

Acht Bands bzw. Soloprojekten gefiel diese Umschreibung „gut", acht anderen „nicht so gut". Drei Teilnehmern gefiel sie „gar nicht", einmal wurde „sehr gut" angegeben.

Dieses Ergebnis verdeutlicht erneut das Streben nach größtmöglicher Freiheit und die Ablehnung von (häufig als einengend empfundenen) Klassifizierungen.

Alternativen wurden kaum vorgeschlagen – auch dies kann als Indiz für den Wunsch nach Unabhängigkeit gewertet werden.

Dörthe Fleming, Sängerin und Komponistin des Neo-Klassik-Projekts Bacio di Tosca, kritisiert die assoziative Einschränkung des Begriffs:

> „Die Bezeichnung Gothic Electro grenzt das Genre meiner Meinung nach zu sehr in den Bereich ‚clubtaugliche Tanzmusik' ein. Elektronisch erzeugte Musik in der schwarzen Szene bietet aber viel mehr Facetten."

Trotz dieser Gefahr scheint „Gothic Electro" eine zwar konstruierte, aber funktionale Umschreibung eines tatsächlich überaus facettenreichen Pools unterschiedlicher Substile zu sein – jede weitere Präzision würde verfälschend wirken, jede größere Verallgemeinerung zu weit fassen. „Gothic Electro" umreißt im Rahmen dieser Arbeit deutlich den Gegenstand: Die

---

[280] Spektakuläre Bühnenkleidung scheint unter den Elektronikern weniger wichtig zu sein als in anderen Gothic-Genres; dennoch verweist aber auch das Erscheinungsbild der Produzenten bzw. Interpreten in den meisten Fällen auf die Szene.

elektronisch basierte, häufig, aber nicht ausschließlich im Club- und Partybereich rezipierte und stattfindende Musik der Schwarzen Szene, deren zahlreiche Substile das Stimmungs-, Atmosphären- und Ausdrucksrepertoire der übergeordneten Gruppierung „Gothic" in vollem Umfang repräsentiert.

6. Unabhängigkeit vs. Kommerz – die mediale Vermarktung innerhalb der Subkultur

Nach der Betrachtung der stilistischen und inhaltlichen Aspekte ist abschließend die Einordnung der elektronischen Musik der Gothic-Szene in den musikindustriellen Kontext notwendig. Ökonomischer Erfolg in Bezug auf Tonträger- bzw. Downloadverkauf, Live- und Medienpräsenz im Spannungsfeld zwischen Unabhängigkeit und Kommerz ist ein einflussreicher Faktor, der sich ggf. unmittelbar auf die produzierte Musik auswirkt. In diesem Zusammenhang sind auch der berufliche Hintergrund und die individuelle Lebensgestaltung der Produzenten von Bedeutung.

6.1 Der Mainstream und der Underground

Die Diskrepanz zwischen Kunstanspruch und profanem Kaufanreiz, zwischen individuellem Ausdruck und kommerziell motivierter Unterhaltung ist seit der Nachkriegszeit ein Problem, das alle Bereiche des Kulturbetriebs betrifft: Eine erfolgreiche Kulturproduktion muss breitentauglich sein, Profit durch Verallgemeinerung ist das Ziel.[281]

Die Antwort auf oktroyierte Mainstreamprodukte sind die Subkulturen, die selbstverantwortliche Eigenleistungen und kritische Rezeption im Umgang mit Massenmedien anstreben.[282]

Der aktiv interpretierende und modifizierende Rezipient steht im Fokus der Cultural Studies. John Storey unterscheidet in diesem Kontext Massen- und Populärkultur:

> „Popular culture is what people make from the products of the culture industry – mass culture is the repertoire, popular is what people actively make from it, actually do with it."[283]

Die aktive, individuelle und charakteristische Umgestaltung des massenkulturellen Angebots ist ein ausgeprägtes Merkmal der Gothic-Szene, dennoch lässt sich über die Jahre eine Verallgemeinerung im konsumorientierten Sinn beobachten: Die aktiv-kreative Reaktion der Achtziger- und zunächst noch der Neunzigerjahre auf modische und musikalische Produkte der Massenkultur wird zunehmend ersetzt durch die Güter, die eine eigene, mit der Zeit bedeutend angewachsene „Underground"-Industrie offeriert – Magazine und Plattenlabels setzen durch vermehrte Werbeanzeigen auf ökonomische

---

[281] Vgl.: dazu: Max Horkheimer und Theodor W. Adorno, *Dialektik der Aufklärung. Philosophische Fragmente*, Frankfurt am Main 2003.

[282] Vgl.: Kemper, S. 29.

[283] John Storey zitiert nach: Kemper, S. 35.

Sicherheit und Profit, Modemarken (z.B. XtraX) geben umfangreiche Kataloge heraus, aus denen beliebige Substile kombiniert werden können, Überzeugungen verwischen zu Trends.

In diesem Kontext verändert sich auch der Stellenwert der szeneeigenen Musik: Sie ist ein Aspekt unter vielen, die die Gothic-Kultur ausmachen; das allgemeine Lebensgefühl gewinnt an Bedeutung, dem Wunsch der Szenegänger nach außermusikalischer Unterhaltung (z.B. Filmen, Büchern/Lesungen, viktorianischen Picknicks u.ä.), Kontakt (zu Gleichgesinnten) und Information (in Form von Besichtigungen historischer, gothic-kompatibler Stätten oder Vorträgen) wird – insbesondere in Deutschland – zunehmend Raum gewährt. Während im osteuropäischen Raum die Musik (noch) klar im Vordergrund steht,[284] ist das Rahmenprogramm des WGT kaum weniger attraktiv als die Konzerte. Tatsächlich hat es sich von einem Musikfestival zu einer (Sub-)Kultur-Großveranstaltung entwickelt, bei der Kommerzialisierung und straffe Organisation, aber auch neue, in der Szene entstehende Impulse sowie das Prinzip, nicht nur arrivierte Headliner, sondern zusätzlich zahlreiche Newcomer zu engagieren, ineinandergreifen.

Deutlicher zu spüren ist die kommerzielle Motivation beim M'era Luna Festival: Hier wird vorrangig auf große Namen und ein breites Händleraufgebot gesetzt.

Auf Erfolg in größerem Maßstab und die damit in Verbindung stehenden Kommerzialisierungsstrukturen reagiert der Teil einer Szene, der sich als „Basis" empfindet, häufig mit Kritik. Auch szeneinterne Vermarktung kann mitunter zu Ablehnung führen; der Grat zwischen Glaubwürdigkeit und Authentizität auf der einen und Verbreitung und Zugänglichkeit auf der anderen Seite ist schmal.[285]

Die Vereinnahmung von Subkultur durch die Medien bzw. den Mainstream verdeutlicht Jugend- und Subkulturkenner Klaus Farin am Beispiel Punk: Durch die Berichterstattung, das Wiedergeben von Bildern und das allgemeine „Vertrautmachen" des Durchschnitts-Rezipienten mit einer ursprünglich gegen das System opponierenden Bewegung, tritt eine schrittweise Verharmlosung, Bagatellisierung und Wiedereingliederung ein, durch die die alte, vorübergehend durch die gegenkulturellen Kapriolen gestörte Ordnung wiederhergestellt wird. Dieser Prozess umfasst sowohl die „Verwandlung subkultureller Stil-Symbole (Kleidung, Musik etc.) in massenhaft produzierte Objekte (die Warenform)" als auch die „Etikettierung und Umdefinierung

---

[284] Die jährlich im polnischen Bolków stattfindende, mehrtägige Castle Party bietet ein umfassendes Musik- und Diskoprogramm, die Anzahl der Verkaufsstände und Sonderaktionen ist vergleichsweise gering.

[285] Vgl.: Farin 2001, S. 154.

abweichenden Verhaltens durch die herrschenden Gruppen – Polizei, Justiz, Politik, Medien (die ideologische Form)".[286] Durch die „Vereinfachung und Vereinheitlichung der subkulturellen Zeichen [...] bekommt die Konsumindustrie die Möglichkeit des Zugriffs."[287] Subkultur wird auf diese Weise zur Modeerscheinung.

Abb. 32: Besucher der Castle Party im polnischen Bolków 2010, Foto: Bianca Stücker

Bislang ist es der Gothic-Szene gelungen, solche Prozesse auszuhalten. Ihre sich über mehr als drei Jahrzehnte erstreckende Traditionen und das Bedürfnis nach intensiver Begegnung, Verständnis und Identitätsfindung, nach Tiefsinn, Mystik und Besonderheit scheinen genügend Identifikationspoten-

---

[286] Farin 2001, S. 128.
[287] Richard 1995, S. 96.

tial zu bieten, um erfahrene Szenegänger häufig dauerhaft zu binden und – nicht nur heranwachsende – künftige Anhänger anzusprechen.

Der hinsichtlich ihrer Beständigkeit große Erfolg dieser – im Vergleich zu vielen anderen Szenen – kleinen Gruppierung zeigt, dass die Interessens- und Neigungskonstellationen, die für Gothic empfänglich machen, weniger zeitgeist- und trendabhängig sind, als es zunächst vielleicht den Anschein hat. Schauergeschichten, Okkultes und düstere Ästhetik wirken fesselnd und anziehend, insbesondere möglicherweise auf Menschen, die sich als „Außenseiter" und „Unverstandene" empfinden oder im Laufe des Lebens entsprechende Erfahrungen gemacht haben. Die Gothic-Szene mit ihrem vielfältigen und vielgestaltigen musikalisch-kulturellen Angebot ist in diesem Kontext zwar sicher kein zeitloser, aber ein bemerkenswert beständiger sozialer Raum, der sich trotz der beschriebenen Spannungen, die ein Merkmal szenebezogener Entwicklung sind, weiterhin – und besonders erfolgreich in Deutschland – als feste Größe unter den Subkulturen präsentiert.

Abb. 33: Blackfield-Festival 2011, Foto: Ralf Pauen

6.2 Die elektronische Musik der Gothic-Szene im Kontext (subkultureller) Musikproduktion

Während ökonomischer Erfolg in der Mainstream-Pop-Kultur als erstrebenswert gilt, stehen in subkulturellen Szenen künstlerische Unabhängigkeit und szenekonforme, ggf. subversive Inhalte im Vordergrund. Hat eine Szene jedoch über einen längeren Zeitraum hinweg Bestand und verfügt über eine gewisse Größe, muss sie sich zwangsläufig mit Organisationsstrukturen auseinandersetzen, die denen es des Mainstreams ähneln. So werden aus Fanzines Magazine, die sich selbst tragen und ggf. Mitarbeiter finanzieren müssen, entstehen Festivals, deren Abwicklung zu aufwändig ist, um sie aus Idealismus im Freundeskreis zu bewältigen, Labels, die ihre Kosten decken müssen, oder Szene-Designer, die ihre Ware verkaufen möchten.

Das Spannungsfeld zwischen Profit und freiem Künstlerleben ist speziell in Underground-Kulturen ein Thema, mit dem die Akteure immer wieder aufs Neue konfrontiert werden.

In diesem Kontext wurden die Bands und Soloprojekte gefragt, wie wichtig ihnen der wirtschaftliche Erfolg sei. Die Hälfte gab „nicht so wichtig" an, fünf Teilnehmer wählten „wichtig", vier „bedeutungslos" und nur einmal wurde „sehr wichtig" genannt.

Der durchschnittlich geringe Stellenwert, der diesem Aspekt beigemessen wird, steht offenbar nicht zwangsläufig in Zusammenhang mit der Popularität des jeweiligen Projekts, da auch in der Szene hinreichend bekannte Gruppen mit „nicht so wichtig" geantwortet haben.

Abgesehen von der großen Wertschätzung des individuellen kreativen Ausdrucks, kann das Ergebnis als symptomatisch für die begrenzten Möglichkeiten, ausschließlich innerhalb der Szene seinen Lebensunterhalt zu verdienen, verstanden werden.

Zusätzlich wirkt das subkulturelle Ideal des unabhängigen Künstlers, der nicht durch finanzielle Zuwendungen zu ködern ist, sowohl auf das Publikum als auch auf die Produzenten selbst. Im Fokus stehen die künstlerische Freiheit und der individuelle Ausdruck, die nicht durch kommerzielle Aspekte beschnitten werden dürfen. Vor diesem Hintergrund fällt es schwer, die häufig bestehende Diskrepanz zwischen der bedingungslosen Umsetzung der eigenen Ideen und einer für das längerfristige Bestehen des Projekts in den meisten Fällen notwendigen Wirtschaftlichkeit zu überwinden bzw. einen vertretbaren Kompromiss einzugehen.

In diesem Kontext gehört auch die Frage nach dem Umfang der Verdienstmöglichkeiten im Bereich der elektronischen Musik der Gothic-Szene.

Sechs Teilnehmer gaben an, von ihrer Musik leben zu können, acht anderen gelingt das nicht. 5 × trägt die Musik zum Lebensunterhalt bei, wird aber durch zusätzliche berufliche Tätigkeiten ergänzt; in zwei Fällen kann nur ein Teil der Gruppe von der Musik leben.[288]

Wenn ein Projekt es schafft, sich erfolgreich am (Szene-)Markt zu platzieren, ist es möglich, davon zu leben. Begünstigend kommt dabei hinzu, dass es sich in der Regel nicht um große Gruppen handelt.

Zwei Faktoren scheinen eine wesentliche Rolle für den kommerziellen Erfolg zu sein: Eine szenegeschichtlich relativ frühe Gründung und das konstante In-Erscheinung-Treten durch neue Veröffentlichungen und (szene-)mediale Präsenz. Bleibt ein Projekt über Jahre hinweg aktiv und bewegt sich in einem stilistischen Rahmen, den die Fans erwarten, hat es gute Chancen, sich dauerhaft zu etablieren. Schwerer haben es neuere, weniger kontinuierlich veröffentlichende oder sich stilistisch stark verändernde Bands oder Projekte.

6.3 Mediale Verbreitung: die Macht der Labels, Magazine, Booking- und Promotionagenturen

Die mediale Kommunikation funktioniert im Wesentlichen über die Szenemagazine,[289] die sich über Anzeigenkunden finanzieren. Zu diesen Kunden zählen vor allem Labels und Bands, aber auch Bekleidungsgeschäfte, Mailorder und Veranstalter. Die Berichterstattung folgt – inoffiziell – einem an der Anzeigenbuchung orientierten System: Wer eine kleine Anzeige bucht, bekommt einen kleinen Artikel, bei Bestellung einer großen (und entsprechend teureren) Anzeige wird ein größerer Artikel abgedruckt. Neben den Anzeigen im jeweiligen Heft stehen mittlerweile zahlreiche weitere „Produkte" zur Verfügung, wie etwa die Buchung eines Beitrags auf dem Heft-Sampler, der kostenlos beiliegenden CD bzw. DVD. Preis und Gegenleistung für die Buchung sind jeweils verhandelbar.

Um diese Investitionen lohnend zu machen, müssen sich die Produzenten bzw. ihre Labels mit der Frage der zu erwartenden Popularität auseinandersetzen.

Nicht nur die „schwarze" Presse, auch die DJs und relevanten Clubs gehören zu den wesentlichen Multiplikatoren, da sie über die Möglichkeit verfügen, durch ihre jeweiligen Playlisten Clubhits zu generieren, indem sie ihr Publikum an neue Titel heranführen.

---

[288] In einem Fall wurden beide letztgenannten Antwortmöglichkeiten angekreuzt.
[289] Vgl.: Hitzler, Bucher, Niederbacher, S. 79.

Um zusätzlich zu den Magazinen möglichst viele DJs zu erreichen, werden zur Bemusterung häufig Promotionagenturen herangezogen – die Vermarktungsstrukturen ähneln folglich stark denen des Mainstreams.

Auch die Organisation von Live-Auftritten wird z.T. über Agenturen gesteuert. Tendenziell treten die Bands, die bei einflussreichen Bookern (meist exklusiv) unter Vertrag sind, weitaus häufiger bei großen Festivals in Erscheinung als Gruppen, die sich selbst um ihre Konzerttermine kümmern. Bandbewerbungen aus eigener Initiative sind bei der Mehrzahl dieser Veranstaltungen nicht erwünscht und werden bei der Planung des jeweiligen Line-ups nicht berücksichtigt.[290]

Möchten Newcomer oder weniger bekannte Projekte ihre Musik einem größeren Publikum vorstellen, besteht die Möglichkeit, als Support einer renommierten Band zu spielen. Nicht selten zahlen die Bands bzw. ihre Labels für solche Optionen; auf diese Weise werden auch Touren finanziert, die durch die kostspielige Buchung eines Nightliners und u.U. schwach frequentierte Termine unter Woche wirtschaftlich unsicher sind.

Die Musik der Schwarzen Szene wird überwiegend über (so genannte) Independent-Labels sowie kleinere und größere Vertriebe verbreitet. Um einer oktroyierten Kommerzialisierung und künstlerischen Fremdbestimmung zu entgehen, gründen einzelne Akteure Labels, über die sie ihre Musik veröffentlichen. Bereits 1980 rief etwa der Sisters-of-Mercy-Kopf Andrew Eldritch eine eigene Plattenfirma ins Leben.[291]

Zu den ersten erfolgreichen deutschen Gothic-Labels gehört Danse Macabre. Bruno Kramm, Stefan Ackermann (die zusammen Das Ich bilden) und Norbert Juhas gründeten 1990 in Bayreuth eine düsteren Klanglandschaften vorbehaltene „Kunstfabrik".[292] Danse Macabre war zunächst nicht als profitorientierte Plattenfirma, sondern als Künstlerkollektiv geplant, das durch gegenseitige Unterstützung am Leben gehalten wird. Bis 1994 konnte sich das Label als feste subkulturelle Größe und Qualitätsgarant im hauseigenen Bereich „Neue Deutsche Todeskunst" etablieren, scheiterte jedoch letztendlich an seinen Idealen, die einer Mitfinanzierung der schwächeren Projekte durch die erfolgreicheren vorausgesetzt hätte.[293] 2005 wurde Danse Macabre reaktiviert und gehört seitdem wieder zu den einflussreichsten deutschen Szene-Unternehmen, das unterschiedliche Subsparten abdeckt.

---

[290] Diese Tendenz bezieht sich insbesondere auf die Mehrzahl der deutschen, aber auch anderen europäischen Großveranstaltungen; zu den Ausnahmen zählt etwa die Castle Party in Bolków/Polen.

[291] Vgl.: Dittmann, S. 139.

[292] Bruno Kramm zitiert nach: Matzke 2002, S. 221.

[293] Vgl.: Matzke 2000, S. 221.

Auf Unabhängigkeit und Selbstbestimmtheit setzt auch der Landshuter Musiker Rudy Ratzinger: Sein Projekt :wumpscut: erscheint seit 1995 ausschließlich auf dem eigenen Beton Kopf Media Label. :wumpscut: veröffentlicht ein Album pro Jahr und wird weltweit rezipiert.

Eine Besonderheit des :wumpscut:-Marketings ist die Zusammenstellung spezieller „Boxen", die zu jeder CD angeboten werden und zusätzliche Artikel enthalten. Konzerte spielt Rudy Ratzinger nicht, stattdessen finden in verschiedenen Clubs Release-Partys zur jeweils aktuellen Veröffentlichung statt.

Eine wesentliche Rolle spielt zudem das Internet als Werbeplattform. Die Magazine bieten – ebenso wie kommerzielle Medien – auch in diesem Bereich sowohl kostenlose als auch kostenpflichtige Promotionmöglichkeiten an. Während die Verbreitung von Szene-News, die durch die Musiker und Labels zur Verfügung gestellt werden, für beide Seiten von Wert sind, werden für das Einbinden von z.B. Werbebannern Gebühren erhoben.

Mit der zunehmenden Professionalisierung ihrer Vertriebswege nähert sich die Szene deutlich den kommerziellen Vermarktungssystemen an; die Grenzen zwischen Unabhängigkeitsanspruch und Überlebens- bzw. Expansionswillen verschwimmen.

Der seit mehreren Jahrzehnten genreübergreifend aktive deutsche Undergroundmusiker Phillip Boa kritisierte im Jahr 2002 in seinem Beitrag zu Peter Matzkes und Tobias Seeligers internationaler Bestandsaufnahme „Gothic II" die künstlerische Einengung seitens einiger Indie-Label, die sich hinsichtlich ihrer kommerziell orientierten Herangehensweisen nicht von Major-Labels unterscheiden, und berichtet auf der anderen Seite von fairen, kreative Freiräume bietenden großen Firmen. Strukturelle Unterschiede seien kaum noch auszumachen.[294]

In einem Punkt unterscheidet sich die Gothic-Szene jedoch von anderen Subkulturen: Während viele Indie-Sparten in Teilen auch über konventionelle Medien Verbreitung finden, tat sich der Mainstream immer schwer mit der dunklen Seite der Popmusik. Mit wenigen Ausnahmen – wie etwa The Cure, The Sisters of Mercy, vorübergehend Deine Lakaien, Oomph! und Project Pitchfork, heute vor allem Unheilig – trat in der Szenegeschichte fast keine Gothic-Formation in größerem Umfang in Erscheinung.

Möglicherweise hat die Verweigerung der kommerziellen Medien, die Hervorbringungen der Gothic-Szene als stabilen Faktor wahrzunehmen, dazu geführt, die kollektive Szene-Identität zu stärken und letztendlich eine eigene Industrie zu etablieren.

---

[294] Vgl.: Matzke 2002, 262.

Doch gerade darin liegt die Gefahr einer – grundsätzlich unerwünschten – Kommerzialisierung: Die Organisation von Veranstaltungen, der Vertrieb von Magazinen und die Herstellung von Tonträgern sind aufwändige und kostspielige Unterfangen, sodass sich die „Macher" zwangsläufig in mehr oder weniger ausgeprägte kommerzielle Zwänge und Abhängigkeiten begeben (müssen).[295]

Dieser Konflikt wirkt – mittelbar oder unmittelbar – zwangsläufig auf die Arbeit von Musikern, Produzenten, Veranstaltern und Herausgebern – mit jeweils individuell gewichteten Konsequenzen.

6.4 Wirtschaftlichkeit, Professionalität und Patchworkbiographien – Kreativität zwischen Kunstanspruch und Popkultur

Trotz des hohen künstlerisch-expressiven Anspruchs, den die Szene-Musiker häufig an ihr eigenes Schaffen stellen, wurden die meisten Gothic-Produktionen – subgenreübergreifend – zunächst von Autodidakten hergestellt. Ausgebildete Musiker waren zunächst in der Minderheit (z.B. Ernst Horn, Sigrid Hausen, Michael Popp); seit einigen Jahren hat sich in dieser Hinsicht allerdings etwas verändert: Die Ansprüche der Konsumenten an die musikalische Umsetzung sind gewachsen,[296] seit vermehrt KünstlerInnen wie Dörthe Flemming (Bacio di Tosca, ausgebildete Sängerin) oder Aranea Peel (Grausame Töchter, ausgebildete Tänzerin) auf großes Interesse stoßen. So erhöht sich der angestrebte Standard sowohl auf der Rezipienten- wie auf der Produzentenseite – nicht zuletzt weil die Produzenten ihrerseits als Teil der Szene selbst Fans sind und durch aktuelle Trends und Tendenzen beeinflusst werden. Insgesamt ist das Interesse an der musikalischen und technischen Qualität der Produktionen deutlich angestiegen.

Die meisten Projekte aus dem elektronisch dominierten Bereich sind zwar noch immer als vorwiegend von ein, zwei, drei oder maximal vier Mitwirkenden betriebene Laieninitiativen zu verstehen, doch auch hier finden sich mittlerweile Berufsmusiker bzw. Toningenieure.

Entsprechend fallen die Antworten auf die Frage nach der musikalischen Ausbildung der Umfrage-Teilnehmer aus: Drei Viertel der beteiligten Bands und Soloprojekte geben an, Instrumental- bzw. Gesangunterricht erhalten

---

[295] Vgl.: Farin 2001, S. 129.

[296] Ein ähnliches Verhalten lässt sich auch im Mainstream-Bereich beobachten: Spätestens seit Aufkommen der Castingshows wird auch seitens der Hörer mehr Wert auf gesangliche Kompetenz der Interpreten gelegt, während ausgebildete Stimmen in der Popmusik der Achtziger- und frühen Neunzigerjahre noch relativ selten vertreten waren.

zu haben, vier Projekte werden von einem oder mehreren Berufsmusikern (aus den Sparten Gesang, Klavier und Komposition) betrieben.

Nicht nur die musikalische Ausbildung, sondern auch – sofern der Lebensunterhalt nicht bereits durch musikalische Tätigkeiten bestritten wird – die berufliche Ausrichtung, die Zeit, die die Ausübung des Berufs in Anspruch nimmt, und die wirtschaftlichen Verhältnisse der Szenemusiker korrelieren mit der Entstehung und Gestaltung der Produktionen.

Von der Musik für eine verhältnismäßig kleine Gruppierung leben zu können, setzt ökonomischen, langfristigen, günstigenfalls internationalen und/oder szeneübergreifenden Erfolg bzw. Status voraus, den nicht viele Bands erreichen bzw. aufrecht erhalten können. Insofern fügt sich das Produzieren und ggf. das Aufführen elektronischer Musik in die Reihe der unterschiedlichen, häufig nur temporär betriebenen „Projekte", Teilzeitstellen und anderweitig atypischen Arbeitsverhältnisse ein, die zunehmend die dauerhafte, abhängige Vollzeitbeschäftigung verdrängen. Eine nach der Ausbildung planbare Zeit der Erwerbstätigkeit mit kalkulierbaren Aufstiegs- und Karrierechancen ist spätestens seit den Neunzigerjahren des 20. Jahrhunderts nicht mehr der Regelfall: Das Angebot unbefristeter Stellen nimmt ab, zeitlich beschränkte, maximale Flexibilität fordernde und ggf. von einem festen, z.B. an ein Büro gebundenen Arbeitsplatz teilweise oder vollständig losgelöste Beschäftigungsverhältnisse gewinnen an Raum und Bedeutung.[297]

Unter diesen Umständen verwischt allmählich die Trennung zwischen beruflicher und privater Sphäre; eine „vernetzte" Umgebung bietet die Möglichkeit, im privaten Rahmen beruflich interessante Kontakte zu knüpfen und umgekehrt. Gleichzeitig wachsen jedoch der Druck, jede potentiell beruflich erfolgversprechende Gelegenheit zu nutzen, und die Gefahr, statt konstanter Freundschaften und Vertrauensverhältnisse überwiegend lose, bei Bedarf reaktivierbare Bindungen herzustellen. Das reine „Privatvergnügen" verliert an Wert und Ansehen, effizientes Zeitmanagement setzt die Verwertung von Freizeitressourcen voraus.[298]

In diesen tendenziell unsicheren, projektzentrierten Kontext lassen sich Bands und Musikprojekte aus der Gothic-Szene nahtlos einpassen; sie agieren unter den Bedingungen, die zunehmend den sozialen Alltag prägen. Als Kleinunternehmer bzw. Unternehmer auf einer semiprofessionellen bzw. professionellen Ebene betreiben sie ihre Musik nicht als Hobby und sind somit darauf angewiesen, ihre Aktivitäten stetig voranzutreiben, wenn sie

---

[297] Vgl.: Achim Bühl, *Die virtuelle Gesellschaft im 21. Jahrhundert. Sozialer Wandel im digitalen Zeitalter*, Wiesbaden 2000, S. 230ff, 450 f.

[298] Vgl.: Luc Boltanski und Ève Chiapello, *Der neue Geist des Kapitalismus*, Konstanz 2006, S. 149, 209 (im Folgenden abgekürzt als: Boltanski/Chiapello).

nicht an finanziellen Restriktionen scheitern sollen. Zudem muss die Arbeit um und für die Band bzw. das Projekt für gewöhnlich sinnvoll und effektiv mit den (übrigen) beruflichen Tätigkeiten kombiniert werden.

Nicht nur wirtschaftliche, auch haltungsspezifische Aspekte verschwimmen: Während sich der Künstler „ja gerade durch die Ablehnung jedweder Form der Disziplinierung und vor allem des Profitstrebens definierte", sind „(speziell sexuelle) Emanzipation, Autonomie von Privat-, Gefühls-, aber auch Arbeitsleben, Kreativität, eine freie Selbstverwirklichung [und] ein authentisches Eigenleben gegenüber den verlogenen und überkommenen Gesellschaftskonventionen"[299] mittlerweile zu anerkannten und allgemein erstrebenswerten Maximen avanciert, die nicht mehr allein eine spezielle Lebensform kennzeichnen.

Die Vernetzung von Berufs- und Privatleben, von Kunst und Entertainment, von Sinn, Stil und (ökonomisch messbarem) Erfolg, weicht die traditionellen Strukturen auf und gewährt zwar Freiheit und Eigenverantwortlichkeit, stellt jedoch auch einen schwer zu bewältigenden Mangel an Orientierung her. Ist ein Recht erkämpft worden, verwandelt es sich in eine Pflicht: So „wird das autonome Handeln nicht nur als eine Möglichkeit oder als ein Recht präsentiert. Man verlangt es gewissermaßen von den Menschen, deren Wertigkeit immer häufiger an ihrem Selbstverwirklichungspotenzial gemessen wird."[300]

Dieser (oktroyierte) Selbstverwirklichungswunsch ist ein schwer zu erfüllender Anspruch, da Flexibilität und ein permanentes „Up-to-date-Sein" – in beruflicher und privater Hinsicht; in Bezug auf die elektronisch orientieren Musiker auch auf technischem und szenespezifischem Gebiet –fast nur mit Hilfe einer gewissen „Oberflächlichkeit" zu erreichen sind.[301]

Dieser Oberflächlichkeit etwas entgegenzusetzen versprechen wiederum die charakteristischen Ideale der Gothic-Szene, sodass die wirtschaftsstrukturellen und sozialen Veränderungen möglicherweise zur Festigung der Gemeinschaft beigetragen haben und weiterhin beitragen.

Da ein großer Teil der Bands und Projekte nicht ausschließlich von ihrer Musik leben kann (vgl. Abschnitt 5.2), stellt sich die Frage nach den zusätzlich ausgeübten bzw. ursprünglich erlernten Berufen.

Die beruflichen Hintergründe der Beteiligten variieren stark, es lässt sich – im Widerspruch zur sozialwissenschaftlichen Literatur, die sich mit der Gothic-Szene im Allgemeinen beschäftigt – keine Tendenz zu sozialen Berufen

---

[299] Boltanski/Chiapello, S. 449.
[300] Boltanski/Chiapello, S. 462.
[301] Vgl.: Richard Sennett, *Der flexible Mensch*, Berlin 1998, S. 131.

feststellen. Stärker vertreten sind die Bereiche Wirtschaft und Technik sowie Musik.

Folgende Angaben wurden gemacht:[302]

Keine Angabe	3
Grphiker	2
Krankenfleger	2
Industriekaufmann	2
Musiker	2
Opernsängerin	1
Bankbetriebswirt	1
Industriefachwirt	1
Prozessleitelektroniker	1
Buchhändler	1
Politik/Jura/Geschichte M.A.	1
Dipl.-Verwaltungswirt	1
Hauptschullehrer	1
Dipl.-Ing. Geoinformatik	1
Komponist	1
Jurist	1
Groß- und Einzelhandelskaufmann	1
Dipl. Wirtschaftsinformatik	1
Marketingkauffrau	1
Bibliotheksassistentin	1
Nicht abgeschlossenes Studium	1
Selbstständig IT/Medien	1
Keinen Beruf erlernt	1

---

[302] Z.T. haben hier alle Mitglieder der jeweiligen Band geantwortet, sodass mehr als 20 Angaben zusammengekommen sind.

Da die beruflichen Hintergründe tendenziell auf ein generelles technisch-wissenschaftlich-künstlerisches Interesse der Befragten verweisen, lässt sich die Beschäftigung mit elektronischer Musik nicht als eine explizit gothic-generierte Neigung, sondern vielmehr als eine Kombination unterschiedlicher Betätigungsfelder verstehen: Die Technik-Affinität findet ihren Ausdruck in der Wahl der Mittel zur Musikproduktion; die Szenezugehörigkeit bildet den inhaltlichen und stilistischen Rahmen.

6.5 Neue Wege

Während der Siebzigerjahre des 20. Jahrhunderts – avancierte die Schallplatte vom Nebenprodukt zum Primärmedium des Musikmarktes, das zum Sammlerobjekt aufstieg und mit dem sich Profit erwirtschaften ließ. In den Achtzigerjahren wurde sie von der CD, der „Compact Disc", abgelöst;[303] etwa seit der Jahrtausendwende gewinnt zunehmend die MP3, ein stark komprimiertes Audioformat, aufgrund seiner praktischen und flexiblen Handhabung an Bedeutung.

Noch immer ist das Produzieren und Verkaufen eines Tonträgers Standard, der jedoch allmählich durch alternative Angebote verdrängt wird. So werden z.T. bereits ganze Alben zum (kostenpflichtigen oder sogar kostenlosen) Download zur Verfügung gestellt; doch speziell die Gothic-Szene mit ihrer Vorliebe für aufwändige Gestaltungsformen ist weiterhin zugänglich für „Gesamtkunstwerke", wie etwa CDs (seltener auch Schallplatten), die durch eine besondere Verpackung oder ansprechendes Artwork auffallen.

Die unmittelbare Verfügbarkeit macht den Download einzelner Titel oder kompletter Alben reizvoll, Online-Mailorder, die sowohl CDs als auch MP3s anbieten, ersetzen zunehmend – und dieses Phänomen beschränkt sich nicht auf einzelne Szenen – die herkömmlichen Plattenläden.

Der durchschlagende Erfolg der voranschreitenden Digitalisierung hat u.a. praktische Gründe: MP3-Player speichern nahezu beliebig viele Titel und sind zudem transportfreundlicher als Walk- oder Discmen; ein digitales Musikarchiv ist übersichtlich und platzsparend.

Ein Vorteil des Verkaufs von Tonträgern oder Musikdateien über das Internet ist die globale Vernetzung: Auslandsbestellungen werden zunehmend einfacher (u.a. auch durch Zahlungssysteme wie PayPal, die langwierige Auslandsüberweisungen umgehen, sowie die auch in Deutschland populärer werdende Kreditkartennutzung), sodass etwaige Zielgruppen leichter er-

---

[303] Vgl.: Kemper, S. 38.

reicht werden können. Zahlreiche (vor allem europäische) Electro-Projekte sind weltweit beliebt und pflegen ihre Internetpräsenzen entsprechend.

Eine ebenfalls nicht zu unterschätzende Rolle für die Verbreitung von Musik spielt der Google-Ableger YouTube: Bands und Nutzer laden Musik und Videos hoch, die nicht nur angesehen, sondern auch mit frei zugänglichen Programmen für den privaten Gebrauch heruntergeladen werden können. Über das YouTube-Ordnungssystem werden dem Rezipienten „ähnliche" Videos vorgeschlagen; auf diese Weise lassen sich Stücke des gleichen Projekts verhältnismäßig leicht finden.

Zudem haben die Bands die Möglichkeit, ihre Musik eigenverantwortlich über soziale Netzwerke zu bewerben. Das Sammeln von Freunden und potentiellen Fans ist jedoch aufwändig und wird ggf. von Agenturen übernommen. Inwieweit solche Maßnahmen auch in der Schwarzen Szene verbreitet sind, ist nicht bekannt.

Das Internet ist in vielen Fällen ein wirksamer Multiplikator, die Stücke zahlreicher deutscher Electro-Projekte werden ggf. millionenfach angesehen, so z.B. der Clubhit „Pong" von Eisenfunk.[304]

Große Popularität durch die Verbreitung über das Internet erlangte z.B. auch das von verschiedenen, z.T. unter Pseudonym arbeitenden Szene-Künstlern betriebene Projekt Straftanz. Mit einer Mischung aus tanzbarem Electro, Industrial, Futurepop und schlagwortartigen Texten bringen es die häufig von anderen Nutzern erstellten Videos bei YouTube auf mehrere Hunderttausend Klicks. Insbesondere die Titel „Straftanz" und „Tanz kaputt, was euch kaputt macht" rekurrieren auf Szene-Lokalitäten und üben in einfacher, rebellischer Weise Kritik an den bestehenden Verhältnissen. Damit knüpfen Straftanz an die Underground- und Industrial-Traditionen der Anfangszeit an.[305]

Das Angebot und die Verfügbarkeit von Musik ist größer geworden, jeder Act ist gezwungen, eigene Strategien zu entwickeln, um aus der Fülle der Veröffentlichungen herauszustechen. Visuelle Komponenten – Fotos und Videos – werden in diesem Kontext zunehmend wichtiger, da sie die Aufmerksamkeit und somit das Interesse der Rezipienten auf sich ziehen: Sieht etwas interessant aus, hört sich es möglicherweise auch interessant an.

Der stärker spürbare Konkurrenzkampf könnte auch der Grund für Veränderungen innerhalb der ästhetischen Szene-Tradition sein: „Sex sells" scheint

---

[304] Vgl.: http://www.youtube.com/watch?v=cNAdtkSjSps&feature=related, aufgerufen am 18.01.2012.
[305] Vgl. z.B.: http://www.youtube.com/watch?v=EIJK_3OpXHY, aufgerufen am 18.01.2012.

sich zu einer akzeptierten Maxime entwickelt zu haben, insbesondere unter den Herausgebern der Magazine. Während Leder, Lack und Latex spätestens seit den frühen Neunzigerjahren zu den typischen stilistischen Elementen der szenerelevanten Kleidungsstile zählen, ist in den vergangenen Jahren eine bewusste Forcierung von Fetisch-Aspekten eingetreten: „Fetisch-Kalender" waren im Jahr 2011 Bestandteil nahezu aller Magazine; Zillo präsentierte schon zuvor auf Heft-Compilations gern leicht oder gar nicht bekleidete Mädchen und setzte optisch auf Erotik.

Es wird sich mit der Zeit herausstellen, ob diese plakativen Vorgehensweisen nur ein vorübergehendes Phänomen sind, oder ob sie einen festen Platz im Szenekanon einnehmen werden.

Abb. 34: Agonoize beim Videodreh zur Single „Wahre Liebe", Foto: Martin Pelzer

6.6 Auswirkungen auf die musikalische Produktion

Die Voraussetzungen für die Produktion elektronischer Musik innerhalb der Gothic-Szene haben sich mit den Jahren verändert; das Equipment ist erschwinglicher und die Konkurrenz entsprechend größer geworden, digitale Formate haben an Bedeutung gewonnen. Durch die Kommerzialisierung der Szene – im Sinne einer eigenständigen, strukturell sich aber durchaus dem Mainstream annähernden Organisation – haben Newcomer es schwerer, Fuß zu fassen, Vertriebswege zu finden und sich auf großen Festivals zu präsentieren.

Die Bands sind zunehmend auf Konzert- und Merchandise-Einnahmen angewiesen, da sich CDs deutlich schlechter verkaufen als noch vor einigen Jahren und Downloads vergleichsweise wenig einbringen.

Wer CDs produziert, setzt häufig auf eine besondere Gestaltung und z.B. den Abdruck der Texte im Booklet, um mit den digitalen Formaten konkurrieren zu können. Aufwändige Artworks und Sonderformen von Digipacs bleiben jedoch den wirtschaftlich stärkeren Bands bzw. Labels vorbehalten, da sie kostspieliger sind.

Gothic-(Electro-)Projekte sind in den kommerziellen Medien kaum vertreten; dieser Umstand wirkt zwar einer Aufweichung der Szene-Konventionen von außen entgegen, schafft aber auch ein Umfeld, das die Musiker unmittelbar mit den Erwartungen und Vorlieben des Publikums konfrontiert. Im Rahmen ihrer Gruppierung werden die Akteure immer wieder vor die Entscheidung gestellt, ob bzw. inwieweit sie Zugeständnisse an die Fans machen möchten. Diese Frage wird insbesondere dann aktuell, wenn mit der (Szene-)Musik der Lebensunterhalt bestritten wird.

Ist das nicht möglich, wird die Musik zum Nebenberuf oder zum Hobby, wodurch der Anspruch an die Qualität gemindert werden kann, aber nicht muss – sind durch den Hauptverdienst die nötigen finanziellen Mittel vorhanden, sorgen hochwertiges Equipment in Kombination mit Fachwissen und Erfahrung für ein Umfeld, in dem professionelle Produktionen entstehen können.

Auch die graphische Gestaltung kann von einem gesicherten wirtschaftlichen Background profitieren: Wird das jeweilige Projekt nebenberuflich betrieben, kann in das „Hobby" investiert werden.

An der Qualität von Inhalt und Aufmachung einer Veröffentlichung lässt sich also nicht ablesen, wie professionell – im Sinne einer beruflichen Tätigkeit – das Produzieren von Musik ausgeübt wird.

Im Vergleich zu den Anfangstagen der Gothic-Szene haben sich die technischen Voraussetzungen entscheidend verändert: War die (bereits damals schon häufig) in Heimstudios hergestellte Musik während der Achtziger- und frühen Neunzigerjahre noch relativ einfach gehalten und technisch eingeschränkt, haben insbesondere die Möglichkeit, Audiodaten digital aufzuzeichnen, sowie die Entwicklung von Software-Synthesizern und Software-Recording-Systemen zu einer Virtualisierung des Produktionsprozesses geführt, die die Erzeugung elektronischer Musik einer großen Interessentenschaft zugänglich gemacht hat. Daraus folgt wiederum eine inflationäre Menge neuer Projekte und Produkte in einem wettbewerbsorientierteren Umfeld.

Auch die wachsende Anzahl von Gothic-Magazinen[306] wirkt sich auf die Arbeit der Musiker aus. Die Interaktion zwischen Szenepresse und Künstlern schafft eine gegenseitige Abhängigkeit – die Magazine benötigen Kunden, die Anzeigen, Heftsampler-Beiträge o.ä. buchen; die Musiker sind wiederum auf Multiplikatoren angewiesen. Durch die immer zahlreicher werdenden Berichte und CD-Beilagen verringert sich jedoch die Chance, von neuen, potentiellen Fans wahrgenommen zu werden, sodass der Wert einer Werbeinvestition tendenziell sinkt, sofern sie einen gewissen Umfang unterschreitet. Gleichzeitig werden unter dem steigenden Konkurrenzdruck visuelle Provokation und plakative Fotos oder Videos zu reinen Werbemaßnahmen instrumentalisiert. So wächst die Gefahr, dass sich langjährige Szene-Traditionen zu einer grotesken, z.T. stark sexualisierten Bildersprache auswachsen.

Zusammenfassend lässt sich feststellen, dass sich die Szene-Strukturen hinsichtlich ihrer Vertriebswege aus logistischer Notwendigkeit von der idealistischen Undergroundkultur der Anfangszeit gelöst haben. Auf der anderen Seite macht die platzsparende und preiswertere virtualisierte Technik die Herstellung elektronischer Musik mehr Menschen zugänglich; digitale Musik- und Videoformate bieten zudem die Möglichkeit, völlig eigenverantwortlich und unabhängig von Plattenfirmen zu agieren.

Die größere Freiheit, die die Kommunikation und die Präsentation der eigenen Musik über das Internet generiert, hat somit sowohl Vor- als auch Nachteile. Die Projekte können komplett autark arbeiten, müssen sich aber, wenn eine größere Aufmerksamkeit gewünscht wird, zumeist den Regeln des Gothic-Marktes anpassen.

---

[306] Dazu zählen auch die Mittelaltermagazine „Miroque" (aus dem Umfeld des Sonic Seducers) und „Zillo Medieval" (herausgegeben von den Machern des Zillo), die jeweils erst seit 2010 existieren.

Fazit

Ziel des Projekts „Gothic Electro" war die Annäherung an die elektronische Musik der Gothic-Szene anhand der Befragung ausgewählter Produzenten unter Berücksichtigung der einschlägigen Literatur. Nach der umfassenden und detaillierten Auswertung der Ergebnisse lassen sich nun die eingangs entwickelten Fragen beantworten.

In welchem Kontext bzw. welcher Tradition produzieren Musiker der Gothic-Szene elektronische Musik?

„Gothic Electro" basiert auf den populärmusikalischen elektronischen Produktionen der späten Siebziger- und frühen Achtzigerjahre, die mit ihren rebellisch-kritischen, kühl-minimalistischen oder gefällig-eingängigen Ausprägungen eine umfangreiche stilistische Bandbreite und vielfältige Anknüpfungspunkte bieten. Von Bedeutung – wenn auch nicht immer hörbar – sind zudem Einflüsse aus dem Klassik-Bereich, die als repräsentativ für die elitären Aspekte innerhalb der Gothic-Kultur aufgefasst werden können.

Konstitutiv wirken die ersten, speziell der Szene zugerechneten Bands und Projekte. Während der Anfangszeit wurde noch nicht so scharf zwischen gitarren- und elektroniklastigen Sparten unterschieden; so galten etwa The Sisters of Mercy durchaus als „rockig", wenngleich sie kein Schlagzeug, sondern explizit einen Drum-Computer zur Abdeckung des Rhythmussegments benutzten. Solche und ähnliche Assoziationen sind noch immer relevant; entsprechend sind die Grenzen zwischen Gothic-Rock mit elektronischen Elementen und elektronischer Musik mit Rock-Elementen fließend. Trotz der zunehmend stärker zutage tretenden Auffächerung in Substile ist also die Offenheit, elektronische Elemente mit anderen Instrumenten zu kombinieren, sowohl in den elektronisch als auch in den akustisch dominierten Genres erhalten geblieben.

Der Stellenwert der frühen Szene-Protagonisten ist hoch: Als Wegbereiter und spätere Ikonen der damals erst im Entstehen begriffenen Gothic-Kultur haben sie noch immer großen Einfluss; stilistische Details aktueller Produktionen rekurrieren häufig auf die erste „schwarze" Generation.

Auch die zahlreichen neuen Genres sind innerhalb des übergeordneten Rahmens der Szene-Traditionen entstanden: Wenngleich sich jüngere Veröffentlichungen auf den ersten Blick deutlich von den elektronischen Releases der Anfangszeit unterscheiden, gehören sie primär in den Kontext „Gothic" und werden in anderen Gemeinschaften – von wenigen Ausnahmen abgesehen – kaum rezipiert. Selbst vermeintlich szenefremde Anleihen haben ihren Ursprung in der Szenegeschichte: Techno- und Ambient-Elemente sind insofern szeneimmanent, als dass auch diese Sparten zunächst als Teil der Independent-Szene betrachtet wurden. Zillo, das erste gesamtdeutsche Musikmagazin mit „schwarzem" Schwerpunkt, nannte im Untertitel Anfang der Neunzigerjahre noch ganz unterschiedliche Stile: Nach dem Zusatz „independent/individuell" folgte die Auflistung „Gitarren-Rock, Techno, Wave, Psychedelic, Punk, Industrial".[307]

Mit dem zu dieser Zeit beginnenden Wachstum der Szene setzte eine Spezialisierung auf die schwarzen Subgenres ein, die das Erscheinen weiterer Magazine zur Folge hatte und den Fokus vom Bild einer übergeordneten Independent-Szene hin zu einer selbständigen Gothic-Szene und -industrie lenkte. Der Begriff „Gothic" etablierte sich in Deutschland erst in diesem Kontext, vorher waren „Wave", „Dark Wave" oder schlicht „Schwarze Szene" die gängigeren Bezeichnungen. Der Begriff „Gothic" fungiert mittlerweile als eindeutiges, auch nach außen hin unmissverständliches Label, das die gesamte Szene mit allen unterschiedlichen Sparten und Richtungen von nun an repräsentierte. „Schwarze Szene" ist jedoch noch immer die authentischste und unter den Szenegängern populärste Bezeichnung.

Aufgrund der internen, mittlerweile stark professionalisierten und in diesem Zusammenhang auch kommerzialisierten Strukturen ist ein komplexes Gefüge aus Musikern, Journalisten, Veranstaltern, DJs, Labelbetreibern, Autoren, Fotografen, Modeherstellern, Models, Graphikern und anderen Aktiven entstanden, das unabhängig von den Massenmedien agiert. Ursprünglich aus der Szene entwachsene Phänomene wie die erfolgreichen Projekte Unheilig oder Oomph!, die auch über die Szenegrenzen hinaus rezipiert werden, sind trotz des großen Bekanntheitsgrads der Gothic-Szene selten. Der Mainstream kennt Gothic eher als eine Mode, die mit düster konnotierter Musik, Kleidung, Filmen und Büchern assoziiert wird.

Speziell die elektronische Musik der Schwarzen Szene ist zum größten Teil nur innerhalb der Gemeinschaft präsent. Während des Szenewachstums Anfang bis Mitte der Neunzigerjahre wurden elektronisch dominierte Projekte wie Project Pitchfork oder Deine Lakaien auch von den kommerziellen Radio- und Musiksenderprogrammen gespielt, diese Welle verebbte jedoch wieder. „Gothic Electro" tritt entsprechend fast ausschließlich in den Magazinen, den Internetradiosendungen, auf den Festivals und Konzertreihen, in den Clubs und Partys der Szene in Erscheinung. Die inzwischen relativ konstant bleibende Größe der Gothic-Gemeinschaft – die Veranstalter der größten Festivals, des Wave Gotik Treffens in Leipzig und des M'era Luna Festivals in Hildesheim, geben eine Besucherzahl von jährlich 20.000 bis 25.000 an – und die Internationalisierung der ursprünglich europäisch geprägten

---

[307] Vgl. z.B.: Titel Zillo MusikMagazin, Nr. 6, Juni 1992.

elektronischen Genres gewähren den Musikern einen stabilen, verhältnismäßig großen Aktionsradius.

Inwiefern beeinflussen technische Aspekte die stilistischen Ausprägungen?

Die elektronische Musik der Gothic-Szene wird nicht durch ein charakteristisches Equipment ausgewiesen, es lassen sich allerdings Tendenzen feststellen:

a) Es werden sowohl Hardware- als auch Softwareklangquellen genutzt,
   verbreitet sind neben modernen Geräten auch ältere, z.T. bereits seit
   den Neunzigerjahren etablierte Synthesizer-Modelle im Gebrauch.
   Viele Bands und Projekte setzen im analogen wie im digitalen Bereich
   bevorzugt auf bewährte Hersteller. Ein besonderer Stellenwert kommt
   Retro-Sounds zu, die auf Vorbilder und Einflüsse verweisen. „Geräte-
   kult" scheint in der Gothic-Kultur jedoch weniger stark ausgeprägt zu
   sein als in anderen elektronischen Szenen.

b) Zu den populärsten Sequencer- bzw. Recordingssystemen zählen die
   Softwarelösungen Cubase (Steinberg) und Logic (Apple).

c) Nur ein Viertel der befragten Produzenten assoziiert den Einsatz bestimmter Sounds bzw. Effekte mit einzelnen Subgenres, dennoch lassen sich auch hier Tendenzen feststellen. So kennzeichnen verzerrte
   Bass Drums oder Vocals härtere Stile, Vintage Sounds finden sich vorwiegend in minimalistischen Produktionen, Arpeggio-Effekte werden
   häufig in jüngeren Sparten wie z.B. Futurepop verwendet.

Die konservative Neigung der Schwarzen Szene, ihre eigenen Werte, Traditionen und Ideale zu bewahren, schlägt sich auch in der Wahl des technischen Instrumentariums nieder: Beliebt ist z.B. das Angebot des etablierten,
seit 1996 bestehenden Berliner Herstellers Native Instruments. Bekannt ist
die Firma vor allem für ihre Software-Synthesizer. Ebenso populär sind die
renommierten Recording-Systeme Cubase und Logic. Die ähnlich konzipier-
ten Produkte etwa des jüngeren Unternehmens Ableton wurden in der Umfrage nicht genannt, stattdessen werden gelegentlich noch die älteren MIDI-
Verarbeitungssysteme so genannter Synthesizer-Workstations genutzt.

Vintage Sounds fungieren als Verweise auf die frühen elektronischen Produktionen der Szene und auf das musikalisch-kulturelle Umfeld, aus dem
Gothic hervorgegangen ist. Zwar haben sich zudem stilistische Elemente herausgebildet, die besonders häufig in einzelnen Subgenres zu finden sind; ein
einheitlicher Soundpool, der die elektronische Musik kennzeichnet, existiert
jedoch nicht. Zu den auf technisch-stilistischer Ebene eigenständigsten Gothic-Genres gehört die „klassische" schwarz-elektronische Sparte EBM, deren

harte, monoton-treibende Anmutung vergleichsweise wenig Anknüpfungspunkte bzw. Überschneidungen zu anderen Stilen bietet.

Einen höheren Stellenwert als das Experimentieren mit klanglichen und
technischen Möglichkeiten nehmen das Songgefüge selbst und der individuelle Ausdruck ein: Musik und Inhalt sind etwa gleichwertig. Während Instrumentalstücke in anderen elektronischen Genres üblich sind, finden in fast
allen elektronischen Produktionen der Gothic-Szene Worte Verwendung,
entweder in Form von (überwiegend männlichem) Gesang oder Sprachsamples aus Filmen, Dokumentationen, Hörspielen u.ä.

In technisch-qualitativer Hinsicht lassen sich die Veröffentlichungen der konstant aktiven und arrivierten Bands und Projekte nicht mehr von kommerziellen Produktionen unterscheiden; sowohl auf musikalischer als auch auf
visueller Ebene (Fotos, Artwork) hat sich eine qualitative Annäherung an den
Mainstream-Standard vollzogen. Es besteht jedoch ein starkes Gefälle zwischen Releases mit professionellem Anspruch und den Produktionen weniger erfahrener Musiker, die sich im Szenekontext ausprobieren.

Welche musikalischen und technischen Merkmale sind charakteristisch?

Die Musik der Gothic-Szene zeichnet sich durch die Pluralität ihrer unterschiedlichen Substile aus, die aus einem umfassenden populärmusikalischen
Spektrum schöpfen, kompatible Elemente aufgreifen und im Sinne der
„schwarzen" Kultur transformieren. Verbindend ist die dunkle, nachdenkliche, melancholische oder aggressive Färbung der Stücke. Ein konstitutiver
Bestandteil aller Subgenres ist zudem die Verarbeitung von Texten, die für
gewöhnlich gesungen werden, gelegentlich aber auch nur in Form von
Sprachsamples Verwendung finden. Männliche Stimmen überwiegen deutlich, Sängerinnen sind vor allem als Interpretinnen der härteren Stile die
Ausnahme. Etwas häufiger treten Frauenstimmen in den romantischen,
poppigen, klassisch oder historisierend inspirierten Ausprägungen in Erscheinung.

Innerhalb der elektronischen Subgenres haben sich allerdings bereits früh
auch musikalische Spezifika herausgebildet, die eine stilistische Zuordnung
bei näherer Betrachtung erleichtern. Insbesondere die „klassischen" elektronischen Sparten verfügen über Merkmale, die sie von anderen elektronischen Stilrichtungen abgrenzen. So zeichnen sich EBM-Produktionen etwa
durch eine schlichte und treibende Geradtaktigkeit, prägnante Bässe, das
Fehlen sphärischer Flächen, eine explizit technoid-militante Atmosphäre
sowie zumeist verzerrten Gesang aus. Wie bereits angemerkt, wird EBM
heute außerhalb der Szene kaum rezipiert. Der Stellenwert dieses Genres

und seine ursprüngliche Verankerung in der zunächst alle unabhängigen und nicht kommerziell ausgerichteten Stile umfassenden Independent-Szene wird jedoch deutlich an der Wirkung, die es Anfang der Neunzigerjahre auf Produzenten anderer (entstehender) Szenen ausgeübt hat: So ließen sich etwa die Pioniere der Techno-Bewegung von EBM-Projekten inspirieren, die im Indie-Bereich bereits etabliert waren (vgl. Abschnitt 5.3).

Eine ebenfalls gothic-exklusive Stilrichtung ist der elektronisch produzierte Industrial, während gitarrendominierte Varianten auch in der Alternative- oder Metalszene Anklang finden. Elektronische Industrialproduktionen zählen zu den wenigen musikalischen Erscheinungen innerhalb der Szene, die nicht zwingend mit Sängern oder Sängerinnen arbeiten; gelegentlich ersetzen Sprachsamples den Einsatz von Stimmen. Charakteristisch sind monotone Rhythmen mit verzerrten Drums, der Verzicht auf „schöne" Harmonien und ein allgemein martialischer Habitus. Der elektronische Industrial der Gothic-Szene hat in musikalischer Hinsicht nicht mehr viel gemein mit den experimentell-avantgardistisch geprägten frühen Industrialformen. In seiner elektronischen Ausprägung ist er Bestandteil der Club- und Party-Playlisten, wird mit einem charakteristischen Tanzstil assoziiert und verschmilzt in einigen Fällen mit jüngeren Subgenres wie „Aggrotech" bzw. „Hellectro". Stärker als in anderen Stilen ist hier jedoch noch immer die Provokation als Mittel zur Vermittlung umstrittener Inhalte präsent.

Die jüngeren, erst seit wenigen Jahren als Aggrotech oder Hellectro umschriebenen Stilrichtungen zählen mittlerweile zu den erfolgreichsten „Gothic-Electro"-Genres. Elemente aus EBM und Industrial werden tanzbar aufbereitet, sodass ein vom Publikum als besonders mitreißend und energiegeladen empfundenes Ergebnis entsteht. Der Aspekt des Feierns rückt hier in den Mittelpunkt des Konzert-, Club- oder Partyerlebnisses; das aktive Teilhaben und die Umsetzung des Hörens durch den individuell-emotionalen physischen Ausdruck beim Tanzen, Mitklatschen und/oder -singen steigert die Intensität der Erfahrung.

Dem gegenüber stehen Nischengenres wie die Neo-Klassik, die primär auf die Gefühlswelt des Rezipienten wirken und das nachdenkliche, melancholische und eskapistische Moment der Gothic-Kultur repräsentieren. Mit Hilfe synthetischer, Streicher oder Tasteninstrumente imitierender Sounds und ggf. zusätzlicher akustischer Instrumente werden Stimmungen erzeugt, die der Besinnung oder als Untermalung für andere, häufig kreative Tätigkeiten oder Gespräche dienen und den Hörer inspirieren, aber nicht animieren sollen. Die sehr ernst und getragen anmutenden neoklassischen Produktionen lassen sich kaum mit dem Begriff „Electro" assoziieren, fallen aber als eigenständige Stilrichtung unter die elektronisch basierten Genres der Gothic-

Szene. Sie haben ihren festen Platz in der „schwarzen Kultur", werden jedoch in der Regel nicht in den Clubs gespielt, da sie eher auf Verinnerlichung und Kontemplation ausgerichtet sind.

Gefälligere Sparten wie Synthie- bzw. Electropop werden hingegen auch in anderen Kontexten und sogar im kommerziellen Bereich rezipiert. Die Grenzen zwischen Mainstream-Pop und Szene-Musik sind hier besonders durchlässig: Der Status einer sowohl im kommerziellen Bereich als auch im Independent-Umfeld arrivierten Band wie Depeche Mode ist innerhalb der Szene so hoch, dass immer wieder spezielle, dem Repertoire des Acts gewidmete Partys veranstaltet werden. Die Faktoren, die ein Projekt oder einen Titel gothic-kompatibel machen, sind vielfältig: Ebenso ausschlaggebend wie musikalische Charakteristika ist die (Selbst-)Darstellung des Projekts; Integrität und Authentizität, (vermeintliche) Unabhängigkeit und eine gewisse Außenseiterromantik, mit dem die Szene gern sympathisiert und sich identifiziert, gehören zu den begünstigenden Kriterien.

Wenn im umgekehrten Fall ein aus der Szene hervorgegangenes oder von der Szene beanspruchtes Electro-Projekt größere Erfolge erzielt, wird diese Entwicklung häufig mit Skepsis betrachtet. Ist eine favorisierte Band plötzlich einem größeren Publikum zugänglich, besteht die Gefahr eines Identitätsverlust des Fans: Der Hörer muss sich mit der Frage auseinandersetzen, ob er nun ebenfalls zum Mainstream gehört, da er sich nicht mehr mit Hilfe seiner musikalischen Vorlieben von der Massenkultur distanzieren kann, sondern ihr unfreiwillig zugerechnet wird. Wesentlich ist hier nicht die mit dem Erfolg einhergehende, tatsächliche oder nur subjektiv wahrgenommene Veränderung des musikalischen Stils, sondern der Kontext, in dem die Künstler agieren.

Ein kleinerer Anteil der in der Gothic-Szene aktiven Electro-Projekte verbinden mittelalterliche Anleihen und Instrumente mit elektronischen Sounds. Ein Großteil der Vertreter dieser Praxis, die sich sowohl zu den historisierenden „Mittelalter-Sparten" als auch zu den elektronisch basierten Genres zählen lässt, entstammt der Mittelalter-(Markt)-Szene oder beschäftigt sich in anderen Zusammenhängen mit Alter Musik. Häufig werden Rhythmen elektronisch produziert, die als Grundlage für historische oder historisierende Melodien und Texte fungieren, es existieren aber auch andere Kombinationen. Das elektronisch-mittelalterlich inspirierte Repertoire ist kein eigenständiges Subgenre, da seine Umsetzung besonders heterogen ausfällt und abhängig von der jeweiligen Färbung eines Stücks unterschiedlichen Kategorien nahesteht.

Ein weiterer zentraler Aspekt ist die Live-Präsentation. Wenngleich es Projekte gibt, die nicht live spielen, ist der Kontakt zu den Fans, die Präsenz im

Rahmen der großen Festivals und die Werbung durch Konzerte sowie der Verkauf von Merchandise-Artikeln für die Mehrheit der Szene-Musiker wesentlicher Bestandteil ihrer Arbeit.

Eine bewusst technikzentrierte Show ist innerhalb der Gothic-Szene nicht der Regelfall; häufig werden zusätzlich zu den konstitutiven Synthesizern bzw. Keyboards weitere Instrumente eingesetzt, die den Live- bzw. Aktions-Charakter der Darbietung unterstreichen. Üblich ist die Verwendung vorbereiteter Playbacks, da sich für gewöhnlich nicht alle Komponenten eines Stücks, das mit elektronischen Mitteln im Studio produziert worden ist, von den – meist wenigen – Musikern des jeweiligen Acts live wiedergeben lassen.

Zu den wichtigsten Faktoren gehört der (Live-)Gesang; Vollplayback findet nicht statt, ggf. wird auf ergänzende oder verstärkende Backings zurückgegriffen, die Teil des Playbacks sind. Die Sänger übernehmen zudem einen großen Teil der visuellen Performance, da ihre Bewegungsfreiheit nicht durch stationäre Instrumente wie Keyboards oder E-Drums eingeschränkt wird.

Die optische Komponente spielt insgesamt eine große Rolle, so empfindet die große Mehrheit der Musiker Bühnenlicht als unerlässlich. Beliebt sind außerdem Bühnennebel und spezielle Lichteffekte wie Stroboskop, Moving Lights oder Schwarzlicht.

Hinsichtlich des Stylings und des Bühnenoutfits der Musiker unterscheiden sich die elektronischen Subgenres von anderen, visueller geprägten Gothic-Sparten: Es wird tendenziell weniger auffällige Kleidung gewählt; die Verbindung zur Gothic-Szene ist zwar in den meisten Fällen erkennbar, fällt aber vergleichsweise dezent aus. Das visuelle In-Szene-Setzen der Musik während der Live-Präsentation zielt entsprechend eher auf die optimale Vermittlung des musikalisch-emotionalen Gehalts ab als auf die Herausstellung der Glamourösität ihrer Protagonisten. Das gilt insbesondere für die härteren Genres, die ein aktives Miterleben des Events durch das Publikum anstreben.

Zusammenfassend lässt sich feststellen, dass die Gothic-Kultur den übergeordneten Rahmen für die musikalische und technische Gestaltung der elektronischen Produktionen und Konzerte bildet. Die elektronischen Subgenres sind in ästhetischer und inhaltlicher Hinsicht fest in der Gothic-Szene verankert, die Wirkung nach außen ist relativ gering. Gothic-Traditionen und Adaptionen äußerer, kompatibler Einflüsse sind die Grundlage für neue Entwicklungen. Innerhalb dieses Kontexts haben sich eigenständige Stile ausgeprägt, die wiederum über eigene Konventionen verfügen. Durch den Erfolg der elektronischen Genres im Party-, Club- und Live-Betrieb und die weltweite Vernetzung der Szene verfügen etablierte Acts über eine Anhängerschaft, die groß genug ist, um ihre Arbeit allein auf das Szenepublikum konzentrieren zu können.

Inwieweit wird eine Ideologie vermittelt?

Zu den wesentlichen ideellen Werten der Gothic-Szene zählen Toleranz und Offenheit dem Fremd- und Andersartigen gegenüber. Dieser Anspruch findet sich auch in den Songtexten wieder: Insbesondere die sehr emotional und persönlich gefärbten Stücke setzen sich häufig mit einem Gefühl des Verloren- und Fremdseins und dem Wunsch nach Akzeptanz auseinander.

Ebenso wichtig ist die gegenkulturelle Komponente: Die Abgrenzung vom Mainstream wird vor allem über das äußere Erscheinungsbild der Szenegänger und über die rezipierte Musik transportiert. Das elitäre Empfinden der Gemeinschaft, das auf dem Streben nach (Selbst-)Reflexion, intensiven Gesprächen und der Beschäftigung mit Kunst, Kultur, Geschichte und spirituellen Themen beruht, trägt dazu bei, dass es selten zu Konfrontationen kommt; die Gothic-Szene gilt als besonders friedfertig.

Deutlich spürbar ist der Wunsch, den reinen Unterhaltungswert der Musik durch inhaltliche Tiefe anzureichern und Denkanstöße zu geben. Auf die Vermittlung einer greifbaren ideologischen Anschauung wird jedoch verzichtet, häufiger wird eine Thematik nur angedeutet und soll für den Hörer frei interpretier bleiben, eine klare „Message" bleibt aus. Missionarische Interessen sind der gesamten Szene fremd, im Vordergrund steht stattdessen sowohl auf Produzenten- als auch auf Rezipientenseite das Bedürfnis nach Auseinandersetzung mit verschiedenen Gegenständen, Missständen und geistiger Anregung. Das Aufwerfen von Fragen, die nicht zwingend beantwortet werden sollen oder können, ist kennzeichnend für die „schwarze" Kultur: Im Zentrum steht die Suche, nicht die Lösung eines Problems.

Der individuelle kreative Ausdruck steht für die Mehrheit der befragten Projekte im Mittelpunkt ihrer Arbeit, fast alle Teilnehmer der Untersuchung verwenden selbst verfasste Texte. Englisch und Deutsch sind die favorisierten Sprachen, der Anteil deutschsprachiger Songtexte ist – wie auch im kommerziellen Popbereich – in den letzten Jahren deutlich angestiegen. Diese Entwicklung betrifft nahezu alle Stile; zu den Ausnahmen gehören z.B. Synthie-, Electro- und Future-Pop sowie Hellectro/Aggrotech, hier überwiegen derzeit (noch) englischsprachige Texte.

Deutschsprachige Texte haben in der Szene-Geschichte bereits eine lange Tradition: Die Neue Deutsche Welle und Punk haben die Entwicklung der Gemeinschaft maßgeblich beeinflusst und somit auch Deutsch zur Vermittlung kritischer und rebellischer Inhalte im entstehenden Szenegefüge verankert. Anfang der Neunzigerjahre hat sich zudem ein gothic-generiertes Sub-genre ausgeprägt, dessen wesentlicher und stilbildender Bestandteil deutschsprachige Texte sind: Die – zu Anfang noch nicht so benannte – „Neue Deutsche Todeskunst", die mit ihren lyrisch inspirierten und emotio-nal vorgetragenen Songtexten eine allein der Gothic-Szene vorbehaltene Strömung repräsentiert.

Das unmittelbare Verstehen der Texte zählte im deutschsprachigen Raum folglich bereits früh zu den Bedürfnissen eines Teils der Szenegänger, das inzwischen zum Trend avanciert ist.

Inhaltlich beschäftigen sich die elektronischen Genres mit den gleichen Themen wie andere Gothic-Sparten: Die Texte setzen sich mit persönlichen und emotionalen Aspekten auseinander; es werden philosophische, spirituel-le oder literarische Versatzstücke aufgegriffen. Die Themen sind jedoch unterschiedlich gewichtet: Häufiger als in anderen Substilen werden politi-sche, satirische, sozialkritische oder provokante Inhalte verarbeitet.

Da es so gut wie keine Brüche zwischen der durch die Musik vermittelte At-mosphäre und den gewählten Inhalten gibt, lassen sich thematische Ten-denzen feststellen: Stücke mit melancholisch-nachdenklicher Stimmung verfügen in der Regel über traditionelle Pop-Songstrukturen aus Strophen und Refrain; technoidere, explizit elektronisch klingende Produktionen kommen z.T. mit wenigen, repetitiv in Szene gesetzten Worten aus. Satiri-sches findet sich überwiegend in eher kühlen und minimalistischen Richtun-gen; provokante Themen und Samples sind häufig Bestandteil härterer Stile. Historische Vorlagen dienen vor allem den mittelalterlich inspirierten Strö-mungen als Grundlage, quer durch alle Sparten werden gelegentlich Gedich-te oder Textauszüge aus unterschiedlichen Epochen vertont.

Die Mehrheit der Produzenten legt großen Wert auf die verarbeiteten Inhal-te, die sich – wie beschrieben – groben stilistischen Kategorien zuordnen las-sen. Dennoch lässt sich nur schwer ein verbindliches ideologisches Konzept formulieren – vielmehr existiert in der Gothic-Szene ein loser Konsens über ethische und subkulturelle Werte, dem das eskapistische Empfinden vieler Szenegänger gegenübersteht. Die Szene wird als Rückzugsort begriffen, mit dem ein „Gleichgesinntsein" assoziiert wird, das auf hohen Idealen beruht. Über diese Ideale – Toleranz, Offenheit, Verbindlichkeit – herrscht Einigkeit, die alle „schwarzen" Subgenres einschließt.

Die thematischen Schwerpunkte innerhalb der elektronisch basierten Stile unterscheiden sich zwar leicht von anderen Genres, sollen aber keine strin-genten ideologischen Botschaften transportieren. Individualität und ein be-dingungsloses Akzeptiertwerden zählen zu den – auch im Szene-Alltag –

schwer zu verwirklichenden Idealen, die die Gemeinschaft dennoch prägen und anziehend auf Szene-Anwärter wirken.

In welcher Verbindung zueinander stehen Technik, Ästhetik und ideelle Aspekte?

Die Gothic-Szene zeichnet sich durch charakteristische Merkmalskonstellationen aus, die sich auf verschiedenen Ebenen abspielen. Musik, Ästhetik und häufig vertretene Interessen bilden den „Lebensraum", der durch seine Komplexität eine individuell auslegbare Verbindlichkeit schafft, sodass viele Fans über Jahre oder sogar Jahrzehnte hinweg ihrer Szene treu bleiben.

So ist auch die elektronische Musik der Gothic-Szene als ein mehrdimensionales Phänomen zu verstehen.

Das Artwork der Tonträger und die Gestaltung etwa des Bandlogos verweist mit einer häufig technisierenden Ästhetik auf die Traditionen elektronischer Popmusik im Allgemeinen, die überwiegend eher dunkle bzw. „dunkelbunte" Farbgebung stellt die Verbindung zur Gothic-Szene her.

Im Vergleich zu anderen Subszenen spielt das Erscheinungsbild der Musiker hier eine tendenziell geringere Rolle, rein elektronisch orientierte Projekte stellen sich in der Regel weniger auffällig dar. Dennoch haben sich auch hier Konventionen herausgebildet: So sind etwa klassische Anzüge für ein elegantes, militante Anleihen für ein martialischeres Auftreten beliebt. Typische, subszenenübergreifende Gothic-Kleidung und -Accessoires sind unter beiden Geschlechtern vertreten. Die Selbststilisierung korrespondiert mit den Inhalten, beides transportiert auf der Basis der technisch-musikalischen Äußerung eine assoziative Atmosphäre, die auf Clubs, Festivals oder andere schwarz-kulturelle Ereignisse verweist.

Zwar verfügt die elektronische Musik der Gothic-Szene über durchaus charakteristische Ausprägungen, viele Produktionen – insbesondere aus dem Synthie-, Electro-, Futurepop oder Techno-Trance-Ambient-Bereich – lassen sich allerdings weniger eindeutig zuordnen, sodass die Grenzen zu anderen (Sub-)Stilen verschwimmen. In diesen Fällen bringt vor allem der visuelle und inhaltliche Kontext die Szenezugehörigkeit zum Ausdruck.

Anhand technischer, musikalischer, ideeller und optischer Aspekte wird die elektronische Musik der Gothic-Kultur überwiegend szeneexklusiv produziert und rezipiert.

Die unterschiedlichen, stilprägenden Faktoren sind eng miteinander verknüpft und üben eine wechselseitige Wirkung aufeinander aus: Lässt sich die Musik allein nicht eindeutig zuordnen, geben die (Live-)Präsentation, die Inhalte, Bild- oder Videomaterial gemeinhin Auskunft über die subkulturelle Positionierung des jeweiligen Projekts.

Keine der Komponenten steht für sich allein; die Charakteristika der Gothic-Szene wirken maßgeblich auf die elektronisch basierten Subgenres: Die Idee eines sich aus Musik, Text und Optik zusammensetzenden „Gesamtkunstwerks" ist ein wesentlicher Bestandteil des Selbstverständnisses der Gruppierung. Um in der Szene akzeptiert zu werden, muss ein Musikprojekt notwendigerweise die Szenekonventionen repräsentieren oder sich über eine besondere, gothic-kompatible Ausrichtung und Authentizität qualifizieren.

Die elektronischen Subsparten werden zu unterschiedlich gewichteten Anteilen aus dem Ideen- und Werterepertoire der Gothic-Szene und dem ästhetisch-technischen Traditionspool der explizit elektronischen Popmusik gespeist. Ergänzend kommen verschiedene szeneaffine Einflüsse – etwa aus dem (Gothic-)Rock-, Klassik-, Industrial- oder mittelalterlich inspirierten Bereich – hinzu. Die Verknüpfung von musikalischen Stil, favorisierten Themen und visuellen Konventionen ist so eng, dass sich ein großer Teil der Produktionen kaum in andere Szenen übertragen lässt.

Die gemeinsamen Stilelemente der unterschiedlichen Subgenres fallen, je weiter sie voneinander entfernt sind, z.T. sehr subtil aus: Gothic-typische Aspekte auf der musikalischen, technischen, ideellen und visuellen Ebene verbinden die heterogenen elektronisch basierten Substile der Szene zu einer Form der kreativen Äußerung, die sich innerhalb des übergeordneten Rahmens einer stark ausdifferenzierten Subkultur abspielt.

Ausblick

Das aus den vereinfachten Produktionsbedingungen und den virtuellen, eigenverantwortlich steuerbaren Marketingmöglichkeiten resultierende große Angebot neuer Projekte und Produktionen hat eine wachsende Zersplitterung in zusätzliche Subszenen mit jeweils eigenen Club-, Festival- und Internet-Radio-Programmen und ggf. sogar Magazinen zur Folge.[308]

In Bezug auf die elektronische Musik der Gothic-Szene lässt sich vor allem feststellen, dass die Playlisten der DJs von elektronischen Tracks dominiert werden, sofern keine anderen, subgenre- bzw. konzertprogrammbezogenen Veranstaltungen stattfinden. War das Clubprogramm noch in den Neunzigerjahren überwiegend gemischt, haben sich Electro, Synthiepop und Industrial mittlerweile als Tanzflächenfüller durchgesetzt.

Die gesellschaftliche Tendenz zu fortschreitender Individualisierung kennzeichnet auch die Interessenkonfiguration der Szenegänger und Produzenten, die ihrerseits überwiegend selbst der Szene angehören: Während einerseits die kommerzialisierten Vertriebsstrukturen von Labels und Bekleidungsunternehmen eine gewisse Vereinheitlichung schaffen, stoßen personalisierte Produkte kleinerer Anbieter auf ebenso großes Interesse.

Großen Zuspruch finden private Verkaufsplattformen wie Ebay, Etsy oder Dawanda, die z.T. maßgefertigte Kleidung und Accessoires anbieten; Musik- und Videoportale und soziale Netzwerke machen einer potentiellen Öffentlichkeit musikalische Insidertipps zugänglich.

Diese und ähnliche Angebotsstrukturen fördern die Suche nach und das Entdecken von persönlichen Schätze und Einzelstücken und entsprechen somit der „Flohmarktmentalität" vieler Gothic-Fans.

Die zunehmende Individualisierung ist einerseits Ausdruck des Zeitgeists, auf der anderen Seite bieten die weiterhin präsenten Gothic-Werte und -Konventionen vor dem Hintergrund des Szene-Rasters ein gewisses Maß an Sicherheit und Orientierung. Gothic-Anhänger – und Musiker – genießen die Freiheit, aus einem breitgefächerten stilistischen Repertoire zu schöpfen, agieren gleichwohl aber innerhalb eines verbindlichen Gesamtkontexts. Von den Produzenten wird dieser vergleichsweise große Spielraum nicht immer geschätzt, sondern häufig als Beschränkung empfunden – das Ausleben der individuellen, unbegrenzten schöpferischen Freiheit steht an erster Stelle. Zugleich bietet das Produzieren von Musik für ein Kollektiv jedoch stilistische und inhaltliche Anknüpfungspunkte, die den Bands bzw. Projekten hel-

---

[308] Besonders deutlich wird diese Entwicklung am Beispiel der von Beginn an eng mit der Gothic-Kultur verwandten Mittelalter Szene.

fen, ein Publikum zu finden und zu halten. Das durch die Musik vermittelte Lebensgefühl muss nicht erst generiert, sondern lediglich interpretiert werden.

Die Gothic-Kultur hat sich verändert; mehr denn je stellt sie sich als heterogen strukturierter Raum dar, der ganz unterschiedliche Strömungen beherbergt. Ablesen lässt sich der fortschreitende Prozess der Auffächerung in unterschiedliche musikalisch-ästhetische Sparten an der Entwicklung des in Magazinen und bei Veranstaltungen vorgestellten Angebots neuer Stile: Zu den jüngsten gothic-verwandten Trends gehört die Steampunk-Ästhetik, die mit ihrer phantastisch-historisierenden Charakteristik regen Anklang in der Schwarzen Szene findet. Hier zeigt sich, dass die Gothic-Kultur auf einer nur schwer zu fassenden Konstellation von Vorlieben basiert, die Kompatibles sofort adaptiert und an die bestehenden Konventionen anpasst.

Dass die zunehmende Diversifikation und Spezialisierung der Schwarzen Szene zu strukturellen Veränderungen führen, ist unvermeidlich. Ein „Zerfall" lässt sich jedoch nicht feststellen – bislang vereinen die großen Veranstaltungen noch immer die unterschiedlichsten Genres, präsentieren die Magazine eine große Bandbreite unterschiedlicher Richtungen, finden zahlreiche Partys ohne substildominierten Schwerpunkt statt.

Wenngleich sich sowohl das Erscheinungsbild der Szenegänger als auch die Musik verändert haben, ist die „schwarze" Mentalität erhalten geblieben. Die häufig laut werdende Kritik der älteren Generation an stilistischen Neuerungen und der wahrgenommene „Werteverfall" sind ein weitgehend subjektiver Eindruck, der sich nicht nachweisen lässt. Jüngere Fans und Aktive etablieren neue Trends, doch die Wertschätzung der frühen Protagonisten und das seit mehr als drei Jahrzehnten tradierte „Lebensgefühl" sind bisher erhalten geblieben.

Zu den zentralen Ergebnissen der vorliegenden Untersuchung zählt in diesem Kontext die Offenheit und Toleranz der befragten Musiker: Mehr als die Hälfte der Befragten gab an, die Veränderungen und neuen Strömungen innerhalb der elektronischen Genres der Gothic-Szene als Bereicherung zu empfinden.

Bislang hat die Schwarze Szene als übergeordnete Gemeinschaft ihre verbindende Funktion beibehalten können, und es ist wahrscheinlich, dass sie auch in Zukunft Bestand haben wird – denn sie scheint den Bedürfnissen einer zunehmend individualisierten, gleichzeitig aber nach Kontakt und Austausch suchenden Gesellschaft mit ihren Toleranz und Freiheit propagierenden Werten ideal entgegenzukommen.

Speziell in Deutschland zählt Gothic zu den stabilsten Subkulturen; die elektronischen Genres haben in den vergangenen Jahren als genuin europäisches Phänomen international einen besonderen Stellenwert erlangt. Durch die selbstverwaltete Ausbildung einer gut funktionierenden Infrastruktur haben sich vor allem wirtschaftliche Faktoren den Mechanismen des Mainstream angepasst; doch die daraus resultierende Unabhängigkeit gewährt der Szene die Freiheit, ihre Entwicklung nach eigenem Ermessen zu gestalten.

Literaturverzeichnis

Philip Akoto, „*Menschenverachtende Untergrundmusik?*" *Todesfaszination zwischen Entertainment und Rebellion am Beispiel von Gothic-, Metal- und Industrialmusik*, Münster 2005

Dieter Baacke, *Jugend und Jugendkulturen – Darstellung und Deutung*, München 1993

Dieter Baacke und Wilfried Ferchhoff, „Von den Jugendsubkulturen zu den Jugendkulturen. Der Abschied vom traditionellen Jugendsubkulturkonzept", in: Forschungsjournal Neue Soziale Bewegungen, 8. Jahrgang Nr. 2 1995, S. 33 – 46

Dieter Baacke (Hg.), *Handbuch Jugend und Musik*, Opladen 1998

Megan Balanck, „Schatten im Spiegel – Gothic und die Medien", in: Alexander Nym (Hg.), *Schillerndes Dunkel. Geschichte, Entwicklung und Themen der Gothic-Szene*, Leipzig 2010, S. 359 – 366

Luc Boltanski und Ève Chiapello, *Der neue Geist des Kapitalismus*, Konstanz 2006

Cornelius Brach, „Das Wave-Gotik-Treffen – Geschichten, Anekdoten, Fakten", in: Alexander Nym (Hg.), *Schillerndes Dunkel. Geschichte, Entwicklung und Themen der Gothic-Szene*, Leipzig 2010, S. 276 – 281

Achim Bühl, *Die virtuelle Gesellschaft des 21. Jahrhunderts. Sozialer Wandel im digitalen Zeitalter*, Wiesbaden 2000

Heinz W. Burow, *Musik, Medien, Technik. Ein Handbuch*, Regensburg 1998

John Clarke, „Stil", in: John Clarke u.a. (Hg.), *Jugendkultur und Widerstand. Milieus, Rituale, Provokationen*, Frankfurt am Main 1979, S. 133 – 157

Deutsche Shell (Hg.), *Jugend 2000*, Opladen 2000

Die Jugend. Vorträge für Jugendvereine, München/Gladbach 1909–1917

Arvid Dittman, „'Die im Lichte sieht man, die im Dunkeln nicht...'", in: Klaus Farin und Hendrik Neubauer (Hg.), *Artificial Tribes. Jugendliche Stammeskulturen in Deutschland*, Berlin 2001

Arvid Dittmann, „Schwarz als Farbe jugendlicher Subkulturen", in: Alexander Nym (Hg.), *Schillerndes Dunkel. Geschichte, Entwicklung und Themen der Gothic-Szene*, Leipzig 2010, S. 16 – 26

Susanne El-Nawab, *Skinheads, Gothics, Rockabillies: Gewalt, Tod und Rock'n'Roll. Eine ethnographische Studie zur Ästhetik von jugendlichen Subkulturen*, Diss. phil., Hannover 2005

Klaus Farin, *generation kick.de. Jugendsubkulturen heute*, München 2001

Klaus Farin, *Die Gothics*, Teil 1, Berlin 2001

Klaus Farin und Hendrik Neubauer (Hg.), *Artificial Tribes. Jugendliche Stammeskulturen in Deutschland*, Berlin 2001

Wilfried Ferchhoff, *Jugendkulturen im 20. Jahrhundert. Von den sozialmilieuspezifischen Jugendsubkulturen zu den individualitätsbezogenen Jugendkulturen*, Frankfurt am Main 1990

Wilfried Ferchhoff, *Jugend und Jugendkulturen im 21. Jahrhundert. Lebensformen und Lebensstile*, Wiesbaden 2007

John Fiske, *Understanding Popular Culture*, London 1989

John Fiske, *Reading the Popular*, London 1991

John Fiske, „Populäre Urteilskraft", in: Udo Göttlich und Rainer Winter (Hg.), *Politik des Vergnügens. Zur Diskussion der Populärkultur in den Cultural Studies*, Köln 2000, S. 53 – 74

Simon Frith, *Taking popular music seriously*, Hampshire 2007

Milton M. Gordon, „Subsocieties, Subcultures, and Ethnicity", in: Milton M. Gordon, *Human Nature, Class, and Ethnicity*, New York 1978

Grit Grünewald, und Nancy Leyda, "Der real existierende Vampir-Horror. Eine theatrale Inszenierungspraxis innerhalb der Schwarzen Szene", in: Claudio Biedermann und Christian Stiegler (Hg.), *Horror und Ästhetik*, Konstanz 2008, S. 167 – 187

Alois Hahn, „Soziologische Relevanzen des Stilbegriffs", in: Hans-Ulrich Gumbrecht und Karl Ludwig Pfeiffer (Hg.), *Stil. Geschichten und Funktionen eines kulturwissenschaftlichen Diskurselements*, Frankfurt am Main 1986, S. 603 – 611

Franz Halberschmidt, *Musik und Elektronik. Zum Phänomen der Rock- und Technomusik sowie der auditiven Medien*, Borchen 2000

Stuart Hall, „Encoding/Decoding", in: Stuart Hall, Dorothy Hobson, Andrew Lowe und Paul Willis, *Culture, Media, Language. Working Papers in Cultural Studies, 1972 – 79*, London 1980, S. 128 – 139

Dick Hebdige, „Versteckspiel im Rampenlicht", in: Rolf Lindner und Hans-Hermann Wiebe (Hg.), *Verborgen im Licht. Neues zur Jugendfrage*, Frankfurt am Main 1985, S. 186 – 205

Dick Hebdige, *Subculture. The Meaning of Style*, London 1997

Werner Helsper, *Okkultismus – die neue Jugendreligion? Die Symbolik des Todes und des Bösen in der Jugendkultur*, Opladen 1992

Werner Helwig, *Die Blaue Blume des Wandervogels. Vom Aufstieg, Glanz und Sinn einer Jugendbewegung*, Baunach 1998

Andreas Hepp, *Cultural Studies und Medienanalyse. Eine Einführung*, Opladen 1999

Ralf Hinz, *Cultural Studies und Pop. Zur Kritik als Urteilskraft wissenschaftlicher und journalistischer Rede über populäre Kultur*, Opladen 1998

Hitzler, Ronald und Michaela Pfadenhauer, „Die Techno-Szene: Prototyp posttraditioneller Vergemeinschaftung? Ein empirisch-theoretischer Verortungsversuch", in: Hermann Artmaier u.a. (Hg.), *Techno zwischen Lokalkolorit und Universalstruktur. Dokumentation zum Workshop im Haus der Jugendarbeit in München*, München 1997, S. 7 – 15

Hitzler, Ronald und Michaela Pfadenhauer, „'Let your body take control!'. Zur ethnographischen Kulturanalyse der Techno-Szene", in: Ralf Bohnsack und Gerd Jüttemann (Hg.), *Biographieforschung und Kulturanalyse*, Opladen 1998, S. 75 – 92

Hitzler, Ronald und Michaela Pfadenhauer (Hg.), *Techno-Soziologie. Erkundungen einer Jugendkultur*, Opladen 2001

Ronald Hitzler, Thomas Bucher und Arne Niederbacher, *Leben in Szenen. Formen jugendlicher Vergemeinschaftung heute*, Opladen 2001

Tom Holert und Mark Terkessidis (Hg.), *Mainstream der Minderheiten. Pop in der Kontrollgesellschaft*, Berlin 1996

Max Horkheimer und Theodor W. Adorno, *Dialektik der Aufklärung. Philosophische Fragmente*, Frankfurt am Main 2003

Hans Ulrich Humpert, *Elektronische Musik. Geschichte – Technik – Kompositionen*, Mainz 1987

Arnsgar Jerrentrupp, „Popularmusik als Ausdrucksmedium Jugendlicher", in: Dieter Baacke (Hg.), *Handbuch Jugend und Musik*, Opladen 1998, S. 59 – 91

Daniel Kähler, *Die Mediatisierung der Jugend. Der kreative Umgang Jugendlicher mit Medien*, Diss. phil., Münster 2001

Christian Kemper, *Mapping Techno. Jugendliche Mentalitäten der 90er*, Diss. phil., Münster 2002

Marcus Kleiner und Achim Szepanski (Hg.), *Soundcultures. Über elektronische und digitale Musik*, Frankfurt am Main 2003

Joachim H. Knoll, *Jugendbewegung. Phänomene, Eindrücke, Prägungen. Ein Essay*, Opladen 1988

Alexandra König, *Kleider schaffen Ordnung. Regeln und Mythen jugendlicher Selbst-Präsentation*, Konstanz 2007

Thomas Lau, „Raving Society. Anmerkungen zur Technoszene", in: *Forschungsjournal Neue Soziale Bewegungen*, 8. Jahrgang, Nr. 2/1995, S. 67 – 75

Rolf Lindner, „Editorial", in: John Clarke u.a. (Hg.), *Jugendkultur und Widerstand. Milieus, Rituale, Provokationen*, Frankfurt am Main 1979, S. 7 – 14

Peter Matzke und Tobias Seeliger (Hg.), *Gothic. Die Szene in Deutschland aus der Sicht ihrer Macher*, Berlin 2000

Peter Matzke und Tobias Seeliger (Hg.), *Gothic II. Die internationale Szene aus der Sicht ihrer Macher*, Berlin 2002

Peter Matzke, „Gothic – eine konservative Kulturbewegung? Leben aus dem, was immer gilt", in: Alexander Nym (Hg.), *Schillerndes Dunkel. Geschichte, Entwicklung und Themen der Gothic-Szene*, Leipzig 2010, S. 390 – 397

Winfried Mogge, *„Ihr Wandervögel in der Luft..." Fundstücke zur Wanderung eines romantischen Bildes und zur Selbstinszenierung einer Jugendbewegung*, Würzburg 2009

Eckart Müller-Bachmann, *Jugendkulturen Revisited. Musik- und stilbezogene Vergemeinschaftsformen (Post-)Adoleszenter im Modernisierungskontext*, Münster 2002

Alexander Nym (Hg.), *Schillerndes Dunkel. Geschichte, Entwicklung und Themen der Gothic-Szene*, Leipzig 2010

Alexander Nym und Jennifer Hoffert (Hg.), *Black Celebration. 20 Jahre Wave Gotik Treffen*, Leipzig 2011

Nicholas Padellaro, „Post-Punk – Wut, Optimismus und Apathie", in: Alexander Nym (Hg.), *Schillerndes Dunkel. Geschichte, Entwicklung und Themen der Gothic-Szene*, Leipzig 2010, S. 182 – 189

Talcott Parsons, „Age and sex in the social structure of the United States", in: *American Sociological Review*, Nr. 7, 1942, S. 604 – 616

Judith Platz, „Die ‚schwarze' Musik", in: Axel Schmidt und Klaus Neumann-Braun, *Die Welt der Gothics. Spielräume düster konnotierter Transzendenz*, Wiesbaden 2004, S. 253 – 284

Judith Platz, Alexander Nym und Megan Balanck, „Schwarze Subgenres und Stilrichtungen", in: Alexander Nym (Hg.), *Schillerndes Dunkel. Geschichte, Entwicklung und Themen der Gothic-Szene*, Leipzig 2010, S. 145 – 181

Birgit Richard, *Todesbilder. Kunst, Subkultur, Medien*, München 1995

Birgit Richard, „Love, peace and unity. Techno – Jugendkultur oder Marketing-Konzept?",
in: *Deutsche Jugend*, 43. Jahrgang, Nr. 7-8/1995, S. 316 – 324

Birgit Richard, „Schwarzes Glück und dunkle Welle. Gotische Kultursedimente im jugendkulturellen Stil und magisches Symbolrecycling im Netz", in: Christoph Jacke u.a.
(Hg.), *Kulturschutt. Über das Recycling von Theorien und Kulturen*, Bielefeld 2006, S.
235 – 256

Roman Rutkowski, *Das Charisma des Grabes. Stereotype und Vorurteile in Bezug auf jugendliche Subkulturen am Beispiel der Schwarzen Szene*, Norderstedt 2004

Axel Schmidt und Klaus Neumann-Braun, *Die Welt der Gothics. Spielräume düster konnotierter Transzendenz*, Wiesbaden 2004

Doris Schmidt und Heinz Janalik, *Grufties. Jugendkultur in Schwarz*, Baltmannsweiler 2000

Doris Schmidt und Heinz Janalik, *Schwarze Mode der Grufties*, Baltmannsweiler 2001

Antje Schneider und Liv Töpfer, *Jugendkultur Techno. Jeder tanzt für sich allein?*, Chemnitz
2000

Gerhard Schulze, *Die Erlebnis-Gesellschaft. Kultursoziologie der Gegenwart*, Frankfurt am
Main 2000, S. 460

Rolf Schwendtner, *Theorie der Subkultur*, Köln 1971

Richard Sennett, *Der flexible Mensch*, Berlin 1998

Hans-Georg Soeffner, „Stil und Stilisierung. Punk oder die Überhöhung des Alltags", in:
Hans-Ulrich Gumbrecht und Karl Ludwig Pfeiffer (Hg.), *Stil. Geschichten und Funktionen eines kulturwissenschaftlichen Diskurselements*, Frankfurt am Main 1986, S. 317 –
341

Barbara Stauber, *Junge Frauen und Männer in Jugendkulturen. Selbstinszenierungen und
Handlungspotentiale*, Opladen 2004

Manfred Stock und Philipp Mühlberg, *Die Szene von innen. Skinheads, Grufties, Heavy
Metals, Punks*, Berlin 1990

John Storey, *Cultural Theory and Popular Culture. An Introduction*, Harlow 1997

Martin Supper, *Elektroakustische Musik und Computermusik*, Darmstadt 1997

Alyz Tale, "Les Goths aujourd'hui", in: Patrick Eudeline (Hg.), *Goth. Le romantisme noir de
Baudelaire à Marilyn Manson*, Paris 2005, S. 130 – 141

Dave Thompson, *Schattenwelt. Helden und Legenden des Gothic Rock*, Höfen 2004

Waldemar Vogelsang, „Jugendmedien und Jugendszenen", in: *Rundfunk und Fernsehen*, Nr. 3, 1996, S. 346 – 364

Waldemar Vogelsang, „Stilvolles Medienhandeln in Jugendszenen", in: Andreas Hepp und Rainer Winter (Hg.), *Kultur – Medien – Macht. Cultural Studies und Medienanalyse*, Opladen 1997, S. 271 – 285

Kirsten Wallraff, *Die Gothics*, Teil II, Berlin 2001

Kirsten Wallraff, „Weiß wie Schnee, rot wie Blut und schwarz wie Ebenholz", in: Klaus Farin, *Die Gothics*, Berlin 2001, S. 73 – 82

Christian Walther, „Songtexte und Lyrik in der Gothic-Szene – eine Annäherung", in: Alexander Nym (Hg.), *Schillerndes Dunkel. Geschichte, Entwicklung und Themen der Gothic-Szene*, Leipzig 2010, S. 322 – 331

Heiko Wandler, *Elektronische Klangerzeugung und Musikreprodution. Einflüsse auf die Musik des 20. Jahrhunderts*, Frankfurt am Main 2005

Peter Webb, „Schlüsselmerkmale des frühen Gothic-Milieus", in: Alexander Nym (Hg.), *Schillerndes Dunkel. Geschichte, Entwicklung und Themen der Gothic-Szene*, Leipzig 2010, S. 50 – 62

Michael Weisfeld, „Schwarze Szene, braun gefärbt", in: *Psychologie Heute*, Februar 2001, S. 48 – 59

Ingo Weidenkaff (Hg.), *Jugendkulturen in Thüringen*, Bad Tölz 1999

Johannes Windrich, *Technotheater. Dramaturgie und Philosophie bei Rainald Goetz und Thomas Bernhard*, München 2007

Appendix

Glossar

Artwork Die graphische Gestaltung eines Tonträgers und seiner Verpackung.

Audio-Daten Digitale Aufzeichnungen von Klängen.

Backing (Vocals) Ergänzende Gesänge, die live von mehreren Sängern oder Sängerinnen präsentiert werden oder über das Playback eingespielt werden können.

Compilation/Sampler Eine Zusammenstellung von Musiktiteln unterschiedlicher Interpreten.

DAT (Digital Audio Tape) Ein digitales Tonband, das während der Achtzigerjahre und darüber hinaus als Masterband für CD-Pressungen Verwendung fand, bis es durch die Verbreitung von Computern mit Brennern von der CD verdrängt wurde.

Digipac Eine CD-Verpackung aus bedruckter Pappe. Kunststoffverpackungen werden Jewelcase genannt.

Freeware Kostenlose Programme; auch zahlreiche Software-Synthesizer und -Effektgeräte sind in unterschiedlicher Qualität als Freeware erhältlich.

Harddisk-Recording Die Aufzeichnung von Audio-Daten auf einer Festplatte. Heute ist Harddisk-Recording der Regelfall; der Begriff diente ursprünglich zur Unterscheidung zwischen Aufnahmen mit einem Festplatten-Recorder oder einem Computer und den vormals üblichen Aufnahmen auf (DAT-)Bändern.

Hardware Technische Aufnahme- oder Effektgeräte, Computer, Synthesizer, Tastaturen.

Loops Wiederholungen eines Rhythmus- oder Melodiemusters, die sich z.B. hintereinander kopieren und auf diese Weise zu längeren Abschnitten eines Musikstücks kombinieren lassen.

Masterkeyboard Eine MIDI-fähige, günstigenfalls anschlagsdynamische Tastatur, über die sich Software- oder Hardware-Klangquellen ansteuern und spielen lassen. Jede MIDI-fähige Synthesizer, Keyboard oder Workstation kann als Masterkeyboard verwendet werden.

MIDI Music Instrument Digital Interface. System zur Übertragung von Steuerungsinformationen zwischen MIDI-fähigen Geräten (z.B. Synthesizern, Drum-Computern, Computern).

Playback Während eines Konzerts während häufig zusätzliche, von einem entsprechenden Wiedergabegerät abgespielte Ergänzungen zu den live vorgetragenen Komponenten verwendet.

Plug-in Ein Programm (z.B. ein Software-Synthesizer), das sich in ein anderes Programm (z.B. eine Recording-Software) integrieren lässt. Virtuelle Synthesizer und andere Geräte lassen sich als Plug-in und/oder als Stand alone, d.h. als eigenständiges Gerät verwenden.

Presets Vorprogrammierte Sound-, Effekt- oder Equalizer-Einstellungen.

Recording-System Dieser Begriff beschreibt in der Regel ein Programm, das ein Aufnahmestudio nachahmt, ein so genanntes „virtuelles Studio".

Sampler Ein elektronisches Tasteninstrument, das aufgezeichnetes Audiomaterial („Samples") per Tastendruck in unterschiedlicher Tonhöhe wiedergeben kann.

Sequenzer/Sequencer Mit einem Sequenzer lassen sich MIDI-Dateien arrangieren und bearbeiten. Meist handelt es sich um Computerprogramme, Sequenzer sind aber auch z.B. in Synthesizer-Workstations integriert.

Software-Synthesizer Klangerzeugende Computerprogramme.

Wave-Dateien Vgl. Audio-Daten.

Workstation Ein Synthesizer, mit dem sich Sounds nicht nur generieren, sondern (über MIDI) auch aufzeichnen und bearbeiten lassen. Moderne Workstations verfügen mitunter zusätzlich über einen integrierten Sampler und digitale Schnittstellen.

Fragenbogen zur Studie „Gothic Electro. Die elektronische Musik der Gothic-Szene"

Vorname, Name:
Band-/Projektname:

1. Musik, Texte und Artwork

1.1 Welchem Subgenre würdest Du Deine/würdet Ihr Eure Musik zurechnen (Mehrfachnennungen möglich)?

- [ ] a) Electro
- [ ] b) Electropop
- [ ] c) EBM
- [ ] d) Dark Wave
- [ ] e) Electropunk
- [ ] f) Electroclash
- [ ] g) Futurepop
- [ ] h) Fetisch-Elektro
- [ ] i) Aggrotech/Hellectro
- [ ] j) Industrial
- [ ] k) Synthiepop
- [ ] l) Sonstiges:

1.2 Wer sind Deine/Euren wichtigsten Vorbilder/Einflüsse? (Bitte max. drei Künstler)

1.3 Welche Bedeutung hat der Projektname? (Zusammengefasst in einem Satz)

1.4 Wie würdest Du/würdet Ihr die Stimmung/Atmosphäre Deiner/Eurer Musik zusammenfassend beschreiben (Mehrfachnennungen möglich)?

- [ ] a) Düster
- [ ] b) Melancholisch
- [ ] c) Aggressiv
- [ ] d) Kühl
- [ ] e) Bedrohlich
- [ ] f) Romantisch
- [ ] g) Nachdenklich
- [ ] h) Depressiv
- [ ] i) Verzweifelt
- [ ] j) Elektrisierend
- [ ] k) Sphärisch
- [ ] l) Historisierend
- [ ] m) Sehnsuchtsvoll

☐ n) Belebend
☐ o) Sonstiges:

1.5 Wie wichtig ist Dir/Euch die Tanzbarkeit/Clubtauglichkeit Deiner/Eurer Musik?

☐ a) Sehr wichtig
☐ b) Wichtig
☐ c) Nicht so wichtig
☐ d) Bedeutungslos

1.6 Legst Du/legt Ihr wert darauf, speziell Deine/Eure (Sub-)Szene mit Deiner/Eurer Musik anzusprechen?

☐ a) Sehr viel
☐ b) Weniger
☐ c) Gar nicht

1.7 Machst Du/macht Ihr musikalisch bewusst Zugeständnisse an das (Szene-)Publikum/die Addressaten?

☐ a) Sehr häufig
☐ b) Häufig
☐ c) Nicht so häufig
☐ d) Selten
☐ e) Nie

1.8 Bist Du/seid Ihr musikalisch auch in anderen Szenen aktiv?

☐ a) Ja
☐ b) Nein
Wenn ja, in welcher/welchen?

1.9 Inwiefern unterscheiden sich Eure Publika (z.B. regional, in unterschiedlichen Szenen usw.)?

1.10 Welche Inhalte verarbeitest Du/verarbeitet Ihr in Deinen/Euren Texten (z.B. emotionale/politische/spirituelle)?

1.11 Wie wichtig sind Dir/Euch die Texte bzw. der Inhalt von Sprachsamples?
☐ a) Sehr wichtig
☐ b) Wichtig
☐ c) Nicht so wichtig
☐ d) Bedeutungslos

1.12 Entspricht die Thematik/die Atmosphäre der Texte überwiegend der Stimmung der Musik?

☐ a) Ja
☐ b) Nein

1.13   Deine/Eure Texte sind...

☐ a) Selbst geschrieben
☐ b) Historische Vorlagen (mittelalterlich ☐, romantische Gedichte ☐, expressionistische Gedichte ☐, Sonstiges:)

1.14   Wie wichtig ist Dir/Euch das Artwork Deiner/Eurer CD(s)?

☐ a) Sehr wichtig
☐ b) Wichtig
☐ c) Nicht so wichtig
☐ d) Bedeutungslos

1.15   Deutet Deiner/Eurer Auffassung nach Dein/Euer Artwork/Bandlogo darauf hin, dass
es sich (ggf. auch im weiteren Sinne) um elektronische Musik der Gothic-Szene
handelt?

☐ a) Ja
☐ b) Nein
Wenn ja (1): Gibt das Artwork bereits Hinweise darauf, um welches Subgenre es sich handelt?
☐ a) Ja
☐ b) Nein
Wenn ja (2): Um welches?

1.16   Wie schätzt Du/Ihr die Qualität/den Stellenwert der elektronischen Musik der Gothic-Szene ein (z.B. im Vergleich zur elektronischen Musik anderer Szenen)?

2. Technik

2.1   Welche Hardware verwendest Du/verwendet Ihr?

☐ a) Mac
☐ b) PC
☐ c) Sonstiges:

2.2   Welche Software (Sequencer-/Recording-System) verwendest Du/Ihr?

2.3   Benutzt Du/Ihr VST-Instrumente/Software-Synthies?

☐ a) Ja
☐ b) Nein
Wenn ja: Welche (bitte nur maximal 5 Favoriten nennen)?

2.4   Benutzt Du/Ihr analoge Synthesizer/Klangerzeuger?

☐ a) Ja
☐ b) Nein
Wenn ja: Welche (bitte nur maximal 5 Favoriten nennen)?

2.5   Verbindest Du/verbindet Ihr bestimmte Sounds mit einem speziellen Subgenre
       (z.B.: Mit einem Arpeggiator bearbeitete Sounds = Futurepop; verzerrte Bassdrum =
       EBM/Industrial/"Hellectro")?

☐ a) Ja
☐ b) Nein
Wenn ja (1): Welche und zu welchem Subgenre gehören sie?
Wenn ja (2): Setzt Du/Ihr solche Sounds bewusst ein, um bestimmte subgenreabhängige
       Assoziationen hervorzurufen?
☐ a) Ja
☐ b) Nein

2.6   Verwendest Du/verwendet Ihr Sprachsamples (z.B. aus Filmen o.ä.)?

☐ a) Ja
☐ b) Nein
Wenn ja: Welche (bitte max. 3 Beispiele)?

2.7   Gibt es einen Sänger/eine Sängerin?

☐ a) Ja
☐ b) Nein
Wenn ja: Sänger oder Sängerin (bzw. mehrere Sänger/Sängerinnen)?

2.8   Verwendet Ihr zusätzliche Instrumente?

☐ a) Ja
☐ b) Nein
       Wenn ja: Welche?

3. Live-Umsetzung:

3.1   Aus welchen musikalischen Komponenten besteht Deine/Eure Liveshow (Mehr-
       fachnennungen möglich)?

☐ a) Live Keyboards/Synthesizer
☐ b) Live Vocals
☐ c) Playbacks
☐ d) andere Instrumente
Wenn Du/Ihr live andere Instrumente verwendest/verwendet, welche sind das?

3.2   Welche technischen Hilfsmittel sind außerdem unerlässlich für Deine/Eure Live-Show (Mehrfachnennungen möglich)?

☐ a) Bühnenlicht
☐ b) Nebel
☐ c) Spezielle Lichteffekte (z.B. Stroboskop, Moving Lights, Blinder, Schwarzlicht)
☐ d) Bilder/Videos
☐ e) Sonstiges:

3.3   Wie würdest Du/würdet Ihr Deine/Eure Bühnenoutfits beschreiben (Mehrfachnennungen möglich)?

☐ a) Düster

☐ b) Aggressiv
☐ c) Elegant
☐ d) Romantisch
☐ e) Technoid
☐ f) Verspielt
☐ g) Viktorianisch
☐ h) Provokant
☐ i) Mittelalterlich
☐ j) Auffällig
☐ k) Sonstiges:

4. Wirtschaftliches:

4.1   Wie wichtig ist Dir/Euch der wirtschaftliche Erfolg?

☐ a) Sehr wichtig
☐ b) Wichtig
☐ c) Nicht so wichtig
☐ d) Bedeutungslos

4.2   Bist Du/seid Ihr musikalisch ausgebildet

☐ a) Ja (Bandmitglied/Instrument:)
☐ b) Nein

4.3   Welchen Beruf/welche Berufe hast Du/habt Ihr erlernt?

4.4   Kannst Du/könnt Ihr von Deiner/Eurer Musik leben?

☐ a) Ja
☐ b) Nur ein Teil der Band kann von der Musik leben
☐ c) Die Musik trägt zu meinem/unserem Lebensunterhalt bei, aber wir gehen zusätzlich auch anderen beruflichen Tätigkeiten nach
☐ d) Nein

5. History:

5.1 Habt Ihr/hast Du den Eindruck, die elektronische Musik der Gothic-Szene hat sich seit ihrem Entstehen verändert?

☐ a) Ja, sehr stark, ich finde/wir finden kaum noch Anknüpfungspunkte
☐ b) Ja, aber ich empfinde/wir empfinden neue Strömungen als Bereicherung
☐ c) Die Musik hat sich nur wenig verändert
☐ d) Die Musik hat sich überhaupt nicht verändert

5.2 Habt Ihr/hast Du den Eindruck, die Fans der elektronischen Musik der Gothic-Szene haben sich seit ihrem Entstehen verändert?

☐ a) Ja
☐ b) Nein

Wenn ja: Inwiefern (sind es z.B. im Vergleich zur Anfangszeit jüngere Fans, gibt es mehr Männer/mehr Frauen u.ä.)?

6. Gender:

6.1 Euer maßgeblich für die Produktion zuständiges Mitglied ist...

☐ a) Männlich
☐ b) Weiblich

6.2 Hast Du/habt Ihr den Eindruck, dass die elektronische Musik der Gothic-Szene von männlichen oder weiblichen Produzenten dominiert wird?

☐ a) Es gibt mehr männliche Produzenten
☐ b) Es gibt mehr weibliche Produzenten

6.3 Hast Du/habt Ihr den Eindruck, dass ein männliches Bandmitglied vom Publikum eher für den Produzenten gehalten wird als ein weibliches?

☐ a) Ja
☐ b) Nein

6.4 Deine Eure Fans sind überwiegend...

☐ a) Männlich
☐ b) Weiblich
☐ c) Der Anteil männlicher und weiblicher Fans ist in etwa gleich

6.5 Welche Aspekte machen Deine/Eure Musik eher für ein weibliches bzw. eher für ein männliches Publikum attraktiv?

7. Feedback

7.1   Wie gefällt Dir/Euch die Bezeichnung „Gothic Electro" als übergreifender Terminus für die überwiegend elektronisch erzeugte Musik der Schwarzen Szene?

☐ a) Sehr gut
☐ b) Gut
☐ c) Nicht so gut
☐ d) Gar nicht

Hast Du/habt Ihr einen anderen Vorschlag?

7.2   Dürfen Deine/Eure Antworten zitiert werden oder möchtest Du/möchtet Ihr anonym bleiben?

☐ a) Meine/unsere Antworten dürfen zitiert werden
☐ b) Ich möchte/wir möchten anonym bleiben